论中国特色世界一流大学

耿有权 著

中国科学技术出版社
·北 京·

图书在版编目（CIP）数据

论中国特色世界一流大学 / 耿有权著 . —北京：中国科学技术出版社，2019.8

ISBN 978-7-5046-8319-9

Ⅰ. ①论… Ⅱ. ①耿… Ⅲ. ①高等学校—教育建设—研究—中国 Ⅳ. ① G649.2

中国版本图书馆 CIP 数据核字（2019）第 134031 号

策划编辑	王晓义
责任编辑	王晓义
装帧设计	中文天地
责任校对	邓雪梅
责任印制	徐　飞

出　　版	中国科学技术出版社
发　　行	中国科学技术出版社有限公司发行部
地　　址	北京市海淀区中关村南大街16号
邮　　编	100081
发行电话	010-62173865
传　　真	010-62179148
网　　址	http://www.cspbooks.com.cn

开　　本	710mm×1000mm　1/16
字　　数	230千字
印　　张	16.75
版　　次	2019年8月第1版
印　　次	2019年8月第1次印刷
印　　刷	北京中科印刷有限公司
书　　号	ISBN 978-7-5046-8319-9 / G·809
定　　价	68.00元

（凡购买本社图书，如有缺页、倒页、脱页者，本社发行部负责调换）

自　　序

　　中华民族伟大复兴是 21 世纪中国人民最伟大的事业。在推进这项伟大事业的历史进程中，我们国家需要各方面的拔尖创新人才。拔尖创新人才从哪里来？很显然，主要是从中国大学中来。准确地说，我们需要依靠中国一流大学或中国特色世界一流大学群体来培养大批拔尖创新人才。

　　中国特色世界一流大学是什么样的大学？中国特色世界一流大学与西方发达国家世界一流大学有哪些不同？如何建设中国特色世界一流大学？建设中国特色世界一流大学需要走什么样的道路？如何将中国特色世界一流大学融入中国特色社会主义建设伟大工程中来？……这些理论问题都需要研究。

　　围绕这些问题，笔者从 2000 年开始就在跟踪实践发展的同时进行理性思考，利用承担国家级或省市级课题的机会开展研究，在不同时期发表了同一个主题但视角不同的文章，前后持续 18 年之久，至今汇集了 20 多篇。首篇文章是 2001 年发表在《江苏高教》的论文《基于创建世界一流大学的问题及思考》。这些文章被广泛阅读或引用，产生了比较广泛的影响。

　　作为一个主题研究的系列文章产生了影响力，这对笔者而言无疑是极大的鼓励。例如，在发表的世界一流大学主题文章中，有 12 篇文章被国务院发展研究中心信息网（国研网）全文转载，5 篇文章被《新华文摘》《中国高等教育》和中国人民大学《复印报刊资料》等期刊全文或摘要转载或篇目辑录，众多知名大学网站和电子媒体转载了相关论文；其中十多项系列科研成果获省厅级科研成果奖，2014年还被教育部社会科学司征用，发挥了应有的参考作用。

正是受到多方面的鼓励和支持，近年来笔者继续开展研究，发表相关学术论文，慢慢地发现自己对中国特色世界一流大学主题有了比较清晰的看法或论述。这些论述虽然还没有达到十分完善的体系化程度，但是已初具规模。特别是对一些关键问题的思考和回答，应该说，较为充分地表达了笔者的主要观点。个人认为，一些观点能够契合当前乃至今后一定时间内的实践需要。

始生之物，其形必丑。将笔者多年来发表或部分尚未发表的文章结集出版，形成一个相对完整的著作，是一个尝试。站在今天的角度看，与其说是期望与读者分享笔者的观点，不如说是个人相关研究的阶段性总结。在笔者看来，中国特色世界一流大学建设是一项宏大工程，其理论建设任重道远。因此，出版此书，既是鞭策自己更进一步思考，也算是抛砖引玉。如果书中还存在一些不足，当是笔者的责任。

耿有权

2019年5月18日

目录 CONTENTS

1 理念

试论中国特色世界一流大学 / 2

论"双一流"战略的意义结构 / 13

一流大学办学理念的基本特征及形成条件 / 24

什么是世界一流研究型大学的贡献 / 35

2 模式

论人类文明视域中的世界一流大学建设
　　——兼论中华文明背景中的"中国模式"建设之道 / 46

论美国世界一流大学建设模式的战略构建 / 62

生态学视野中的世界一流大学体系建设 / 75

3 方略

论我国世界一流大学建设的初级阶段 / 94

对我国世界一流大学建设道路的辩证思考 / 105

"双一流"建设视域中的研究生教育 / 116

论欧美研究型大学世界一流贡献的基本方略 / 128

4 | 排名

世界一流学科：八种定位法及其价值探析 / 140
世界大学排名：我们如何应对 / 148

5 | 反思

我国建设世界一流大学实践的述评与反思 / 158
对创建世界一流大学的错误认识的批判 / 171

6 | 述评

世界一流大学研究的现状及其走势分析 / 182
我国世界一流大学研究状况的考察与省思
　　——基于1993—2009年CNKI发表论文的量化分析 / 196

7 | 调查

美国世界一流大学校长群体的素质特征及启示
　　——以上海交通大学2011年美国大学排名前20名
　　　为依据 / 214
从C9联盟看我国一流大学校领导团队建设 / 229
"211工程"大学校长群体素质调查与思考 / 242
清华大学学术型拔尖创新人才培养研究
　　——基于1999—2013年全国优博论文数据分析 / 250

1 理　　念

试论中国特色世界一流大学
论"双一流"战略的意义结构
一流大学办学理念的基本特征及形成条件
什么是世界一流研究型大学的贡献

试论中国特色世界一流大学[①]

摘　要　"中国特色世界一流大学",是一个意义深远的新概念、新理念。在我国,从"国家大学"的提出到"中国特色世界一流大学"概念的形成经历了百年历程。"中国特色世界一流大学"建设,不仅与中国特色社会主义和中国传统文化建设密切相连,而且与人类文化和文明的发展密切相连;未来时期,不仅要立足和丰富中国特色,更要恪守世界一流大学精神,遵循世界一流大学基本规律,充实世界一流大学内涵,创新世界一流大学治理体系,形成世界一流大学发展新模式,为世界高等教育发展做出重要贡献。

关键词　国家大学;中国特色世界一流大学;建设规律

建设中国特色世界一流大学,是党和政府积极顺应世界高等教育发展趋势并结合中国实际提出的重要战略方针。探索和遵循中国特色世界一流大学建设规律和发展之路,不仅是高校建设世界一流大学的重要任务,而且是高校推进中国乃至世界高等教育发展的重要使命。因此,科学认识和准确把握中国特色世界一流大学的概念来源、意义界定和基本规律,不仅具有重要的理论意义,也具有重要的现实意义。

[①] 本文原载于《研究生教育研究》2016年第1期。国务院发展研究中心信息网2016年5月25日分上、下两篇全文转载。

一、概念源流：从"国家大学"到"中国特色世界一流大学"

概念是反映客观事物的一般本质特征的一种思维方式。根据《现代汉语词典》的解释，人类在认识过程中，把所感觉到的事物的共同特点抽出来，加以概括，就成为概念，比如从白雪、白马、白纸等事物里抽出它们的共同特点，就得出"白"的概念。从思维发展的角度看，人类对事物的认识总是从初步的现象开始，逐步认识和掌握事物的本质特征，并认识同类或相近的事物，进而提高认识事物和建设美好家园的水平。在这个意义上，对"世界一流大学"这种特殊事物的认识和概念把握存在一个发展过程，理解这个过程有重要意义。

中国特色世界一流大学，是一个意义深远的新概念、新理念。这个新概念、新理念的孕育和诞生经历了一个漫长而曲折的发展过程，在中国达到百年之久。客观地说，参与这个历史认识过程的，不仅包括中国大学的办学主体，而且包括中国社会各阶层人士，充分体现于中国的历史、政治、经济、文化等多种复杂因素的综合集成。其中，中国知识分子特别是著名大学校长、教育家、政治家贡献了真知灼见，发挥了重要的智库作用。如文献记载，新文化运动主将胡适在1915年2月20日的日记中写道："吾他日能见中国有一国家大学，可比此邦之哈佛、英之牛津、剑桥，德之柏林，法之巴黎，吾死瞑目矣。"[1] 1919年，蔡元培积极回应社会之关注，"仿世界各大学之通例，循思想自由原则，取兼容并包主义"，改造和建设北京大学，使北京大学不仅闻名全球，也影响了中国社会的发展进程。这可以说是中国早期知识分子对国家建设一流大学的理想抱负和责任担当。1945年9月，冯友兰在《大学与学术独立》中提出肩负国家"知识上底独立，学术上底自主"的"大大学"的概念。他说："在世界各国中，不见得所有的大学都是大大学，但在世界的强国中，每一个强国都必须有几个大大学。"为此建议国家"要树立几个学术中心，其办法是把现有的几个有成绩的大学,加以充分的扩充,使之成为大大学"。[2]显然,"大大学"即冯友兰心目中的"世界一流大学"。1947年9月,胡适又在《争取学术独立的十年计划》的文章中建议政府"在十年之内,集中国家的最大力量,培植五个到十个成就最好的大学,使他们尽力发展他们的研究工作,使他们成为第一流的学术中心,使他们成为国家学术独立的根据地"。[3]那个时期,西南联合大学的艰难实践为创建世界一流大学积累了令人称赞的成功经验。1950年至"文化大革命"前,国家批准建立了一批重点大学。粉碎"四人帮"以后,在邓小平同志的领导下,国家确立了以经济建设为中心的发展路线,逐步恢复建设全国重点高等学校的方针政策。其间,一批教育家密切关注中国大学的进步,积极推动中国大学的创新发展事业。如1983年5月19日,南京大学匡亚明、浙江大学刘丹、天津大学李曙森、大连理工学院屈伯川四位老教育家联名建议国家将50所左右高等学校列为国家重大建设项目,使之成为"世界知名的高等学校"。[4]之后,国家相继选择一批基础较好的大学进行重点建设。1985年,清华大学提出要逐步把学校建设成为"世界一流的、有中国特色的社会主义大学"。[5]1986年,北京大学党委研究室在总结北京大学改革建设工作时,明确提出要把"创办世界一流大学"作为学校的发展目标。1993年,北京大学校长丁石孙在"全国高教论坛"上提出"建设具有社会主义特色的一流大学"。1994年,北京大学提出了"创建一流大学"的建设目标。[6]可以看出,北京大学、清华大学等一批著名大学一直以服务国家利益为使命,不断瞄准世界一流大学的奋斗目标。

20世纪90年代,世界教育处于风起云涌的改革建设时期。1993年2月,国家颁布《中国教育改革和发展纲要》,明确提出:"为了迎接世界新技术革命的挑战,要集中中央和地方等各方面的力量办好100所左右的重点大学和一批重点学科、专业。"随后落实为"211工程"。此后,学术界开始在期刊论文中使用"世界一流大学"的概念。1995年、1996年,江泽民同志相继为复旦大学九十周年校庆、上海交通大学百年校庆题词,郑重提出:"面向新世纪,把复旦大学建设成为具有世界一流水平的社会主义综合大学。""继往开来,勇攀高峰,把上海交通大学建设成世界一流大学。"[7]这些题词内容反映了国家领导人对重点大学发展境界的期待。1998年5月4日,江泽民同志在庆祝北京大学百年校庆讲话中宣告:"为了实现现代化,我国要有若干所具有世界先进水平的一流大学。"讲话针对"一流大学"概念进行"四个应该"的内涵阐释,即"这样的大学,应该是培养和造就高素质的创造性人才的摇篮,应该是认识未知世界、探求客观真理、为人类解决面临的重大课题提供科学依据的前沿,应该是知识创新、推动科学技术成果向现实生产力转化的重要力量,应该是民族优秀文化与世界先进文明成果交流借鉴的桥梁"。[8]1998年12月24日,教育部发布《面向21世纪教育振兴行动计划》,指出:"建设世界一流大学,具有重大的战略意义。"由此开启"985工程"。经过"三期建设",重点大学积累了坚实的基础,也显示了我国一流大学冲刺世界一流大学的实力。2010年7月,《国家中长期教育改革和发展规划纲要(2010—2020年)》明确了到2020年"建成一批国际知名、有特色、高水平的高等学校,若干所大学达到或接近世界一流大学水平"的奋斗目标。2011年4月,纵观全球研究型大学发展的新趋势,胡锦涛同志在清华大学百年校庆讲话中强调清华大学作为国家重点建设的大学要坚持"中国特色、世界一流"的发展道路,进一步指明了国家重点大学的发展方向。之后,围绕继续推进世界一流大学建设的主题,国家出台了高等教育系统的第三项国家工程项目,即以人才、学科、科研三位一体的高等学校创新能力提升为核心任务的"2011计划",这是以新的政策举措推进世界一流大学建设事业的又一战略部署。

我们知道,在发展中国家创建世界一流大学,是一项前无古人的伟大事业。"路漫漫其修远兮,吾将上下而求索"。究竟未来中国一流大学之路如何选择?可以说,中国政府和社会各界均在思考和研究这个重要问题。2014年5月4日,习近平总书记在北京大学师生座谈会上的讲话指明了前进方向:"办好中国的世界一流大学,必须有中国特色。没有特色,跟在他人后面亦步亦趋,依样画葫芦,是不可能办成功的。""世界上不会有第二个哈佛、牛津、斯坦福、麻省理工、剑桥,但会有第一个北大、清华、浙大、复旦、南大等中国著名学府。"为此,"我们要认真吸收世界上先进的办学治学经验,更要遵循教育规律,扎根中国大地办大学。"[9]至此,应该说我们在世界一流大学建设方针的重大核心问题上达成了共识。2015 年,在《中共中央关于制定国民经济和社会发展第十三个五年规划的建议》提出"提高高校教学水平和创新能力,使若干高校和一批学科达到或接近世界一流水平"的奋斗目标后,国务院发布《统筹推进世界一流大学和一流学科建设总体方案》的政策文件,进一步明确了任务路径,重申"坚持以中国特色、世界一流为核心,以立德树人为根本"的指导思想,并强调坚持"中国特色、世界一流",就是要全面贯彻党的教育方针,坚持社会主义办学方向,加强党对高校的领导,扎根中国大地,遵循教育规律,创造性地传承中华民族优秀传统文化,积极探索中国特色的世界一流大学和一流学科建设之路,努力成为世界高等教育改革发展的参与者和推动者,培养中国特色社会主义事业建设者和接班人,更好地为社会主义现代化建设服务、为人民服务。从这段重要论述中不难看出,"中国特色、世界一流"将是我国部分高校未来建设之路。

二、意义界定:何为"中国特色世界一流大学"

何为中国特色世界一流大学?中肯地说,这是一个十分复杂的理论问题,也是一个高度综合的实践问题。当人们对"世界一流大学"的概念意义和评价标准还没有完全达成共识的情况下,试图弄清中国特色世界一流大学的新概念,显然会存在一系列的困扰问题。但是,人类有认识和探索复杂事物本质的好奇心、潜力和意志力,而中国特色世界一流大学的实践经验正生动地展现在当代社会环境中。因此，我们必须积极面对，深入思考，逐步提高对相关问题的科学认知。

就实质特征而言，未来中国的世界一流大学必定是有中国特色的世界一流大学。换言之，没有中国特色的世界一流大学，不是中国要建设的世界一流大学。这里的"中国特色"来源于中国特色社会主义的本质要求，来源于中国优秀传统文化精神的积淀，来源于中国的历史、政治、经济、教育等的有机结合。如果说"世界一流"（世界级、国际性）是共性，是普遍性，那么"中国特色"就是个性，是特殊性。共性融于个性中，普遍性融于特殊性中。个性和特殊性不断巩固与丰富共性和普遍性的发展。在这个意义上，唯有立足"中国特色"建设世界一流大学，中国一流大学才能赢得支持，赢得成功，赢得未来。其一，强化一流大学的中国特色社会主义属性建设。中国特色社会主义是历史的选择、人民的选择和未来的选择，中国一流大学必然服务和贡献于中国特色社会主义事业，并在中国特色社会主义事业进步中发展壮大。其二，强化扎根中国大地的一流大学的中华民族文化属性建设。历史证明，就文化而言，越是民族的，越是世界的，民族性越强，世界性越强。因此，未来中国一流大学需要在传承中华民族优秀传统文化的过程中促进大学的中华民族文化属性建设，努力成为中华民族文化的杰出代表。其三，强化中国一流大学的至善境界追求。儒家经典《大学》曰："大学之道，在明明德，在新民，在止于至善。"因此，中国一流大学追求至善境界目标，努力达到世界一流水平，不仅是中华民族止于至善精神的生动反映，也是中华民族优秀传统文化价值的最佳体现。

就要素内涵而言，坚持"中国特色、世界一流"，不仅体现在一流大学的教育方针、办学方向、党的领导上，而且体现在一流大学建设始终立足于中华大地、认真遵循教育规律和传承优秀传统文化上，根本反映在培养中国特色社会主义事业建设者和接班人，更好地服务于社会主义现代化建设事业、更好地为人民服务上。具体说，坚持党的领导，贯彻党的教育方针,培养社会主义核心价值观的践行者,是中国特色世界一流大学建设的根本遵循,是推进中国特色世界一流大学建设的前提条件。进一步说,中华文明有五千年的悠久历史,是人类历史上唯一没有中断过的文明体系,自然有其独特的价值和发展的未来,因此,中国一流大学应该立足于中华文明丰厚土壤中,努力为实现"两个一百年"奋斗目标和中华民族伟大复兴的中国梦贡献力量,切实按照教育规律办学兴校,精心育人,争创一流。总之,既要充分体现中国的历史和国情现实,又要始终坚持国际公认的评价标准;既要在可比性办学指标上达到甚至超越国外世界一流大学,更要为国家和民族的发展进步做出突出的贡献;既要拥有若干世界一流学科,更要形成独具特色的发展模式和先进文化,真正走出一条富有中国特色的世界一流大学建设之路。

就外延而言,正如世界银行高等教育专家贾弥勒·萨尔米(Jamil Salmi)博士所言,"尽管国家确立了建设世界一流大学的目标,但这并不意味着所有的大学能够或者应该追求这种国际地位"。[10]就是说,我们建设的世界一流大学,其备选学校和学科,应该是指那些确实有基础、有实力、有潜力、有愿景、有战略,且其建设成就被世界高水平大学所认可的大学和学科,而不是指所有中国大学和所有学科。可以说,"211工程"和"985工程"等重大项目,也是因此要求而产生的。但是,经过多年的建设之后发现,这种方式存在身份固化、竞争缺失、重复交叉等问题。因此,未来时期,在总结过去经验教训的基础上,国家将重点建设战略转向开放性的、竞争性的、差别性的、层次性的,当然更是国际性的,也即未来建设方略是"统筹建设"。一方面,打破"211高校"和"985高校"的身份壁垒,采取适度开放、竞争选优的政策措施,为全国不同类型高校营造公平公正的发展环境;另一方面,坚持以一流为目标,以学科为基础,以绩效为杠杆,以改革为动力,倡导差别化发展导向,鼓励和支持特色发展和分类发展。可以说,这种战略性的转变,标志着中国特色世界一流大学建设进入了新的发展阶段。

就国际意义而言，我们建设的中国特色世界一流大学，已经取得了举世公认的重要成就，不仅在国内赢得了重要支持，而且在国际上赢得了非凡的声誉。在一定意义上，我们可以说，正是"中国特色"引导和支持中国一流大学在当代赢得了世界性的地位和全球影响力。这反映了"中国特色"，不仅具有鲜明的"中国性"，也具有突出的"世界性"，因此应该给予充分的肯定，并继续发扬光大。而且，事实也给予了重要的证明。凡有识之士，不仅可以从中国大陆依靠国内高校自主培养大批拔尖创新人才支撑了改革开放以来中国经济社会快速发展的事实看出来，而且可以从英国《泰晤士报高等教育增刊》世界大学排名（QS/THE）、上海交通大学世界大学学术排名（ARWU）、《美国新闻与世界报道》全球大学排名等权威信息看出来，也可以从中国大陆的诺贝尔科学奖零突破、高被引科学家、*Nature* 和 *Science* 等世界权威期刊论文的规模发展，以及人们累积的信心等方面找到更多有说服力的证据。因此，面向未来，我们有充分的理由相信，中国特色世界一流大学建设必定会取得更大更新的发展成就，不仅将继续为中国乃至世界培养大批拔尖创新人才，而且将进一步丰富和充实中国特色社会主义事业的文化内涵，使中华民族文化在世界文明体系中赢得更多的尊重和更美好的未来。

三、基本规律："中国特色世界一流大学"的实践主题

显然，无论是何种特色或何种模式的世界一流大学，其共同点均为大学的发展成就达到世界一流水平，并被全球高等教育界及其以外的领域所认可。没有这一点作基础和保证，很难说某种特色是成功的特色、某种模式是成功的模式。因此，在这个角度说，未来中国的世界一流大学建设的战略重点应该是在继续保持和突出"中国特色"的同时，更多地侧重于通过深化改革来推进"世界一流"的文化建设、水平建设和内涵建设。

其一，打造世界一流文化，汇聚全球一流学者。世界一流文化，体现高度的文化自觉精神，是世界一流人才生存和发展的土壤、水、空气和环境。任何地方，没有世界一流文化，都难以吸引、培养、留住世界一流人才，也难以发挥世界一流人才的作用。世界一流文化意味什么？概言之，一是指世界一流的精神文化，即人们普遍以追求知识和真理为幸福快乐的源泉，二是指与一流精神文化高度契合的制度文化和物质文化。当今世界，美国、英国、德国、法国、日本等发达国家的世界一流大学，哪一个不是世界一流文化的缩影和代表？其校训文化的真理情结、学术大师的境界追求、校园建筑的精神品位、求学环境的优美设计，均是世界一流文化的生动体现。在这个角度看，建设世界一流文化，对中国特色世界一流大学建设至关重要，甚至处于核心的战略地位。

其二，建设世界一流学科，培育世界一流人才。世界一流学科，必定是在世界一流文化环境和氛围中生长出来的，必定是与世界一流文化建设密切联系的。凡是缺失世界一流文化的大学，不可能产生世界一流学科，也不可能培养世界一流人才。在这个意义上，世界一流学科，可以说是世界一流文化的奇葩，是世界一流文化的成果。世界一流学科又是大师人才和优秀学生聚集的高端平台。换言之，当全球学术大师汇聚于拥有浓厚的一流文化氛围的大学时，世界一流学科自然"水到渠成"。因此，大学建设世界一流学科，与引进全球学术大师、培育世界一流人才，是"水乳交融"的关系，是"浑然天成"的结果，它们也是世界一流文化建设的重要内容。

其三，创造世界一流项目，开拓世界一流科研。世界一流科研，造就世界一流学科，培育世界一流人才，但是它与世界一流的重大项目又是紧密相关的。没有世界一流的重大项目作为基础和平台，任何大学都难以吸引世界一流大师和拔尖创新人才的科研参与，也难以产生世界一流学科文化。世界一流科研项目，属于原始创新研究，通常与人类的孕育、健康、生存和发展的重大利益密切联系，因此具有重大的理论和现实意义。第二次世界大战前后，美国众多研究型大学就是在参与诸如阿波罗计划等一系列世界一流重大科研项目的过程中崛起为世界一流大学的，其堪称世界一流大学飞速崛起的典范。因此，借鉴世界范围内一流科研的成功经验，创造和参与世界一流科研项目，取得世界一流的科研成就，为中国乃至人类发展事业做出重大贡献，是我国研究型大学建设富有特色的世界一流大学的不二选择。

其四，培育世界一流学术文化中心，谋求国家学术独立。无论是建设世界一流学科、培养世界一流人才，还是创造世界一流项目、开拓世界一流科研，其目的都是建设世界一流学术文化中心，为国家完全的学术独立，并为国家建设和人类发展做出重大贡献。美国高等教育专家菲利普·G. 阿特巴赫（Philip G. Altbach）教授等研究发现，全球范围内，"学术世界一直由中心和外围界定"；"发达国家最好的大学拥有卓越的研究能力和声望，这些大学被认为是中心。而那些依靠这些中心建立起来的寻求知识和领导力的机构则被称为外围"。那么，"是什么导致一个学术体系或学术机构被视为一个中心？通常，是一个大的研究型大学"。[11]历史表明，成为世界一流学术文化中心，需要各种有利因素的综合集成，需要长期不懈的努力，需要历史的机遇和战略的把握。就此而言，未来时期我国研究型大学肩负着重大而光荣的历史使命。

其五，创新世界一流大学发展模式，贡献世界高等教育。世界一流大学发展史启示人们，没有新的独特的高等教育思想或大学理念，不可能造成一种新的发展模式，不可能"量产"世界一流大学和一流学科，也不可能对世界高等教育做出重要贡献。环顾西方世界，从中世纪时代意大利的博洛尼亚大学到法国巴黎大学，从英国牛津大学、剑桥大学到美国哈佛大学、耶鲁大学、斯坦福大学等世界名校的发展历程，无不证明了这个真理。在这个视角看，未来中国一流大学建设，既要遵循世界一流大学基本规律，创造世界一流科研成果，更要大胆创新高等教育思想或大学理念，努力开辟符合中国特色要求又能引领全球教育发展的"大学之道"。唯有这样，21世纪的中国一流大学，才能为世界高等教育发展事业做出更大的贡献。

参考文献

［1］［6］［7］闵维方，文东茅，等. 学术的力量——教育研究与政策制定［M］. 北京：北京大学出版社，2010：95，104，104.

［2］冯友兰. 冯友兰论教育［M］. 谢广宽，编. 北京：人民出版社，2010：133.

［3］季蒙，谢泳. 胡适论教育［M］. 合肥：安徽教育出版社，2006：263.

［4］洪银兴，陈骏. 大学之魂——南京大学精神传统文存［M］. 南京：南京大学出版社，2012：243.

［5］王大中教育文集编辑组. 王大中教育文集（1994—2003）［M］. 北京：清华大学出版社，2011：3.

［8］江泽民. 在庆祝北京大学建校一百周年大会上的讲话［C］// 中华人民共和国教育部. 科教兴国动员令. 北京：北京大学出版社，1998：5.

［9］习近平. 习近平谈治国理政［M］. 北京：外交出版社，2014：174.

［10］贾米勒·萨米尔. 世界一流大学：挑战与途径［M］. 孙薇，王琪，译校. 上海：上海交通大学出版社，2009：31.

［11］菲利普·G. 阿特巴赫，利斯·瑞丝伯格，劳拉·拉莫利. 全球高等教育趋势——追踪学术革命轨迹［M］. 姜有国，喻恺，张蕾，译校. 上海：上海交通大学出版社，2010：9.

论"双一流"战略的意义结构[①]

摘 要 "双一流"建设方案是科学的、完整的、价值厚重的"战略表述系统"。从逻辑结构意义看,"双一流"是蕴含历史、现实和未来意义的新理念,是系统、清晰且责任明确的战略规划,是引导大学贡献高等教育强国的实施方案,是坚定理论自信、制度自信、道路自信的文化范本,是打造中国高等教育发展模式的宏伟蓝图。深刻理解其战略逻辑及其构成体系,对科学推进"双一流"战略及其实践有重要意义。

关键词 "双一流";战略规划;价值评估;意义结构

建设世界一流大学和一流学科,是党中央、国务院在新的历史时期,为提升我国教育发展水平、增强国家核心竞争力、奠定长远发展基础,做出的重大战略决策。[1]2015年国家文件出台后被称为"双一流"(Double First-rate)建设方案,教育界特别是高等教育界迅速开展理论研究,为扎实推进"双一流"建设建言献策。2017年年初,教育部、财政部、国家发展改革委颁布《统筹推进世界一流大学和一流学科建设实施办法(暂行)》(简称《实施办法》)[2],有关"双一流"建设的研讨交流更加深入。仅通过百度和中国期刊网输入"双一流"关键词,就搜到相关结果770万条和552条。然而,从现有讨论情况看,尚有不少人对"双

[①] 本文以《论"双一流"建设的战略意义及逻辑体系》为题原载于《研究生教育研究》2017年第5期。国务院发展研究中心信息网2017年11月29日分上、下两篇全文转载。

一流"战略的理解不够全面,这是需要探讨的认识问题。

一、"双一流":蕴含历史、现实与未来意义的新理念

"双一流",是一个"新"概念和"新"理念,也是一个"旧"概念和"旧"理念。之所以称其"新"概念和"新"理念,是因为国务院2015年出台了《统筹推进世界一流大学和一流学科建设总体方案》,一时间,有人称之为"双一流计划",有人称之为"两个一流",广为认可的是"双一流",现在已约定成高等教育专用词语了。之所以称其"旧"概念和"旧"理念,是因为"双一流"具体指"世界一流大学"和"世界一流学科"或"一流学科",这两个称谓在1994年后国家相关教育政策文件中频繁出现,有的单独称谓,有的并列称谓。如,1995年国家颁布《"211工程"总体建设规划》,决定"面向21世纪,重点建设100所左右的高等学校和一批重点学科"[3];1998年5月江泽民同志在庆祝北京大学建校一百周年大会上宣告:"为了实现现代化,我国要有若干所世界先进水平的一流大学"[4];1999年国务院批转教育部《面向21世纪教育振兴行动计划》中提出"创建若干所具有世界先进水平的一流大学和一批一流学科",这一项目称为"世界一流大学建设项目",即"985工程"。之后,国家各种政策文件反复重申建设世界一流大学(或一流大学)和世界一流学科(或一流学科)的核心概念。总之,自20世纪90年代以来,随着教育学者研究的深入以及各种媒体的宣传,"双一流"概念逐渐被人们接受。

经过"211工程""985工程"和"2011计划"及"优势学科创新平台"和"特色重点学科项目"等重点建设,我国对"双一流"建设有了更加清醒的认识,即建设世界一流大学的基础和关键是建设世界一流学科,没有若干个世界一流学科作为支撑,难以被称作世界一流大学;拥

有世界一流学科越多，世界一流大学地位就越巩固；只有少数研究型大学能够发展成为世界一流大学。因此，长期以来，我国重点高校高度重视并努力推进一流学科建设，取得了显著成就。但是问题也逐渐暴露出来了，包括身份固化、竞争缺失、重复建设等问题。有学者研究发现："事实上，为了进入'985'名单，许多大学都进行了残酷的竞争，而一旦进入名单，似乎就进入了保险箱，一切资源获得就顺理成章了。这大概就是身份固化的结果。高校为了显示自己的建设成绩，采用各式各样的手段，但核心都是以行政意志为主导的，学者的意志被严重弱化，甚至使学术的价值边缘化，这就形成了'985'建设之痛。"[5]因此，国家在新一轮建设中强调"统筹建设"，表明政策发生重大转变。其主要表现在四个方面：一是由"分"到"合"。过去，国家根据当时建设需要"分"头制定政策，没有统一规划实施各类项目，投资效率和建设质量不高，未能充分发挥资源的最佳效应。现在的"统筹"旨在把各种政策资源整合到一个支持体系中去，着力提高资源利用率。二是由"静"到"动"。以往国家对少数大学采取身份和投入固定的"静"政策，如"211工程"和"985工程"。现在是坚持扶优扶需扶特扶新的价值取向，为所有高校创造平等竞争空间，即根据五年期建设效益采取有进有出的"动态调整"政策。三是由"硬"到"软"。之前国家对大学资助后重点查看"硬"件效益，现在是围绕人才培养、现代大学制度建设等"软"因素进行考察验收。四是由"内"到"外"。过去侧重检查大学对本国经济社会的贡献度及其国内的相对地位和影响，现在则重点考察大学提供这种贡献的"世界级水平状况"，要求把"中国特色"建设到"世界一流水平"。正是这样的政策转变，我国高等教育再次开启新的历史征程。

可以说，"双一流"战略的实施，必将对中国高校产生了重大而深远的影响。因为国家通过实施"双一流"，不仅要建设拥有若干个世界一流学科的世界一流大学即整体建设效果，譬如北京大学、清华大学、上海交通大学、复旦大学、浙江大学等名校，使其可与哈佛大学、耶鲁大学、斯坦福大学、牛津大学、剑桥大学等名校比肩；而且要建设若干个拥有一流特色学科的高水平大学，如中国农业大学等，使其发展成为有行业性特色性的世界一流大学。根据"双一流"建设方案，过去未入选"211工程"和"985工程"的有潜力和实力冲刺世界一流水平的学校或学科在"双一流"政策背景下有可能成为"备选单位"。有专家给出测算："'双一流'的蛋糕将比'985工程''211工程'大，入围涉及的院校有望从'211工程'的100多所增加到近300所，占据全国院校数量的1/10。而剩下的9/10国内高校，亦可通过其他途径在产学研协同创新方面有所作为。"[6]可以说，实施"双一流"战略，不仅反映了国家着力推动高等教育强国战略的坚定意志，而且体现了新一轮国家重点支持政策的公平意义，无疑有助于我国高等教育事业的发展进步，对世界高等教育也将产生重要影响。

二、"双一流"：系统、清晰且责任明确的战略规划

"双一流"建设方案，是国家宏观政策指导方案，是推动高等教育创新计划的重要指针。方案共分五个部分：总体要求（含指导思想、基本原则和总体目标）、建设任务、改革任务、支持措施和组织实施（《实施办法》7章29条）。这五个部分贯通一体，浑然天成，形成逻辑严密的"战略表述系统"。这个方案对国家、省（自治区、直辖市）及高校学科单位乃至社会系统提出了要求，是指向未来、统筹全局、谋求发展、重在落实的战略规划，需要各界深刻领会和贯彻落实。

就国家层面而言，确定战略方向和目标任务，推动教育改革至关重要。"双一流"方案确认从现在起到21世纪中叶，我国要实现高等教育强国的战略目标，要建成若干所世界一流大学和一批世界一流学科。为此高等教育质量发展将经历三个阶段。第一个阶段：从现在到2020年，若

干所大学和一批学科进入世界一流行列，若干学科进入世界一流学科前列。第二个阶段：到 2030 年，更多的大学和学科进入世界一流行列，若干所大学进入世界一流大学前列，一批学科进入世界一流学科前列，高等教育整体实力显著提升。第三个阶段：到 21 世纪中叶，一流大学和一流学科的数量和实力进入世界前列，基本建成高等教育强国。显然，谁的大学能在这个方向目标上走得更好更远，谁的大学就能赢得国家更大支持。同时，为了实现这个战略目标，国家应该遵循教育发展规律，推进深层次教育改革，特别是增强大学办学自主权，创造开放发展、公平竞争的优良环境，释放高校创建"双一流"的热情、能量和活力。

就省级层面而言，既有战略方向和定位问题，也有具体政策措施问题。从现实角度看，我国高等教育已经建立起了国家和省（自治区、直辖市）共管共建体系，根据"双一流"建设方案，不仅国家部门有重大责任，而且省级政府和相关社会机构也有重大责任，因此国家文件颁布后，各省（自治区、直辖市）响应国家号召出台"双一流"发展计划，努力实现高等教育强省战略目标。因此未来时期，那些努力创建"双一流"的高校，将不仅获得国家层面的支持，也会得到省级政府支持。媒体报道，2015 年以来，北京、上海、浙江、广东、江苏、湖北、湖南等 20 多个省、直辖市均已出台"双一流"资助计划。[7] 应该说，这是高等教育发展的新形势，有利于激励高校实现"双一流"战略目标。

就高校层面而言，既有奋斗目标和政策规划问题，更有行动计划和实施方案问题。很明显，"双一流"建设背景下，原"211 工程"和"985 工程"圈内外高校均面临着重要机遇，也面临着一些挑战。如何迎接挑战，抓住机遇，推进自身建设，不仅影响高校发展状态，而且决定学校在国家和地区发展中的地位作用。因此高校未雨绸缪十分重要，既要考虑能否适应国家战略发展的要求，也要考虑自身有多大潜力完成国家赋予的战略任务。例如，如何布局学科生态？如何建设一流学科？有能力建设多少世界一流学科？非一流学科怎么办？如何建设一流的学科特色？如何构建一流人才培养体系等，这些问题值得深入思考和重点解决。

就学科单位而言，相对国家、省（自治区、直辖市）和高校部门，它是一个基层单位（院系），但却是"双一流"建设最重要的终端平台。在某种意义上，建设"双一流"的关键是建设"双一流院系"，因为院系是开展学科建设、人才培养和社会服务的基层单位。对于这样的学科建制单位，如何布局一流学科生态？如何推进一流学科内涵建设？如何建设一流专业和一流课程体系？如何培养一流创新人才？这些问题，不仅影响学科单位建设质量，而且影响"双一流"建设水平。

三、"双一流"：引导大学贡献高等教育强国的实施方案

"双一流"战略，是面向 21 世纪中国高等教育的重大战略，核心指向是建设高等教育强国、赶超世界先进水平，进而实现教育强国梦。"一所学校是不是一流大学，关键看这所学校在国家的发展建设中能否做出一流的贡献，培养出一流的人才"。[8] 因此，推进"双一流"战略，将是未来高校贡献国家、回报社会和实现高等教育强国目标的重要平台和战略机遇。

首先，从大学功能的全部意义看，"一流人才培养"是"双一流"建设的"逻辑起点"。《大学》曰："大学之道，在明明德，在新民，在止于至善。"即大学旨在培养至德至善之人。习近平总书记在全国高校思想政治工作会议上强调："高校立身之本在于立德树人；只有培养出一流人才的高校，才能够成为世界一流大学；办好我国高校，办出世界一流大学，必须牢牢抓住全面提高人才培养能力这个核心点，并以此来带动高校其他工作。"[9] 换言之，高校只有抓住了"一流人才培养"这个核心任务不放松，才算抓住了"双一流"建设的"牛鼻子"，才算找准了"双一流"建设的"命脉"。这样看来，大学只有贯彻好、落实好这个中心任务，才

符合"双一流"建设的根本要求。

进一步说,"一流师资队伍"和"一流科学研究"是"双一流"建设的"逻辑中介"。大学要培养世界一流创新人才,必须依靠世界一流的师资队伍和世界一流的科学研究,师资队伍是落实"人"的要素,科学研究是落实"事物"的因素,此"人"与此"事"结合,以"一流人才培养"为目标,以"一流学科"为平台,产出世界一流的学术成果,进而影响人类社会的进步。在这个意义上可以说,一流大学的师资队伍发挥了作用,科学研究产生了效果,学科价值得到了认可,"双一流"目标"水到渠成"。为此,"双一流"建设方案论述了"以一流为目标、以学科为基础、以绩效为杠杆、以改革为动力"的建设思路和政策措施。

可以推论,"传承创新优秀文化"和"着力推进成果转化"是"双一流"建设的"逻辑延伸"。我们知道,中国是一个拥有五千年灿烂文明、14亿人口生活其中的世界大国,在这样的国家建设世界一流大学、培养世界一流创新人才,无疑需要人们积极传承中华民族优秀传统文化,同时也要面向国家经济社会需要,把先进的科研成果转化为造福人类的物质财富和精神财富,这样才能真正发挥"双一流"建设作用。因此,如果说"传承创新优秀文化"是从历史的、精神的文化维度来提升"双一流"的道义责任,那么"着力推进成果转化"则是从国家、现实和未来需要的维度来推进"双一流"的内涵发展。总之,这两者既是世界一流大学人才培养、科学研究和社会服务的重要内容,也是世界一流学科展示人才培养、科学研究和社会服务成果的重要任务。

四、"双一流":坚定理论、制度、道路自信的文化范本

历史证明,大学从来不是脱离社会而孤立存在的,世界一流大学更是如此。时任世界银行高等教育主管的贾弥勒·萨尔米教授(Jamil Salmi)

指出:"创建世界一流大学既没有通用窍门也没有万能钥匙可循。不同的国家有不同的国情,不同的学校也有不同的发展模式。因此,每个国家都必须从各种可能的途径中选择一个能发挥优势整合资源的策略。"[10]事实上,"哈佛、耶鲁、牛津、剑桥等世界知名大学的成功,都深植于本国独特的文化和历史之中"。[11]从这个意义上说,"双一流"建设方案,高度浓缩了中国特色世界一流大学建设的历史内涵、本土精神和时代追求,充分体现了中国特色社会主义理论自信、制度自信和道路自信三个自信对中国一流大学本质属性的精神要求。

其一,"双一流"体现了中国特色社会主义理论自信的本质要求。坚持中国特色社会主义理论自信,是有效推进中国特色世界一流大学建设的精神灵魂。为此"双一流"方案强调,要高举中国特色社会主义伟大旗帜,以邓小平理论、"三个代表"重要思想、科学发展观为指导,认真落实党的十八大和十八届二中、三中、四中全会精神,深入贯彻习近平总书记系列重要讲话精神,按照"四个全面"战略布局和党中央、国务院决策部署,坚持以中国特色、世界一流为核心,以立德树人为根本,以支撑创新驱动发展战略、服务经济社会发展为导向,加快建成世界一流大学和一流学科,提升我国高等教育综合实力和国际竞争力,为实现"两个一百年"奋斗目标和中华民族伟大复兴的中国梦提供有力支撑。

其二,"双一流"体现了中国特色社会主义制度自信的建设要求。坚持中国特色社会主义制度自信,是有效推进中国特色世界一流大学建设的基本保障。为此"双一流"方案强调,坚持"中国特色、世界一流",就是要全面贯彻党的教育方针,坚持社会主义办学方向,加强党对高校的领导,扎根中国大地,遵循教育规律,创造性地传承中华民族优秀传统文化,积极探索中国特色的世界一流大学和一流学科建设之路,努力成为世界高等教育改革发展的参与者和推动者,培养中国特色社会主义事业建设者和接班人,更好地为社会主义现代化建设服务、为人民服务。

显然，这个要求规定了中国特色世界一流大学建设的精神内涵。

其三，"双一流"体现了中国特色社会主义道路自信的理性要求。坚持中国特色社会主义道路自信，是有效推进中国特色世界一流大学建设的现实要求。为此"双一流"方案强调，要推动一批高水平大学和学科进入世界一流行列或前列，加快高等教育治理体系和治理能力现代化，提高高等学校人才培养、科学研究、社会服务和文化传承创新水平，使之成为知识发现和科技创新的重要力量、先进思想和优秀文化的重要源泉、培养各类高素质优秀人才的重要基地，在支撑国家创新驱动发展战略、服务经济社会发展、弘扬中华优秀传统文化、培育和践行社会主义核心价值观、促进高等教育内涵发展等方面发挥重大作用。总之，这个基本要求，引导和规范着中国特色世界一流大学内涵建设的目标路径。

五、"双一流"：打造中国高等教育发展模式的宏伟蓝图

中国高等教育进入了一个新的发展阶段。在这个阶段，我们不仅要架设好高等教育这个"金字塔"的主体部分，更要架设好"金字塔"的"塔顶"部分，最好在若干年之后使之成为屹立于"世界高等教育高原"上的"珠穆朗玛峰"。在这个意义上说，"双一流"是国家对未来高等教育发展蓝图的战略设计，也是对中国高等教育发展模式的主动建构。

首先，这个发展模式始终把"根基"建立在"中国大地"上，坚持走"中国特色、世界一流"的发展道路。俗话说，基础不牢，地动山摇。中国的世界一流大学之"根基"毫无疑问应该深深地扎在"中国大地"上，而不是其他国家的土地上。此"中国大地"，明确要求大学要依靠党的领导来建设世界一流大学，要依靠中国特色社会主义理论和制度建设世界一流大学，要走中国特色世界一流大学的建设道路、发展道路和创新道

路。因此，任何时候离开"中国大地"考虑问题，这个模式是很难取得成功的。

其次，这个发展模式坚持跟随中国发展战略设计未来思路，紧密跟踪和服务中国发展目标。事实证明，当代中国是世界上发展最快的国家，中国高等教育也获得了最好的发展机遇。根据国家"十三五"发展规划描绘的蓝图，中国到21世纪中叶将建成世界强国，实现中华民族伟大复兴的中国梦。按照这样的发展前景，中国高等教育发展步伐必然紧随其后，奋力而为。所以，"双一流"建设方案设计了"三个阶段"的奋斗目标和建设任务，充分体现了中国特色世界一流大学建设进程。

再次，这个发展模式把准了全球世界一流大学建设的"脉搏"，坚持按照自己的方式建设世界一流大学。正如习近平总书记在北京大学座谈会讲话中指出的"办好中国的世界一流大学，必须有中国特色。没有特色，跟在他人后面亦步亦趋，依样画葫芦，是不可能办成功的"。"世界上不会有第二个哈佛、牛津、斯坦福、麻省理工、剑桥，但会有第一个北大、清华、浙大、复旦、南大等中国著名学府"。为此"我们要认真吸收世界上先进的办学治学经验，更要遵循教育规律，扎根中国大地办大学"。[12] 讲话告诉我们，全球世界一流大学建设有共性规律可循，其中一个共性规律就是要立足国家民族的基本立场和基本特色，否则将难以达到理想的建设效果。

最后，这个发展模式把国家战略落实到高校行动中，确立以"三个面向""三个突出"为政策方向。《实施办法》强调，要面向国家重大战略需求，面向经济社会主战场，面向世界科技发展前沿，突出建设的质量效益、社会贡献度和国际影响力，突出学科的交叉融合和协同创新，突出与产业发展、社会需求、科技前沿紧密衔接，深化产教融合，全面提升我国高等教育在人才培养、科学研究、社会服务、文化传承创新和国际交流合作中的综合实力。很显然，这个发展模式，目标明确，行动有力，前景光明，是值得期待的中国模式。

参考文献

［1］国务院. 国务院关于印发《统筹推进世界一流大学和一流学科建设总体方案》的通知［EB/OL］.（2015-10-24）［2017-04-30］. http：//www.gov.cn/zhengce/content/2015-11/05/content_10269.htm.

［2］教育部，财政部，国家发展改革委. 教育部、财政部、国家发展改革委关于印发《统筹推进世界一流大学和一流学科建设实施办法（暂行）》的通知［EB/OL］.（2017-01-24）［2017-04-30］. http：//www.gov.cn/xinwen/2017/01/26/content_5163670.htm.

［3］郭新立. 中国高水平大学建设之路——从211工程到2011计划［M］. 北京：高等教育出版社，2012：2.

［4］江泽民. 在庆祝北京大学建校一百周年大会上的讲话［C］// 中华人民共和国教育部. 科教兴国动员令. 北京：北京大学出版社，1998：5.

［5］王洪才. "双一流"建设的重心在学科［J］. 重庆高教研究，2016（1）：7-11.

［6］戴春晨，邓雪芬. 扩容并引入滚动机制，"双一流"建设开启中国好大学2.0版［N］. 21世纪经济报道，2016-07-08（4）.

［7］戴春晨，邢佳慧，邓雪芬. 高等教育突进：20余省份400亿赶场"双一流"［N］. 21世纪经济报道，2017-02-17（4）.

［8］陈彬. 西安交通大学校长王树国："双一流"建设须回归教育本源［N］. 中国科学报，2017-03-28（5）.

［9］习近平. 习近平谈治国理政（第二卷）［M］. 北京：外文出版社，2017：377.

［10］Jamil Salmi 著，世界一流大学：挑战与途径［M］. 孙薇，王琪，译校. 上海：上海交通大学出版社，2009：10.

［11］晋浩天，陈鹏，李笑萌. "双一流"建设：让高等教育成熟自信［N］. 光明日报，2017-03-07（7）.

［12］习近平. 习近平谈治国理政［M］. 北京：外文出版社，2014：174.

一流大学办学理念的基本特征及形成条件[①]

摘　要　思想指导行动，即理念指导实践。一流的办学理念是一流大学办学成功的关键。以美国和英国为首的发达国家的世界一流大学的办学理念具有许多共同特征，即伦理本位、学术自由、使命指引、传承创新。基于此内涵特点的大学办学理念之形成条件主要有这样几个共性特征，即杰出校长的教育理念是关键、著名专家学者的贡献是基础、社会文化环境的影响是背景、国内外高水平交往是条件、大学享有自由权利是根本。

关键词　一流大学；办学理念；基本特征；形成条件

自1873年英国牛津大学毕业的红衣主教纽曼（John H. Gardinal Newman）所著《大学的理念》（The Idea of a University）出版以来，世界范围内围绕大学的办学理念问题争论和探讨了几百年时间，可以说在争论中交流，在交流中发展，大学的办学理念由大学是"训练和培养人的智慧的机构"到大学是"研究高深学问的机构、科学与学术的中心"再到大学还是"社会服务站"等，不一而足。[1]以至如今，形成了基于以上观念的现代大学办学理念。概而论之，大学的办学理念指的"是人们对大学精神、性质、功能和使命的最基本认识，是对大学与外部世界诸元之间关系的规定，以及内部管理及运转的哲学基础。"[2]潘懋元教授指出："一流大学要

---

①　本文原载于《现代大学教育》2004年第2期。国务院发展研究中心信息网2004年7月7日全文转载。

有自己的理念，这个理念应是在发展过程中行之有效的，有利于高等教育的发展提高的。"[3]因此，对于那些希望冲刺一流大学的中国"985工程"和"211工程"在建高校来说，理应认真研究、仔细揣摩当今世界一流大学办学理念的基本特征及其形成条件，这既有利于把握学校在办学过程中需要构建的理念体系，也有利于学校跟上世界一流大学的发展步伐至不落后甚至超越它们。中肯地说，这既是国家和民族对那些奋力创建一流大学的高校的殷切期望，也是这些著名大学加强自身建设、赶超当今世界强校名校并为国家做出重大贡献的内在需要。

一、一流大学办学理念的基本特征

潘懋元教授指出："大学理念虽然是一个上位性、综合性的高等教育哲学概念，但它不仅反映高等教育的本质，而且涉及时代、社会、个体诸方面的因素。"[4]因此，一流大学的办学理念之特点，既是恒定的又是动态的。说是恒定的，是指它在本质特征方面保持稳定，具体是指她的精神、性质和气质。说是动态的，是指它在外延方面保持开放的形态，随时接受各种变化因素的冲刷洗礼，因为时代和社会在不停的变化、它们对大学的要求也在不停的变化。换言之，一流大学的办学理念始终能够在动态中保持恒定的基本特征，在恒定中维持发展的强劲势头，可以阐述为"变中含不变，不变中有变"。国际上一流大学办学理念之形成与发展无不显示出这些特点。

（一）伦理本位

所谓伦理本位，指的是大学的办学理念均以追求大学的终极意义为价值取向，包含着大学"求实崇真"的恒定含义和伦理指归。如哈佛大学的办学理念可以从它的校徽和校训中感知一二。由哈佛学院时代沿用至今的哈佛大学校徽上用拉丁文写着"VERITAS"的字样，意为"真理"。哈佛校训的原文也是用拉丁文写的，译为汉语的意思为"以柏拉图为友，以亚里士多德为友，更要以真理为友"。耶鲁大学的校徽上书写着"光明与真知"几个字。这几个字历经300年风风雨雨的洗礼依然光芒四射。柏林大学强调的"学术自由"则体现了教育家洪堡深刻的办学理念。[5]实际上，我国早有"大学之道"，也就是大学的办学理念。《大学》在开篇就指出："大学之道，在明明德，在亲民，在止于至善。"[6]国内的东南大学等几所高校就以"止于至善"作为自己的办学理念而置于校徽之上永存人们心中，以引领大学前进。可见，一流大学的办学理念皆是对大学存在和发展的终极意义的阐述和确认，具有深刻的伦理内涵。

（二）学术自由

"学术自由"的办学理念肇始于德国柏林大学。洪堡（Von Humboldt）认为，教授和学生"都是为了学术而在大学"，学术自由的保障是教师有教学和选材的自由，学生有自主学习的自由。[7]尽管后来在高等教育哲学中的政治论和认识论之间仍然缺乏和谐，但是人们看到"威斯康星思想"毕竟取得了成功，这说明大学共同体在面对复杂的哲学认识问题时在基本价值上是可以进行探讨和认定的。"学术自由"就是大学能够承认并加以实践的，在这里大学将获得自身学术研究工作的合理性。换言之，"学术自由"正是大学存在和发展的合理性所在，失去"学术自由"必将使大学至少部分地失去存在和发展的合理性依据，因为它是大学探索自然科学和人类知识秘密的根本要求和基本保障。如前述哈佛大学和耶鲁大学的校训和校徽文字充分体现了这一点。"教学自由"和"学习自由"则是"学术自由"的具体体现。这可以说是大学办学理念乃至高等教育哲学探索几百年才获得的最有价值意义的理念。[8]如今"学术自由"已基本上为世界各国高等教育哲学所认可，直到今日仍是全世界大学特别是一流大学所尊崇的教育理念。

（三）使命指引

耶鲁大学有300多年的历史。其创立的初衷是为教会和社会培养人才，其使命陈述就是教育学生要大有作为，并通过最丰富的思想训练与社会体验发展学生的智慧、道德、公民责任和创造能力。这里强调的是大学要对学生进行人文学科的教育，并以此更好地服务于社会，造福于人类。正如查尔斯·西莫校长在1949年大学建校250周年时所说："耶鲁教育使命的核心怎样强调都不过分，这就是无论出于什么理由，都要培养青年人在增进社区和国家福祉方面作为公民的责任和服务精神。"1999年，耶鲁大学在自我研究评鉴报告中阐述自己的使命和目的时陈述了这样几个要点：①"把教育作为一种智慧训练"；②"通过参与活动进行教育"；③"把教育视作性格塑造。"[9]斯坦福大学校长G.卡斯帕尔认为斯坦福大学与硅谷创新性关系的首要因素是学校"在追求教学与科学研究中追求一流的神圣使命"。日本东京大学在"明治以来的赶超型现代化时代已告结束"，进入先进工业国的"成熟阶段"，为使学校继续有力推动科技发展和社会进步，于1987年郑重提出"把东京大学办成以研究生院为重点的大学"的世界一流大学的办学目标。这些都是由高尚使命的正确指引导致大学发展进步的典型体现。[10]

（四）传承创新

E. 希尔斯曾经对传统的文化本性做过揭示，他认为传统之所以成为传统必须具备三个特性：①"代代相传的事物"；②"相传事物的同一性"；③"传统的持续性"。[11]当今世界一流大学的办学理念为人称颂，其重要的原因就在于学校历史悠久，办学理念中富有传统底蕴。且看美国、英国、日本几所著名大学的历史：美国的哈佛大学创办于1636年，麻省理工学院（MIT）创办于1861年，加州大学伯克利分校创建于1868年，斯坦福大学创办于1891年；英国的牛津大学创办于1167年，剑桥大学成立于1209年；日本的东京大学始建于1877年。[12]可以说，正是时间的久远、风雨的洗礼、历史的更迭、斯人的长逝等诸多因素的复合与沉淀才使办学理念的光辉得以持续闪耀,且历久弥新。对此,英国牛津大学校长科林·卢卡斯教授郑重指出:"事实上,如果我们把2000年的大学与1900年的大学加以比较,我们就会发现,大学发展的延续性是显而易见的。但是,1900年的教师无疑会对体现当代大学特征的学科事务、新兴学科、教学方法、学生社会背景、组织结构等感到惊诧和不解。"[13]这说明,一流大学的办学理念有它自身的传统继承性,同时也有它的自我创新性。应该说是两者的有机结合使大学理念的内在价值更加鲜明和深刻。

二、一流大学办学理念的形成条件

综观当今世界一流大学的发展史和当代现实,可以看出,一流大学办学理念的形成和成熟常常包含以下诸多条件和要素。必须指出,这些条件和要素不是一时形成的,而是或多或少,时断时续,由大学的各位教育家、学者特别是校长等在日常的治学治教办学过程中,像点滴溪流汇集成大海一样,逐步积累进而造就出那种博大精深、令无数学子受惠的办学理念。

(一)杰出校长的教育理念是关键

毋庸置疑,一流大学的办学理念是大学校长与全体教师在办学的过程中共同努力创造出来的,但杰出的大学校长的办学理念是关键。历史上有很多成功的案例可作佐证。不妨以德国和美国的大学校长提出的理念为例来解说。1809年,德国著名教育家洪堡提出了自己的办学理念,并在次年创办的柏林大学中正式付诸实施。他认为,"国家绝不应指望大学同政府的眼前利益直接联系起来;却应相信大学若能完成他们的真正使命,则不仅能为政府眼前的任务服务而已,还会使大学在学术上不断提高，从而不断地开阔更广阔的事业基地，并使人力物力得以发挥更大的功用，其成效是远非政府近前部署所能意料的。"[14]当时，正是在洪堡大学理念的指导下，柏林大学明确地把"学术自由"作为学校的基本思想，并对后来的大学，诸如美国、英国的大学，产生了巨大的示范性影响。1904年，美国威斯康星大学在范海斯校长的领导下提出了"威斯康星思想"，赋予威斯康星大学两项重大使命，即帮助州政府在全州各个领域开展技术推广和函授教育，以帮助本州公民。正是在范海斯校长倡导的这项计划的引领下，产生了著名的"威斯康星思想"。因此，如果说洪堡是在纽曼创立的"人才培养"教育理念的基础上为大学倡导和确立了"学术自由"的思想，那么范海斯校长就是在洪堡教育理念的基础上创立了"大学是社会服务站"的办学理念。哈佛大学前校长艾略特在其任职40年的过程中实践着以上的办学理念，并把该校建设成为闻名世界的一流大学。应该说，这其中除了他在位时间长，重要的是他的办学理念促成了哈佛大学的巨大成功。麻省理工学院的成长道路反映出其历任院长的伟大的工程教育理念，威廉·罗杰斯是开创者，即为最典型的人物。他提出了"要以开创未来的精神，创办一所超过全国所有大学的学院"的战略思想，并强调MIT的办学理念是"崭新的科学理论与工程实际相结合。[15]"这一光辉理念使MIT获得了良好的发展前景。到其第九任院长卡尔·康普顿时，他在任职期间大力加强基础科学研究，聘请了众多的杰出专家，从而获得大学的可持续发展。MIT之所以在第二次世界大战期间对军事科学做出巨大贡献，与康普顿院长的贡献密切相关。斯坦福大学在蜚声世界"硅谷"的兴起和发展中起着举足轻重的作用，主要归功于当时的副校长斯特曼的工程战略思想。20世纪50年代他率先提出"把大学和工业结合起来，建立技术专有社区"的设想，"斯坦福工业新村"就是该设想的结晶。[16]可见，杰出的大学校长的教育理念对大学一流办学理念的形成、丰富和发展具有重要的建构性作用。

（二）著名专家学者的贡献是基础

诚然，一流大学的办学理念的形成还与该所大学的著名专家学者在人才培养、学科建设和社会服务等或者说对人类所做的探索性工作的深度和广度上有很大的关系。因为从根本上说，大学是"认识未知世界、探求客观真理、为人类解决面临的重大课题提供科学依据的前沿"，是"知识创新、推动科学技术成果向现实生产力转化的重要力量。"[17]其最终的一流理念还必须由"成果和实力"为之提供重要佐证。历史证明，人类在探索科学的前沿领域贡献越是巨大，以此为基础而概括出的理念的深刻程度就越是深刻。这是因为自然科学常常是哲学与人文社会科学（理论概括和深化）突破发展的前奏。马克思主义就是在自然科学如进化论等科学理论发展的坚实基础上建立起来的理论结晶。当今世界一流大学里无不聚集了众多著名的自然科学家、哲学与人文社会科学家，他们对所在大学的办学理念之形成、成熟和发展产生了巨大的奠基性影响。据袁祖望教授的研究，世界上名牌大学通常有5个基本特征，即名师荟萃、人才辈出、科研显著、理工优势、设施一流。这几个方面是浑然一体的复合体。之所以综合性大学为一流大学居多，理工优势又是这些大学的显著特点，如麻省理工学院、斯坦福大学、加州理工学院等，它们在美国的大学排行榜上总是居于前列。这表明，大学的综合性特别是各类人才聚集效应使一流大学容易产生影响巨大的新思想和新理念。"对诺贝尔获奖者的研究表明，未来获奖者与名师之间存在着大量近亲相传的师承关系"。[18]大奖、大师是一流大学科学发展的原动力，也是大学理念得以充实完善的依据和证明。如果有著名校长的领航，并在实践中对他们进行理论性的倡导和升华，那么一流大学办学理念就一定会展现出更加光辉的思想。

（三）社会文化环境的影响是背景

英国学者E.阿什比指出："任何类型的大学都是遗传和环境的产物"。[19]这里的遗传可以理解为大学的历史传统；这里的环境可以理解为社会文化背景，后者大致可以分为两个层面：一是大学所在地域的社会文化背景；二是大学所在国家的社会文化背景。这两个层面中，后者对大学的影响在广度和深度上是大于前者的。回顾一下西方大学史有助于更好地理解这一点。在19世纪和20世纪，为了应对不断壮大的中产阶级的需要、政府的要求以及不断演进的经济，大学发生了显著的变革。19世纪的英国大学开始训练帝国领导者和管理者，一直延续到20世纪中期。到19世纪后期，美国大学已经将自身转变为职业资格证书的提供者，这类证书是成长中的美国中产阶级所急需的。20世纪冷战期间的前20年，美国著名大学还沦为两类意识形态竞争和决赛的场地。[20]因此，大学的发展与国家和社会文化的环境及其发展息息相关。另外，德国大学为什么在办学理念上有那么大的原创性贡献，这与德国社会文化尊重科学和学术的传统特点是不可分的。英国牛津等著名大学在理念上的贡献来源于大学具有极强的传统性和权威性。美国大学的理念为什么有那样的个性特色，也与美国移民社会文化的多元性、包容性、开放性的特点有很大关系。

因此，当19世纪下半叶德国的"通过科学与学术进行教育的大学理念"传到英国和美国时，却因两国社会文化的区别特点产生了完全不同的效果。这表明，大学的办学理念在不同的环境中会表现出不同的个性和特色。这是大学受社会文化环境制约的重要表现和自然结果，这就如同中国南方的多数植物移至北方就不能存活的道理一样。总之，世界多样性的社会文化特点造就了大学办学形式和办学理念的多样性，换言之，大学办学理念之多样性是世界社会文化多样性表现的一部分。然而，它们都是对人类教育贡献的一部分。

（四）国内外高水平交往是条件

世界一流大学需要以"普遍主义"和"世界主义"作为自己的精神气质，因为"大学从它诞生的那天起，就是一种普遍主义的机构"。11世纪左右，在欧洲兴起的大学里，教授和学生的来源不是一个国家，教学内容也不限于一个国家。世界上那些最古老大学之间的关系，更能够体现这种普遍主义的精神。剑桥大学是牛津大学的一批教授和学生因不满于牛津而开办的，哈佛大学是剑桥大学的一批教授和学生不满于剑桥，不满于旧大陆，到美国开办的。耶鲁大学也是哈佛大学的一批人因不满于哈佛而开办的，他们要跟哈佛竞争。[21]可见，世界一流大学在其办学之初的理念也是在相互交流中产生的。因此，一流大学办学理念之形成与这所大学历史上与国内外交往的范围、层次和水平确有密切的原初关系。今天看来，这种交往主要有四种实现形式：①大学校长层面上的交流；②专家学者层面的交流；③学术成果的交流；④学生之间的交流。历史上，美国许多大学的办学理念就是从德国、英国学习来的，因为当时美国很多大学的领导人都有英国和德国留学的经历，他们归国后纷纷把国外学到的理念带入国内，因而引起国内大学办学理念的变化。中国现代教育家蔡元培之改革北京大学就是以德国大学为模式的。在当今世界一流大学中，有不少大学的校长就是别的发达国家著名大学毕业生或者是别的国家著名大学的著名教授、专家学者等。美国有不少大学的校长是牛津大学和剑桥大学毕业的或者是那里的专家教授。英国也有不少大学的校长是从美国、德国、法国等国聘请来的。众所周知，几年前有一则轰动世界教育界的新闻——英国诺丁汉大学正式聘请复旦大学杨福家院士担任校长——就是一个范例。后来，他在国内多家媒体和公众场合发表独特见解和文章，畅谈国外大学办学理念与国内之差别，令人耳目一新，对国内大学校长办学理念的发展产生了很大的积极影响。这就是国际交往所带来的理念变化。因此，在世界范围内进行广泛的高水平交流和合作对日益发展的中国大学来说具有重要的现实意义。可喜的是，我国大学在教育部的组织和领导下正在推进这个历史进程。诸如北京大学等重点名校在其庆典过程中所筹办的高层教育论坛就是很好的范例。2002年7月在北京成功举办的来自全球17位著名大学校长参加的"中外大学校长论坛"更是把这种国际交流形式推向了一个新的高潮。[22]

（五）大学享有自由权利是根本

大学的办学理念归根结底要依靠大学共同体在自由的环境中努力形成。而一流大学的办学理念与大学整体在社会中的自由度有很大关系。例如，大学尤其要有"学术自由"，以及由此导引出其他附属的自由如"人事自由"。美国著名教育哲学家约翰·S.布鲁贝克对"学术自由"早有关注，并在其巨著《高等教育哲学》中强调指出："学术自由的合理性至少基于三个支点：认识的、政治的、道德的。"[23]按照他的论证，大学享有的自由正是论证大学合理性的关键。事实上，"一部世界大学的发展史可说是一部争学术独立自由的历史。"[24]总之，大学应该具有除大学之外都没有的自由环境，因为只有这样的环境最有利于专家学者自由地探索人类社会和自然科学的知识、真理和规律。如果失去了这个基本的要求和条件，那么大学的一流理念将难以形成，尤其是具有特色的一流理念难以形成，很有可能形成的理念是"千篇一律"的，也就是说没有"自己的特色"。这里与大学所在国家对大学的政策有很大的关系。一流大学在其形成过程中，国家的政策走向和趋势对大学办学理念的丰富和发展很有影响。例如，历史上德国大学有很高的独立自由，但在纳粹统治时期"即彻底摧毁了大学的独立自由，而一切极权国家也根本不承认大学之独立自由"。[25]通常，在历史变革时期，大学的办学理念要经受考验，接受洗礼，并在此过程中办学理念逐步明晰化。在各个国体不同的国家具有不同的特点。但是可以肯定的是，国家的政策导向对大学一流理念的形成起着非常重要的推动作用。在我国，"五四运动"时期的社会形势对北京大学形成自己的办学理念具有极其重要的影响，至今，北京大学都是以这样的办学理念为指针的。可以说，正是在那样的环境下，鲁迅先生指出："北大是常为新的，改进的运动的先锋，要使中国向着好的，往上的道路走。"[26]一代一代的教育家正是沿着这条道路而前进的，所以北京大学才有历史上乃至如今令人骄傲的地位和影响。

参考文献

[1][24][25] 金耀基. 大学之理念[M]. 北京：生活·读书·新知三联书店，2001：1-25，13，13.

[2] 王英杰. 规律与启示——关于建设世界一流大学的若干思考[J]. 比较教育研究，2001（7）：2.

[3] 潘懋元. 一流大学不能跟着"排行榜"转[J]. 清华大学教育研究，2003（3）：4-5.

[4] 潘懋元. 多学科观点的高等教育研究[M]. 上海：上海教育出版社，2001：11.

[5][7][9] 陈光军. 办学理念：世界一流大学发展的立足点及对中国的启示[J]. 煤炭高等教育，2003（3）：19-22.

[6] 大学·中庸[M]. 梁海明，译注. 太原：山西古籍出版社，1999：19.

[8][23][美] 约翰·S. 布鲁贝克. 高等教育哲学[M]. 杭州：浙江教育出版社，1998：19-21，46.

[10] 张宝贵. 世界一流大学的形成模式研究[J]. 清华大学教育研究，2000（4）：69.

[11] 转引自樊浩. 伦理精神的价值生态[N]. 北京：中国社会科学出版社，2001：53-54.

[12][15] 穆义生. 世界一流大学的主要特征及创办条件论析[J]. 电力高等教育，1994（2）：5-8.

[13][20] 科林·卢卡斯. 21世纪的大学[J]. 国家高级教育行政学院学报，2002（5）：37-38.

[14] 滕大春. 外国教育通史（第三卷）[M]. 济南：山东教育出版社，1992：235-236.

[16] 张风莲，江丕权. 美国经验：成为世界一流大学的条件[J]. 高等教育研究，1994（1）：96-99.

[17][26] 江泽民. 在北京大学建校100周年大会上的讲话. 科教兴国动员令[M]. 北京：北京出版社，1998：1-5.

[18] 袁祖望. 名牌大学的基本特征与成长条件[J]. 江苏高教，2001（3）：42-45.

[19] 胡建华. 大学办学个性化的内涵、必要性及条件[J]. 高等教育研究，2000（1）：68-70.

[21] 丁学良. 什么是世界一流大学[J]. 高等教育研究，2001（3）：4-9.

[22] 夏鲁惠. 启迪领导智慧，憧憬大学未来——中科大学校长论坛综述[J]. 国家高级教育行政学院学报，2002（5）：4-9.

什么是世界一流研究型大学的贡献[①]

摘　要　什么是世界一流研究型大学的贡献？目前社会上不少人对这个问题的认识还不够清楚。其实，创造"最优标准"，培育"精英人才"；勇担"人类使命"，挑战"人类未知"；造就"顶尖大师"，贡献"原创性成果"；夯实"基础研究"，追求"开拓性发展"；张扬"大学之道"，哺育人类精神情怀，这些才是"世界一流研究型大学"的"应有贡献"或"应有价值"。应当说，21世纪，中国研究型大学能不能在"实质性贡献"方面达到以上的"应有高度"，这确实是中国实现世界一流大学建设目标的核心和关键。

关键词　世界一流研究型大学；贡献

　　我国目前还没有进入世界100强的大学。之所以出现这个结果，说到底，是中国著名大学对世界所做的"贡献"还很不够。从这个角度来看，在我国"985高校"定位于综合性、研究型大学并冲刺世界一流大学的过程中，仔细地研究世界一流研究型大学的独特贡献或应该达到的"贡献境界"，对我们如何把握自身的"贡献点"和"贡献面"具有积极的理论意义。尤其是当我们国内研究型大学提出"以服务求支持，以贡献求发展"的建设理念之后，我们就更应该加强这方面的理论研究和实践探索。这不仅是我们更有成效地推动中国世界一流大学进程的必需内

---

① 本文原载于《江苏高教》2009年第2期。《中国教育科研参考》2009年第11期全文转载。

涵，而且是我们积极塑造中国世界一流研究型大学新形象应该明确的重要努力方向。

一、创造"最优标准"，培育"精英人才"

英国剑桥大学第 344 任校长艾利森·F. 理查德（Alison F. Richard）教授指出："对于一个大学来说，你培育什么样的人，在很大程度上就决定了你的地位，而你在这个问题上的决定对于学生的求学经历具有深远的意义。"[1] 可以说，世界一流研究型大学的"首要贡献"是创造人才的"最优标准"或"最高标准"，并为所在国家乃至全世界培养各类"精英人才"。据 1998 年的数据统计，研究型大学虽然只占全美高等教育机构总数的 3%，但却授予了全美国近 1/3 的学士学位、近 40% 的硕士学位和 80% 的博士学位。[2] 以 2000 年的情况来看，美国研究型大学在全部院校中的比例不到 7%，但却授予了 93% 的博士学位、52% 的硕士学位和 45% 的学士学位。在科学和工程教育领域，相应比例分别为 94%、64% 和 51%[3]。在国际学生培养方面，1992—2004 年，美国平均每年培养了 25000 名科学、工程博士，其中海外学生就占了 40%。仅以耶鲁大学为例。2006 年 7 月 1 日至 2007 年 6 月 30 日，耶鲁大学授予国际学生的学位比例分别是：学士学位 9%、硕士学位 23%、博士学位 29%、首批专业学位 6%，总计是 17%。[4] 可见，世界一流研究型大学的贡献使全球受惠，使世界受益。

美国哈佛大学的文理学院为哈佛本科生制定了 5 项严格标准，这些标准是哈佛本科毕业生必须达到的基本要求。哈佛大学培养了众多领军人物，应该说与其人才培养的标准关系十分密切。其本科生的基本素质要求内容是：①必须能够清晰而明白写作；②应该对认识和理解世界、社会和我们自身的方法具有一种判断鉴别的能力；③必须对自己的文化和其他文化有一个广阔的视野，并在这样的考虑之下安排自己的生活；

④了解并思考过道德和伦理问题,在做道德选择时具有正确判断的能力;⑤在某些知识领域应当具有较高的专业水平。[5]

加州大学伯克利分校本科生教育委员会于2000年发表《本科生教育最终报告》。该报告提出了新的本科毕业生标准,要求本科毕业生必须具备6项素质:①熟悉艺术、文学、数学、自然科学与社会科学;②能够收集、筛选、综合、评价来自不同领域并以不同形式呈现的信息;③理解研究过程和如何创造新的知识;④能够与人合作共事,并能创造性地转换环境;⑤具有解决问题和做出决定所必要的技能,并能考虑决定所带来的广泛的社会影响及其伦理意义;⑥能够处理模糊性问题,能够灵活思考并具有在职业生涯中不断发展智力和知识的技能。[6]

美国著名研究型大学——普林斯顿大学的本科教育战略计划委员会对普林斯顿大学本科毕业生提出了12项标准:①具有清楚的思维、谈吐、写作的能力;②具有以批评的方式系统地推理的能力;③具有形成概念与解决问题的能力;④具有独立思考的能力;⑤具有敢于创新及独立工作的能力;⑥具有与他人合作的能力;⑦具有判断什么意味着彻底理解某种东西的能力;⑧具有辨识重要事物与琐碎的事物、持久的事物与短暂的事物的能力;⑨熟悉不同的思维方式(定量、历史、科学、道德、美学);⑩具有某一领域知识的深度;⑪具有观察不同学科、文化、理念相关之处的能力;⑫具有一生求学不止的能力。[7]

美国大学联合会(AAU)的校长们认为,合格的通识教育应达到的目的有:形成理智的、道德的判断力,拓展文化、社会和科学的视野,帮助学生了解并参与民主和全球事务,让学生为成功地融入动态经济体做好准备。美国康奈尔大学荣誉退休校长弗兰克·H.T.罗德斯(Frank H.T.Rhodes)总结指出,受过通识教育的大学毕业生应具有的共同品质包括:①在具体社会情景中理解问题的能力;②自信和好奇;③忠于公民责任;④一种方向感,并具有追求这一方向的自我修养;⑤个人价值观和道德信仰;⑥对他人开放、清晰、准确交流的能力;⑦与他人相处并尊重他人的能力。[8]

不难看出，以上世界一流研究型大学对精英人才的综合素质要求在精神内涵上十分一致，那就是高度重视培养学生的创新型人格、智能和身心素质。若换用一句中国话来说，就是教育部原部长周济在第二次全国普通高等学校本科教学工作会议上所指出的那样："未来社会需要德才兼备的人才。"培养这种人才，就是要培养"顶天、立地、有本事"的人。"顶天"就是要有崇高的理想、坚定的信念、昂扬的激情，有坚定正确的方向；"立地"就是能够求真务实、脚踏实地、善于团结合作、具有艰苦朴素的作风；"有本事"，就是要有分析问题和解决问题的能力，掌握科学方法，富有创新精神。可以说，周济部长阐述的这个观点与上述几所世界一流研究型大学人才培养标准和要求是完全一致的。

二、勇担"人类使命"，挑战"人类未知"

站在发现知识的前沿、挑战人类未知世界是世界一流研究型大学的历史使命和共性特征。世界一流研究型大学的贡献也来源于此。换言之，世界一流研究型大学除了培育和输送精英人才，还应该对"人类学术"的发展有重大的贡献。

美国麻省理工学院现任校长查尔斯·维斯特（Charles M. Vest）说得好："当我们思考大学的性质并与公众展开持续的对话时，我们永远不要忘记，支撑一种大学体制的终极原理更多的来自未知而不是已知。"他认为，人类"只有对真正未知的探索——原理、洞见、物质和有机体等目前所知甚少的事物——才能获得最大回报"。也就是说，只有"新知识能够增进人的精神生活、促进经济发展并提高人类的生活质量"[9]。为此，他指出："MIT 从属并服务于美国，但时至今日，为了更好地为美国服务，我们必须参与到更广泛的（世界）区域中去。"[10] 这里体现的是 MIT 对

"普遍主义"或"世界主义"精神的追求。确实，在研究方面，MIT从据称充满宇宙的暗物质（dark matter）到本质的探索，到预防癌症的人类细胞分析，都被纳入研究范围内。今天，该校不少研究聚焦于"3O"上，即"info、bio、nano"——信息技术、生物技术和纳米技术。除了在科学技术领域占据重要地位，其斯隆管理学院在商界的声誉也如日中天，人文、艺术和社会科学则以小而精的特色著称于世。从这个例子可以看出，世界一流研究型大学具有非凡的挑战人类未知世界的信心、勇气、智慧和胆识。退一步说，如果它不能做到这一点，那么就不可能成为引领研究型大学发展的世界一流大学。

2007年7月，在教育部举办的"中外大学校长第一届论坛"上的主题演讲中，美国哈佛大学荣誉校长陆登庭教授指出，一所优秀大学的使命就是在各个学科领域发现新知识；保留、解释和重新解释现有的知识；帮助学生掌握方法、知识、技能和探究问题的习惯，这样他们将会终其一生而不断地追求学问，领导社会向前发展。[11]换言之，最好的研究型大学应该勇敢地担负起探索未知世界、为人类阐释未知的社会责任和道德责任。无独有偶，芝加哥大学前校长乔治·韦尔斯·比德尔（George Wells Beadle）也表达了同样的意思："如果一所著名大学不能够运用知识、智慧和力量来帮助解决严峻的问题，那么还能指望谁来做这些呢？……我们必须将这份努力持续下去，如若成功，那么我们将会为整个国家树立一个模式。这是一所杰出大学的崇高目标。"[12]

不难理解，以上三所世界一流研究型大学的校长——维斯特、陆登庭和比德尔对著名研究型大学的理解无论放在什么样的社会环境中都是恰当的、深刻的、站得住脚的，也是令人信服的。可以说，这些大学校长都认为，世界一流研究型大学应当对肩负的社会责任和道德责任给予严格而重要的规定，那就是必须站在为人类服务的角度，对那些深刻影响人类生活的各个方面的根本问题应该给予精确的阐释和及时的解决，否则，研究型大学就没有承担起自己应有的责任和义务。

三、造就"顶尖大师",贡献"原创性成果"

世界一流的研究型大学,向来以诞生诺贝尔奖得主和拥有众多世界顶级奖项获得者为自豪。之所以这样,是因为诺贝尔奖得主和其他世界顶级奖项代表了研究型大学对探索人类未知领域做出的重大贡献。它们的贡献将长期性甚至永久性地影响人类的发展和进步。历史上,美国加州理工学院建立不久就明确它的"历史使命":"通过教学与科研相结合,扩大人类知识并造福社会。我们在一个单一的学院里,在交叉学科的气氛中,研究科学技术中最富有挑战性的基本问题,同时教育一批杰出的学生成为社会中富有创造性的成员。"[13]芝加哥大学前校长爱德华·赫希·列维(Edward Hirsch Levi)教授坚持认为,芝加哥大学的使命"主要是用知识去追求真理和传播知识价值观";"芝加哥大学的成功可以体现在大批的学校毕业生身上,以及在校学者发表的那些数量极其可观并且有很高的学术造诣的专著上"。[14]加州理工学院的观点以及芝加哥大学的成功,可以说,典型地代表了美国众多世界一流研究型大学的办学理念和办学成就。换言之,正是这一理念的指导和实施而发挥的作用,导致了美国众多研究型大学对国家乃至世界的杰出贡献。

事实上,从国际知识创新水平的重要标志——诺贝尔奖获得者以及在《自然》和《科学》等世界顶尖刊物上发表论文的情况来看,世界上75%的诺贝尔奖获得者、60%的在《自然》和《科学》刊物上发表论文的第一作者,均来自全球排名前200位的著名研究型大学。而足以影响我们人类生活方式和生产方式的重大科研成果的70%产生于世界一流的研究型大学。

世界一流研究型大学在哲学人文社会科学领域里同样做出了重大的贡献。例如,美国哈佛大学自建校以来培养过美国历史上6位著名的总统。而耶鲁大学也培养了5位美国总统,其中最近的3位——布什父子和克林顿均毕业于该校。数据显示,仅19世纪,牛津大学就培养了12位英国首相。第二次世界大战之后，日本首相中就有 9 位毕业于东京大学。在日本 1700 家大企业中，东京大学毕业生担任社长的占 1/4，证券交易额居前 12 名的公司中，有 7 个公司的董事长是东京大学的毕业生。[15]这说明，世界一流研究型大学的贡献是多方面的、多领域的，但都是高质量的、高水平的。

四、夯实"基础研究"，追求"开拓性发展"

世界一流大学的开拓性发展，不仅表现在培育顶尖大师、造就原创性成果上，而且表现在为服务人类经济社会发展方面做出的杰出贡献上。这种贡献绝对地依赖于研究型大学的原创性研究成果，以及对成果的技术转化和广泛使用。美国耶鲁大学理查德·莱文（Richard C. Levin）校长认为，大学可以从许多方面为社会提供服务，但他认为主要是在基础研究、能力培养和公共事业三个方面。首先，通过提高科学知识、发展技术和建设医药类学院，为经济增长、物质生活水平提高、保持身体健康等方面奠定基础。从根本上来说，这一切都是通过基础研究来实现的。也就是说，基础研究产生的成果最多，影响也最深远。所以，长期以来，美国研究型大学无不重视基础研究工作，同时美国基础研究经费通过各种渠道进入了美国研究型大学。2000—2004 年 5 年间，美国联邦政府向高校"科学"与"工程"两个领域投入的研发资金总额为 1044 亿美元，每年平均 209 亿美元，其中纯研究资金占到经费总额的 86%。而美国研究型大学获得的份额最大。从另一个角度来说，美国研究型大学特别注意吸引政府的基础研究经费，以便为自身的开拓性发展积累重要的经济基础。在第三届中外大学校长论坛上，莱文校长以敢于创新、善于创新的 MIT 为例说明研究型大学的"开拓性发展"之意识和胆识。他认为，第二次世界大战后相当长的一个时期里，大多数的美国大学并没有主动将科学发现转化为生产和服务,这种状况在第二次世界大战后持续了35年。这个时期,大多数美国学校的聚焦点都在于基础研究,技术转化没有得到应有的重视。而MIT是一个例外。20世纪90年代中期,MIT毕业生和教师在全国建立了4000多家公司,接下来的时间里,每年又创立出150家公司,这极大地推动了当地经济的发展,1000多家公司落户MIT,并占了所在地区制造业的25%。历史上,第一个评估研究型大学科研影响的机构——波士顿银行经济部于1997年的研究就是以MIT为基础的。它总结说:"如果由MIT的研究生和教师成立的公司来组建一个独立的国家,它的总收入将位于全世界第24位。MIT相关的4000多个公司雇用了110万员工,年销售额达到2320亿美元,这大致相当于1160亿美元的国内生产总值,比南非的国内生产总值(GDP)稍低一些,而高于泰国的GDP。"MIT的下属公司创造的就业80%是在制造业(全美国制造业工作只占16%),许多产品出口销往国外……它的8500多个分公司遍布全球50个国家。[16] 著名大学能够产生如此大的综合性效益,确实令世人瞩目。

事实上,20世纪80年代后期,美国最著名的科学园区都是依托著名研究型大学发展起来的。近年来,与美国"硅谷奇迹"齐名的"剑桥奇迹"更是闻名遐迩。从1970年创立剑桥科技园区以来,剑桥大学已经建立了千余个高技术公司,剑桥已经成为知识型企业的全球中心。正是基于这一点,美国微软公司在剑桥投入了6000万英镑,用于扩大研发活动领域。应该说,世界一流大学的这种开拓性发展值得中国大学学习和借鉴。

五、张扬"大学之道",哺育人类精神情怀

世界一流研究型大学的独特情怀可以为任何大学学习。美国康奈尔大学荣誉退休校长弗兰克·H.T.罗德斯(Frank H.T.Rhodes)就说:"研究

型大学的教学和学习氛围是独特的、丰富的、高要求的、实际的、专业化的、个别化的、永不停歇的。学习成为一种终身追求,精益求精成为一种标准。其结果对个人、对社会都是一种改造。"[17]我们可以从以下几场风波看到一些世界一流研究型大学对大学精神或"大学之道"的大胆"张扬"。

2007年9月7日,美国斯坦福大学胡佛研究所宣布,准备委任美国国防前部部长唐纳德·拉姆斯菲尔德为"高级访问学者"。但根据美国《纽约时报》报道,胡佛研究所宣布这一任命后,斯坦福大学约2100名师生在网上联名请愿,抗议这项决定。请愿书写道:"我们认为这项任命从根本上与斯坦福大学一贯致力、不可分割的一系列原则格格不入。这些原则包括真实、宽容、客观探索、遵守国际和国家法律、尊重他人的生命、财产和不同意见。"

1982年诺贝尔物理学奖获得者、美国康乃尔大学教授威尔逊曾经面临被解雇的危险。他研究相变理论,连续4年未发表1篇有分量的学术论文。校方因此准备将他解聘,这一提议获得多数校董的支持。只有1967年诺贝尔物理学奖得主贝特教授持有异议,他认为威尔逊的研究难度极大,需要长期的、持续的研究,但一旦取得突破,那就是"了不起的成果"。贝特教授说服了校方,让威尔逊继续留任。第二年,威尔逊的研究取得了突破,发表了一系列高水平的学术论文。随后获得了诺贝尔奖。著名电影《美丽的心灵》的原型约翰·纳什教授曾患精神病达30多年,但在他生病以后,普林斯顿大学把他从麻省理工学院(MIT)请过来,给他办公室,给他温暖。30年后,他奇迹般地恢复了健康,并在1994年获得诺贝尔奖。可以说,"美丽的心灵"就是普林斯顿大学的文化内涵和精神境界。

参考文献

[1] 艾莉森·F. 理查德. 著名大学是如何产生和可持续发展的 [C] // 教育部中外大学校长论坛领导小组. 中外大学校长论坛文集（第二辑）. 北京：中国人民大学出版社，2004：55-56.

[2] 方勇. 高等教育与创新型国家建设 [M]. 重庆：西南师范大学出版社，2007：144-145.

[3] National Science Board. Science and Engineering Indicators 2004 volume 1, Arlington, VA, 2004：2-7.

[4] Yale University Office of Institutional Research. Yale University-Some Facts and Statistics-Degrees conferred: (Between July 1, 2006 and June 30, 2007) [EB/OL]. (2007-08-06) [2009-01-01]. https://oir.yale.edu/sites/default/files/factsheet_2007-08.pdf.

[5] 朱崇实. 研究型大学与创新型人才培养 [C] // 教育部中外大学校长论坛领导小组. 中外大学校长论坛文集（第三辑）. 北京：高等教育出版社，2006：326.

[6] 周峰. 加州大学伯克利分校内部教育质量保障体系探析 [J]. 世界教育信息，2008（4）：37-38.

[7] 舸昕. 从哈佛到斯坦福——美国著名大学今昔纵横谈 [M]. 北京：东方出版社，1999：167-168.

[8] 文茂伟，等. 在通识教育中发展大学生领导力——以美国大学生领导教育为例 [J]. 比较教育研究，2008（1）：7-9.

[9] [10] 查尔斯·维斯特. 一流大学 卓越校长——麻省理工学院与研究型大学的作用 [M]. 蓝劲松，主译. 北京：北京大学出版社，2008：84，前言6.

[11] 陆登庭，阎凤桥. 一流大学的特征及成功的领导与管理要素：哈佛的经验 [J]. 国家高级教育行政学院学报，2002（5）：10-26.

[12] [14] 威廉·墨菲，等. 芝加哥大学的理念 [M]. 彭阳辉，译. 上海：世纪出版集团—上海人民出版社，2007：245-246，60，71.

[13] 杨福家. 中国当代教育家文存——杨福家卷 [M]. 上海：华东师范大学出版社，2006：46.

[15] 陈子辰，等. 研究型大学与研究生教育 [M]. 杭州：浙江大学出版社，2006：97.

[16] [17] 弗兰克·H.T. 罗德斯. 创造未来——美国大学的作用 [M]. 王晓阳，蓝劲松，等，译. 北京：清华大学出版社，2007：209，34.

2 模 式

论人类文明视域中的世界一流大学建设
　　——兼论中华文明背景中的"中国模式"建设之道
论美国世界一流大学建设模式的战略构建
生态学视野中的世界一流大学体系建设

论人类文明视域中的世界一流大学建设[①]

——兼论中华文明背景中的"中国模式"建设之道

摘　要　大学是体现人类文明的一种文化机构，应当放之于人类文明的大视角中加以认识，并作为国家文明战略的组成部分加以建设。世界一流大学早期是多种文明综合性发展的自然结果，历史性地"耦合"欧洲文明生态体系；是人类文明互动发展促成了"欧洲模式世界一流大学"的成功，并演化为具有国别特色的建设模式，其中20世纪前后以"美国模式"为主导。21世纪，中国要建成世界一流大学，则必须紧抓机遇，以和而不同、科学发展、人民满意、特色发展、内涵发展、借鉴发展的精神理念来推进有中华文明特色的"中国模式"建设。

关键词　人类文明；世界一流大学；中国模式

英国历史学家阿诺德·汤因比（Arnold Toynbee）指出："在一个时间和空间均已统一的世界上，对人类事务的研究若想取得成效的话，就必须从广阔的视角入手。"[1]在人类文明史上，大学的诞生是一个奇迹，也是人类最具深远意义的伟大创造。从柏拉图学园到中世纪大学诞生，直到如今众多一流大学全球互竞发展的局面，都是人类文明进程中大学追求进步的客观表现，也是大学自然发展的重要体现。站在人类文明大视

---

①　本文原载于《东南大学学报（哲学社会科学版）》2010年第3期。

角看，世界一流大学有独特的演变规律和发展轨迹，其萌芽、诞生、成长、形成、革新、发展，不仅是一个受各种客观因素制约或影响的事物演变过程，而且是一个受人类主观能动性影响的发展过程。作为人类文化机构，世界一流大学早期是多种文明综合性发展的结果，历史性地"耦合"欧洲文明生态体系；是人类文明持续互动性发展促成了"欧洲模式世界一流大学"的成功，并演化为具有国别特色的建设模式，如英国模式、德国模式、美国模式等，其中20—21世纪"美国模式"占据全球主导地位。20世纪90年代以来，中国人热切期待"中国模式世界一流大学"创建成功，有关行动计划为世界各国关注。确实，21世纪中国创建一流大学的历史进程不可阻挡。但是，若要为人类文明发展做出杰出的贡献，则必须紧抓历史机遇，以先进的精神理念加速推进具有中华文明特色的"中国模式世界一流大学"建设。这不仅是全球化时代的召唤，而且是中华文化伟大复兴的重大战略任务。

一、人类文明进程中世界一流大学的发展脉络

环视全球，绝大多数世界一流大学处于欧洲文明体系特别是美国文明中。这是一个客观事实。用哲学家黑格尔的观点来说，存在的就是合理的，合理的才能存在，那么可以说，世界一流大学作为人类文明进程中的"特殊事物"，也遵循了这样的存在规律。

（一）多种文明为一流大学"胚胎孕育"做出贡献

任何世界一流大学都属于某个文明，同时是世界文明中的一分子，要认识它，也只能放在具体的文明或文化中。人类文明或文化究竟有多少？据哈佛大学塞缪尔·亨廷顿（Samuel P.Huntington）教授考察，世界上至少有12种主要文明，其中7种文明已不复存在，5种文明依然存在，它

们是中华文明、日本文明、印度文明、伊斯兰文明和西方文明。另外还有东正教文明、拉丁美洲文明和非洲文明。[2]其中，中华文明历史最悠久且从未中断过。又据2001年版联合国教科文组织的报告——《多种文化的星球》分析，世界主要文化有8种，即欧洲文化、北美洲文化、拉丁美洲文化与加勒比地区文化、阿拉伯文化、非洲文化、俄罗斯文化和东欧文化、印度和南亚文化、中国和东亚文化（包括日本文化和其他东亚文化）。[3]虽然该书讨论的是"文化"，但由于"文明是放大了的文化"，[2]因而，我们可将其视为对人类星球上各种文明的一种深入探讨。于此，我们见识到了世界文明的多样性。联系世界一流大学，不难理解，它是处于多种文明或多种文化的人类环境中，事实上，站在人类文明进程的角度看，世界一流大学早期可以说是多种文明综合性发展的"自然结果"。关于这一点，已有的研究结论可以为"据"。如果说，哈佛大学中世纪史学家哈斯金斯（C.H.Haskins）在《大学的兴起》中的结论说明了西方文明的贡献，即"20世纪的大学是中世纪巴黎大学和（意大利）博洛尼亚大学的直系后裔；它们是我们现代大学被砍砸打磨出来的那块岩石；它们是我们现代大学被挖掘梳理出来的那条壕沟"，[4]那么，英国历史学家阿诺德·汤因比在其巨著《历史研究》中的推论则反映了非西方文明的影响，即"西方文明与东正教文明和伊斯兰文明有着千丝万缕的联系，因为伊斯兰文明和东正教文明也根植在同样的'希腊—叙利亚文化复合资料'之上"。[1]更重要的是，宗教尤其是基督教对西方世界一流大学的诞生做出了重大贡献，而亨廷顿的结论则表明了非西方文明对西方宗教的客观影响。他说："西方从未产生过一个主要的宗教。世界上的伟大宗教（含基督教）无不是非西方文明的产物，而且，在大多数情况下是先于西方文明产生的。"[2]他还说："文明的内涵和外延会随着时间的变化而变化，各民族的文化既相互作用又相互重合。"[2]据此，我们推论说，一流大学的"胚胎"客观上孕育于多种文明提供的"营养环境"中。或者说，是多种文明供给的"营养体系"中孕育出来的"间接性产物"。这个根源性和起始性说明了一流大学具有全人类性。

（二）一流大学历史性"耦合"欧洲文明生态体系

大学史告诉人们，具有现代意义的大学诞生在欧洲，而后扩展到全世界。应当说，这是比较成熟的观点。我们注意到，曾任德国法兰克大学校长的瓦尔特·吕埃格（Walter Rüegg）在其所著《欧洲大学史》中坚持认为：大学是欧洲的机构，而且确实是欧洲最卓越的机构。各种理由都可以支持这个结论。作为教师和学生的共同体，大学被赋予某些权利……它是中世纪欧洲——基督教教皇统治的欧洲——的创造物。而且，大学是欧洲唯一在历史过程中始终保持其基本模式和社会功能与作用的机构。在他看来，没有其他欧洲的机构能像欧洲大学的传统形式那样扩展到整个世界，因为，欧洲大学所授予的学位——学士学位、资格证书、硕士学位、博士学位的教育模式已被全世界大多数不同的社会所采用。确实，"四个中世纪学院——文学院（它有不同的称呼，如哲学、文学、艺术与科学、人文学院）、医学院、法学院和神学院保存至今，并且一直得到许多学科（特别是社会科学和技术科学）的充实。在全世界，它们依然是大学的核心"。[5]实际上，现代学者也认定，现代大学诞生于11世纪的欧洲，如世界上最古老大学是建于1087年的意大利博洛尼亚大学。另外，美国加州大学前校长克拉克·克尔（Clark kerr）在看到欧洲大学稳定性的同时也注意到其变革性特征，"除变革以外，没有什么是持久的"。"关于历史上的大学，可以说，其他一切都变化，但大学多半是持久的。西方世界在1520年前建立的大约75个公共机构仍旧以可辨认的形式存在，有着类似的功能和未中断的历史，包括天主教会。……以及61所左右的大学。"而且"这61所大学大部分仍在同样的地点，拥有一些同样的校舍，教授和学生从事很相同的事情，学校管理按基本相同的方法进行"。[6]据专家研究，欧洲中世纪建立的大学中有70%至今仍是世界知名大学，有16%位于当今世界一流大学行列。[7]这不仅说明了大学的坚韧性、传承性和可持续性，而且反映了大学与欧洲文明的深度切合性。关于这一点，我以为美国丹佛大学埃里克·古尔德（Eric Gould）教授说得透彻。他说，美国"高等教育院校实际上就是一个资本主义企业"。[8]"大学对社会最为重要，因为，大学要为后代复制美国式的生活，还要用适当的精力来研究和保持自由资本主义，并且是在市场导向的文化中做这些工作"。[8]这句话真切地道出了美国大学的人文本性与制度特性。据上海交通大学公布的《世界大学学术排名2007年版》的报告，世界500强大学中绝大多数是信仰基督教文明的西方发达资本主义国家里的大学；以美国为首的20个高度发达的创新型国家、地区聚集了世界80%以上的高水平研究型大学。[9]在这个角度说，无论是历史上，还是现实中，当今世界一流大学在制度设计、内部构造、人文品格等方面都匹配于欧洲文明生态体系。

（三）"欧洲模式世界一流大学"孕生了多种模式

世界一流大学在"欧洲模式"中充分体现了大学的人文特性，但同时也受到各种环境因素的巨大挑战，变得难以适应形势，因此必须加以改变。从历史进程看，中世纪到文艺复兴时代，大学在欧洲（特别是意大利、法国、英国、德国等国）孕育、诞生、推动、变化、发展。至19世纪，首先在英国获得突破，然后在德国获得重大发展，再到美国大学获得更自由的发展。其间，日本、俄罗斯等国相继诞生了若干所著名大学。于此，从世界一流大学的"历史路线图"看，欧洲模式世界一流大学实际上可以分为几种"子模式"，即"意大利古典模式""法国古典模式""英国模式""德国模式"以及之后的"美国模式""日本模式"等。具体来说，学者们比较认同世界上最古老的、具有现代意义的大学是意大利博洛尼亚大学，起初是"学生大学"，接着是肇始于1208年的法国巴黎大学，起初是"教师大学"。据历史记录：1300年前，巴黎大学设立了14所世俗性质的学院，14世纪大约设立了36所，15世纪设立了12所。

可见,"法国模式"属于典型的大学院制。[10]我们知道,欧洲在20世纪90年代制定的高等教育纲领性文件——《推进欧洲高等教育博洛尼亚进程文件》,就是以"博洛尼亚"来命名的,说明了"意大利古典模式"的历史意义。至于"英国模式",英国红衣主教约翰·亨利·纽曼(John Henry Newman)在《大学的理念》中阐述的是以教学功能为主导的大学模式,如模仿巴黎大学而诞生的牛津大学等;而以亚历山大·冯·洪堡(Alexander von Humboldt)为代表的大学理念催生了"德国模式",如成立于1810年、号称"现代大学之父"的"洪堡大学模式",这种模式的主要特征是倡导"学术自由"及"教学与研究相统一"的大学理念。19世纪中叶以来,美国大学发扬其"西部牛仔式"的开拓精神,引入市场竞争理念,并将欧洲大学缺少的"社会服务"功能和理念发挥到极致,从而造就了自由、开放、竞争的"美国模式",如哈佛大学等起初是从欧洲引进办学模式,后来遵循自我发展特色,独创一片天地,至今为世界大学所景仰。其间,美国诞生了众多世界一流大学。同时,日本、俄罗斯、印度、香港等国家和地区也加强学习,使自身的大学得到了前所未有的发展,不仅壮大了本国与地区的教育实力,也促进了当地社会的进步和国家的发展。

(四)"美国模式世界一流大学"被各国效仿

20世纪以来,世界一流大学在美国得到了巨大的发展,虽然欧洲地区仍保持着强大的高等教育势力,但相对于美国高等教育,则落后了许多年。仅从规模上看,全球10000多所大学中,美国大学就占据了1/3。美国现有4000多所大学。质量上,据美国卡内基教学促进基金会的统计数据,1994年美国就有236所研究型大学,到2005年发展到283所研究型大学,这个数字在美国整个高等教育系统中所占比例均在6%以上。[11]又据上海交通大学发布的《世界大学学术排名2007年版》报告,美国进入世界前500名著名大学的就有166所,处于前400名的有140所,前

300名的有117所，前200名的有88所，前100名的有54所，前50名的有37所，前20名的有17所。[9]可见，"美国模式世界一流大学"占据了全球世界一流大学数量之最。其巨大成就为世界各国羡慕，并引来包括中国在内的众多"学习模仿国"。近年来，世界各国包括相对保守的欧洲国家的著名大学相继进行了高等教育改革，推出了模仿美国一流大学做法的政策，包括建设模式上的效仿和更新。其政策特征是加强高等教育竞争性、提高一流大学引导性、促进民族奋发向上的鼓动性及推动目标实现的高投资性。例如，日本在2001年推出了"21世纪COE（Center of Excellence，COE）计划"，这个计划投资11个学科群，之后又于2007年推出了"国际COE计划"（Global COE Program），此次资助对象更加集中，资助强度增加；德国2004年年初实施的"精英大学计划"（Excellence Initiative）总经费达19亿欧元，时间跨度从2006年持续到2011年，该计划将竞争机制引入高校，在德国高等教育史上具有划时代意义；韩国有"智慧韩国21工程"（Brain Korea 21，BK21），涵盖四大前沿学术领域，在第一阶段（1999—2005年）7年中投资1.34万亿韩元（约12亿美元），旨在有重点地把部分高校建设成为一流水平的研究生院和地方优秀大学；英国从1986年起至2001年进行了5次影响研究经费拨款的高等教育评估，且一次比一次完善，确实给大学注入了强大的压力和动力。[9]改革开放以来，我国除了1995年推出的"211工程"重点投资建设，还于1998年宣布国家"985工程"重点投资建设计划，有效地促进了重点大学人才培养和科研水平的提升。此外，在学习"美国模式"中，香港科技大学就是一个成功典型。

（五）期待"中国模式世界一流大学"建设成功

近年来，有关"中国模式"（还有称"中国道路""中国经验""中国案例"等）的讨论已从经济领域逐步扩展到了政治、文化、教育等领域。就是说，确实有可能存在"中国模式一流大学"的建设问题。进一步说，能不能像经济发展创造出一种独特模式一样，中国在一流大学建设上也创造出一种独特模式并使之成功？实际上，虽然目前看来这种模式仅是"萌芽"或"雏形"，并且也未被国际认可，但确实值得中国政府和人民思考、探索和努力。

在我看来，对这个问题的系统性回答，着实考验着中国政府和人民的智慧、勇气和胆略。回顾过去，展望未来，如果说，我国在经济领域进行大胆探索，创造出了社会主义市场经济模式，使全体人民在物质财富上得到了极大的丰富，那么，在教育领域创造出成功的一流大学模式，我们就不仅可使中国在知识创造领域取得进步，而且将使中国人民的精神境界得到极大的提升。事实上，冷静又理性的人们认识到，要使中国一流大学建设事业取得圆满成功，不仅需要大学自身的艰苦努力，更重要的是需要外部力量的大力支持，特别是与政治体制改革密切相关的大学制度改革。对此，不少学者包括大学校长都建议采取"渐渐式改革"较为稳妥。其中，南京大学陈骏校长的建议就很有建设性、代表性。他说："作为一个大学校长，第一步是要形成一个目标管理。一个学校希望达到什么目标，朝什么方向走，让所有师生员工清楚。第二步是理念管理，要从上到下清楚。第三步是文化管理，有什么样的传统文化，要打造什么样的新文化，用文化创造凝聚力、激情与理想。最后阶段才来做制度管理。体制改革应该放到最后，其他都成熟了以后再来改变它。它是上层建筑。我希望走从下到上的改革模式。我们现在还早呢，目前还在第一和第二个阶段……下一步要集中智慧，把很多理念搞清楚，形成共识。"他还说："除了大楼和大师，这四个软实力，是一所大学战略管理的起点和竞争力所在。可以这样理解，理念创造文化，文化创造制度，制度创造生产力，循序渐进。目前最重要的就是从上到下进行目标管理，即我们创建世界一流大学的目标。"[11]实际上，教育部2002年起连续举办三届"中外大学校长论坛"，可以说就是"一流大学中国行动案例"。这三届论坛秉承"启迪领导智慧，憧憬大学未来"的宗旨，中外大学校长"以高度的责任感和使命感，共同关注世界和中国高等教育发展面临的重大问题，积极参与论坛的各个环节，充分发挥主体作用，整个论坛碰撞着探索者的思想火花，闪烁着大学领导人的智慧之光"。[12]论坛明确宣示了中国创建一流大学的决心、意志和力量。于此，需要提醒人们，这一切均发生在中华文明诞生的国度里，而且"从未有过"。可以说，中国教育领域正在发生的这些大事和喜事，就像我们举办奥运会和"神舟"飞天一样，具有深远的历史意义。

二、中华文明背景中"中国模式"建设之道

日本著名思想家福泽谕吉（1834—1901）指出："文明之为物，至大至重。社会上的一切事物，无一不是以文明为目标的。"[13] 21世纪，拥有13亿多人口资源的中国，在经过30年成功发展的基础上，应当站在更加宏大高远的视角把建设世界一流大学作为弘扬中华文明伟大事业的一项重要任务。这不仅是我国教育，包括高等教育，整体战略推进的必需内涵，而且是提升我们中华文明国际地位的一项标志性工程。

（一）"和而不同"的建设理念

和而不同，是中华文明的基本精神。《中庸》说："万物并育而不相害，道并行而不相悖。""和而不同"的意义在于："和"即"共存"，"不同"即"差异"；"和"是"不同"前提下的"和"；"不同"是"和"的基础；"和"与"不同"相互依存，辩证互动。坚持这个精神原理，一方面要学习世界一流大学建设的基本原理，借鉴和吸收其"同"，使自己获得"和"的条件和资本；另一方面，要在强化"和"基础的过程中讲究"不同"的策略，使我们的"不同"充满"中国特色"，显示中华文明特别是儒家文明的精神魅力。这里包含的意义有：一是通过学习借鉴以增强

我们的建设能力和基本素质；二是通过吸收优势以增强我们与世界一流大学"共存"的理论基地。在目前形势下，我们既要建设"和"的基础，也要探索"不同"的途径和方法，使"和"与"不同"相得益彰、互有促进，以使"中国模式世界一流大学"获得学理基础。从这个角度看，全球世界一流大学不仅有统一性，也存在多样性，可以有各种建设模式，历史上如此，未来何不如此？世界一流大学孕育于多种文明或多种文化之中，从多种文明中获得营养和滋补并发展壮大，形成符合人类特性和人类需求的基本模式。我们知道，历史上，作为中国儒家文明"卫星文明"①的"日本文明"也诞生过世界一流大学。如上海交通大学2007年公布的世界大学学术排行榜显示，日本有1所进入世界前20名。应当说，这是东亚儒家文明的一大成就和贡献。它昭示，世界是多样、多彩、多元的，我们不必追求发展模式的统一性，而只求发展原理的统一性。为此，我们应以"和而不同"的精神理念积极参与到实现世界一流大学发展模式多元化建设目标的历史进程中去。

（二）"科学发展"的建设指针

儒家以民为本，源远流长。孟子说："民为贵，社稷次之，君为轻。"这是儒家的一个重要思想，也是中华文明的核心理念。意思是说，人民居首位，国家其次，君在最后。轻重主次关系很清楚，国家政治一切以民为本。当今社会，国家强调的"科学发展"，是指要把发展作为第一要务，并在发展中坚持以人为本的理念，做到全面、协调、可持续发展。实际上，这是中华文明特别是儒家民本思想在当代的重要体现。研究表明，中国离当今世界一流大学的水平和境界还有很长一段距离，这是不

---

① 阿诺德·汤因比指出："中国文明作为一方，朝鲜文明、日本文明、越南文明作为另一方，这两方面之间存在着十分紧密的关系。后三个文明受到中国文明的启发，但它们沿着自己的路线发展了从中国文明借来的东西，这足以将它们明显地列入次一级的分支文明当中，我们可以将它们称为（'中国文明'）的'卫星'文明。"参见［英］阿诺德·汤因比. 历史研究（插图本）［M］. 刘北成，郭小凌，译. 上海：上海世纪出版集团，2005：50.

容回避的事实。但重要的是，我们需要坚持以人为本的科学发展之路。一是要努力使中国一流大学建设不断地"耦合"中国社会所处的发展阶段或历史阶段，不仅要保持大学内部各要素的和谐、健康发展，而且要与国家的政治、经济、教育、科技等发展水平相适应或相协调；二是中国一流大学建设要坚持为中华文明和国家长远发展战略目标服务，即中国和中华文明的未来战略目标就是中国一流大学建设的主要内涵；三是随着中国特色社会主义的成功实践，要树立坚定的信心和勇气，以"超越性思维"构建真正属于中华文明的世界一流大学建设特色，一方面要使"中国特色"获得更大的成功，另一方面要积极主动地为世界高等教育事业做出特色性贡献。简言之，中国一流大学建设，应是深深扎根于中国特色社会主义土壤、稳步推进基础教育与大众化高等教育前提下，科学契合中国经济社会生态发展阶段，引领中国国家生态发展，提升中华民族的精神境界，弘扬21世纪中华文明的一流大学建设。唯此，中国一流大学建设，才是真正符合科学发展观的一流大学建设，才是有中国特色的一流大学建设。[14]

（三）"人民满意"的建设动力

《大学》说："大学之道，在明明德，在新民，在止于至善。"这句话揭示了民本思想及其贯彻民本思想的途径和方法。哲学家冯友兰（1895—1990）说得好："中国的儒家，并不注重为知识而求知识，主要的在求理想的生活。"[15]换言之，在中华文明中，做到让"人民满意"，首要的是让人民获得"理想的生活"，而"理想的生活"无非就是物质生活、精神生活两个方面。显然，世界一流大学建设，不仅应弘扬明德新民、奋发向上、止于至善的民族精神，同时也应使人民得到实惠。具体来说，一是表现在一流大学培养精英人才上，就是使国家得到长治久安的栋梁人才，全体人民能得到"引路人"；二是表现在一流大学将引导各种教育追求卓越、超越自我，从而有利于各类教育的成功。然而，世界一流大学客观上只能培养少数精英人才，而国家富强更多的是要依靠基层受过成功教育的人民大众。就是说，中国一流大学建设必须是全面和谐的、是能改善人民生活的，最终令人民满意的。在我看来，"人民满意的教育"应是对全体人民的教育公平、教育效率的贯彻落实及不断加强的基础教育、中等教育乃至大众化高等教育，并在此基础上建成一流大学。为什么这样说？实际上，虽然改革开放使我国经济社会取得了巨大进步，到2007年我国人均GDP达到了3000多美元，但与发达国家相比，"人口多，底子薄，教育水平低"仍是我国的现实，特别是受过良好教育的普通民众比例依然偏低，而占人口比例2/3以上的农村地区的教育基础条件还很薄弱。令人担忧的是，近年来有关"名牌大学里面农村孩子的比重连年下降"[16]及不少学生放弃国内高考等消息常有报道，这应当引起各级政府、社会各界的关注和警惕。总之，"人民满意"应成为我国推动一流大学建设的根源动力与源头活水。

（四）"特色发展"的建设内涵

儒家文明社会有"大一统"的历史文化传统。在这种文化传统中，"特色发展"喊起来容易，做起来难。众所周知，2004年北京大学推行改革以后，曾引来一浪高过一浪的辩论。学者丁学良在肯定北京大学改革方向的同时也尖锐地指出："北大的管理领导体制拿到国际上相比的话，很难入流，因为世界主流大学里面根本没有这样的架构。……那不是量的差别，是质的差别。"[17]华裔菲尔茨奖得主、哈佛大学丘成桐教授也指出："现在的中国大学是由官员和院士管理，整个大学受到他们的管制。"他认为这种管理体制不利于创建一流大学。[18]中肯地说，这两位学者的评论各有道理，但这可以有两种理解，一是中国大学（如北京大学）是有特色的或者说与国外不同；二是中国大学需要向国际"看齐"，特别是在大学管理制度上需要改革。那么，我们是继续强化这种制度，还是大胆改革这种制度？这就是一个"特色建设"问题。我以为，"特色建设"

的检验标准，应是能否促进中国大学的发展特别是科研实力的增强和人才培养质量的提升。实际上，当代中国大学的特色发展之所以艰难，不仅有体制内的原因，也有体制外的原因。体制外，是指国家政治、经济等宏观体制的影响，包括国家赋予大学行政级别等，都在强化大学的统一性；体制内，是指大学内各种非学术因素加强了行政化倾向，越来越归顺于统一行政模式。于是，中国大学难以"松开手脚""放手发展"，"特色化"大多停留在口头上或理想中。那么，如何才能开辟新局？第一，鉴于大学深厚的历史传统及中国国情特色，建议国家在保持适度的"负责任的权威控制"的前提下坚持以法治校，即依据《高等教育法》等法规让各大学制定《大学宪章》，国家只管宏观而不管微观；第二，建议"抓小放大"，即对重点大学推行以自律为主的"可控式自治管理制度"，支持其谋划特色性发展，如革新人才培养模式等，而对非重点大学实行"规范式管理制度"；第三，就像允许深圳等实行特区政策一样，国家对条件成熟的大学和新办大学（如南方科技大学等）允许其大胆试验中国式自治管理制度，待成功后再作推广。

（五）"内涵发展"的建设重点

海纳百川，兼容并蓄，内涵丰富，是中华文明的精神内涵。但是，我们可以说，"内涵单一"或"内涵不足"，是当前中国大学乃至重点大学建设的主要弊端或关键问题，其中包括制度建设、学科建设、人才培养等。这对我国建设世界一流大学构成了严重的障碍，因为在这样的情势下，"建设一流大学"就容易成为一种口号，而无实质的内容，长此以往，不仅会造成世界一流大学建设的终极失败，而且会造成世界高等教育界对中国大学政策的"失信"。

那么，"中国模式"的内涵如何建设？我以为，原则上，要把握好几点。第一，确立目标，创新前进，把一切不利于内涵发展的障碍加以扫除。一方面，宏观上采取更加自信、开放的大学管理政策；另一方面，微观上以宽松自由的政策吸引具有国际水平的各类优秀人才到大学任职。有些政策虽不能一步到位，但可"慢步到位"。就是说，我们要通过"政策推进"不断累积人们的自信心、自豪感、荣誉感。第二，要重视哲学与人文社会科学领域的研究，鼓励和支持重点大学尤其是一流大学拿起理性工具来评判一切、建构一切、建设一切，只有这样，来自中国学者的"理论"才可能具有人类价值或全球性价值，才有可能凸显"中国级贡献"。因为，作为具备知识探索本性的一流文化机构，重点大学是一个国家的"知识储备场""人才储备场""学术创新场""精神设计场"，一个国家的精神境界有多高，在很大程度上取决于重点大学特别是一流大学的学术水平有多高。第三，要坚持"实践是检验真理的唯一标准"，但在学术上要克服"以眼前实践来检验学术"的标准，特别是在自然科学领域要鼓励和支持重点大学"仰望星空"，思考未来，专注于那些对人类有巨大贡献的重大问题或课题。实际上，不少诺贝尔奖获得者研究的问题或课题，有很多在当时的人类来说，都是"不管用的"，但恰恰是当时的"不管用"给后来的人类带来了巨大的变化。21世纪，要使中国研究走在世界前列，我们千万不能局限于研究"当前管用的"实践性课题，而要扩大视野，提升雄心，努力走进全球尖端研究领域。

（六）"借鉴发展"的建设捷径

他山之石，可以攻玉，是中华文明倡导的一个精神理念。毛泽东同志也说："外国有用的东西，都要学到，用来改进和发扬中国的东西，创造中国独特的新东西。"[19]我们认识到，现代大学直接起源于西方文明，当今世界一流大学也是西方居多。在此形势下，我们的世界一流大学建设必须借鉴西方发达国家的建设经验。为此，首先，必须进一步解放思想，开拓进取，准确把握西方一流大学的历史特点与发展趋势，努力推进"中国模式"建设；其次，跟踪研究发达国家一流大学的战略发展态势和策略性选择，取长补短，补学补差，夯实中国一流大学特色建设的基础和条件;再次,坚决破除阻碍知识进步、学术研究、英才教育、社会服务的各种体制性因素,如努力将高校管理体制"去行政化""去官僚化",敢于破除"官员文化"在大学中的不良影响。近年来,北京大学施行的改革方案就是借鉴美国一流大学的积极做法,准确地说,是直接瞄准哈佛大学、斯坦福大学、耶鲁大学、芝加哥大学等国际一流研究型大学模式"走路"——先"形似",再"神似",后"自我化"。应该说,北京大学取得了显著的改革成果,至少形成了一种创新理念和创新氛围,这种理念和氛围,不仅吸引了不少海外专家学者加盟北京大学、支持北京大学,而且带来了全国大学的思想解放和"政策跟进"。最后,要坚持从更广阔的视野、以更深刻的哲理、以更高的境界来看待"中国模式"的各项建设,也就是要从弘扬伟大的中华文明包括儒家大学之道的角度来看待和对待"中国模式"的理念、形式、特色等方面的建设。如果说,国学大师季羡林先生的预言即"21世纪河西的西方文化就将逐步让位于30年河东的东方文化,人类文化的发展将进入一个新时期"[20]是有根据的话,那么,这句话里也包含着一个"待检验的真理"。这就是,中国世界一流大学的诞生和发展,将是21世纪全球"人类文明之林"激烈竞争中内含的、最重要的"中国大学现象"。这个现象必须引起中国各个方面的高度关注。

参考文献

[1] 阿诺德·汤因比. 历史研究(插图本)[M]. 刘北成,郭小凌,译. 上海:上海世纪出版集团,2005:23,50.

[2] 塞缪尔·亨廷顿. 文明的冲突与世界秩序的重建[M]. 周琪,刘绯,张立平,王圆,译. 北京:新华出版社,1999:28-30,24-25,40.

[3] 欧文·拉兹洛. 多种文化的星球[M]. 戴侃,辛未,译. 北京:社会科学文献出版社,2001:1-3.

[4] 查尔斯·霍默·哈斯金斯. 大学的兴起[M]. 王建妮, 译. 上海: 上海世纪出版集团, 2007: 2.

[5] 瓦尔特·吕埃格. 欧洲大学史（第一卷）中世纪大学[M]. 张斌贤, 等, 译. 保定: 河北大学出版社, 2008: 8-9.

[6] 克拉克·克尔. 高等教育不能回避历史[M]. 王承绪, 译. 杭州: 浙江教育出版社, 2001: 50.

[7] 刘海峰. 研究型大学的历史与文化底蕴[J]. 清华大学教育研究. 2008（1）: 41-45.

[8] 埃里克·古尔德. 公司文化中的大学[M]. 吕博, 张鹿, 译. 北京: 北京大学出版社, 2005: 5, 6.

[9] 刘念才, 周玲. 面向创新型国家的研究型大学建设研究[M]. 北京: 中国人民大学出版社, 2007: 50-51, 105-126.

[10] Alan B.Cobban.Universities in the Middle Ages[M]. Liverpool: Liverpool University Press, 1990: 21-22.

[11] 陈统奎. 世界一流大学之梦——对话南京大学校长陈骏[EB/OL].（2009-06-20）[2009-07-29]. http://www.nfcmag.com/articles/1545.

[12] 吴启迪. 在第三届中外大学校长论坛闭幕式上的讲话[C]// 教育部中外大学校长论坛领导小组. 中外大学校长论坛文集（第三集）. 北京: 高等教育出版社, 2006: 36-37.

[13] 福泽谕吉. 文明论概略[M]. 北京编译社, 译. 北京: 商务印书馆, 1959: 30-31.

[14] 耿有权. 生态学视野中的世界一流大学体系建设[J]. 现代大学教育, 2009（2）: 86-93.

[15] 冯友兰. 哲学的精神[M]. 西安: 陕西师范大学出版社, 2008: 95.

[16] 中国人民大学校长纪宝成谈高等教育改革与发展[EB/OL].（2009-03-07）[2009-07-29]. http://www.jyb.cn/high/gdjyxw/200903/t20090307_252546_2.html.

[17] 丁学良. 什么是世界一流大学?[M]. 北京: 北京大学出版社, 2004: 194.

[18] 张胜波, 王丽霞. 丘成桐炮轰中国高等教育七大弊端称人文教育匮乏[EB/OL].（2009-03-27）[2009-06-20]. http://news.xinhuanet.com/edu/2009-03/27/content_11084398.htm.

[19] 人民教育出版社. 毛泽东同志论教育工作[M]. 北京: 人民教育出版社, 1992: 241.

[20] 季羡林研究所. 三十年河西三十年河东[M]. 北京: 当代中国出版社, 2006: 6.

论美国世界一流大学建设模式的战略构建[①]

摘 要 世界一流大学建设模式，是指一个国家从国情和制度出发探索出来的、行之有效的、建设一流大学的实践范式。美国拥有众多世界一流大学，关键在于找到了属于美国的一流大学建设模式：建设自由、开放、昂贵、竞争的环境；以多样化的投资支持大学的特色发展；将全球名校纳入美国大学的循环体系；以学术中心及顶尖项目集聚全球精英；以危机和忧患凝聚共识，保障教育投资；以常春藤理念引领一流大学的精神境界。21世纪，要早日实现中国世界一流大学建设目标，则须立足国情和制度探索"中国特色、世界一流"大学建设模式。

关键词 世界一流大学；美国模式；美国战略

世界一流大学建设模式，是指一个国家从国情和制度出发探索出来的、行之有效的、建设一流大学的实践范式。当今世界，美国拥有世界一流大学的数量最多，是名副其实的教育强国，而且，在可预见的将来，也没有任何国家能挑战美国的教育强国地位。长期以来，各国有意或被迫将其最优教育资源对接美国教育体系的需要，客观上促成了美国与世界教育资源循环。而以"常春藤盟校"（Ivy League）为代表的美国一流大学群体及其建设模式发挥了关键性作用。21世纪，在建设中国的世界一

[①] 本文原载于《外国教育研究》2010年第10期。国务院发展研究中心信息网2010年11月29日分上、下两篇全文转载。

流大学的进程中，我们切不可仅关注少数一流大学的个案建设问题，而要从战略高度和长远角度进行模式创新，特别要注意跟踪研究美国一流大学模式建设的经验和动态发展。这对我们掌握世界一流大学建设规律，以及加快构建"中国特色、世界一流"大学的建设模式，具有重要的理论和现实意义。

一、构建自由、开放、昂贵、竞争的环境

20世纪以来，美国形成了独具特色的一流大学建设模式。这个模式的建设，除得益于雄厚的经济实力、英语国际地位、众多学术中心等优越条件外，重要的是，美国综合各种有利因素，构建了属于美国的自由、开放、昂贵、竞争的生态环境。如果说学术自由是尊重人才创造性的根本，开放是吸纳全球科学家群体的巧妙设计，那么，昂贵就是维持美国强国地位的重要基础，而竞争则是确保高质量教育与资源对接的关键。实际上，这种生态环境与美国的政治、经济、宗教等密切相连，可以说这是美国人经过200多年艰苦努力才获得的。关于自由的理念，不妨透过美国历届总统就职演说予以考察。美国首任总统乔治·华盛顿（George Washington）强调，是上帝的赐福"使美国人民自由、幸福，并神圣不可侵犯，美国人民就是为这些崇高的目标而组织自己的政府的"。[1]第3任总统托马斯·杰斐逊（Thomas Jefferson）在《独立宣言》中声称："所有的人生而平等，这是造物主赋予人们的不可剥夺的权利，其中包括生存权、自由权和追求幸福的权利。正是为了保障这些权利，人们才建立了政府。"[2]第32任总统富兰克林·罗斯福（Franklin Roosevelt）主张"建立一个基于人类不可缺少的四大自由之上的世界"，即"言论自由、信仰自由、远离贫困的自由、远离恐惧的自由"。[3]第36任总统林顿·贝恩斯·约翰逊（Lyndon D. Johnson）自信地指出："在以公正、自由、团

结为宗旨的公约指导下，我们的国家变得繁荣、伟大和强盛，而且，我们还保持着自由。"[4]贝拉克·奥巴马（Barack Obama）则以《自由的新生》为题的演讲宣布就任美国第44任总统。当然，这里不能片面地理解美国宣称的"自由"理念，但是，它至少表明美国社会对核心价值观塑造的引导取向。

美国是一个移民国家，开放是其吸引全球精英人才的一个高招。建国后，美国实施了开放性教育战略，除了向德国等欧洲国家派遣大批留学生，借鉴德国模式建设了一批大学，还开放其重要学术机构，吸引全球精英人才，包括爱因斯坦、杨振宁等科学家都定居美国，有的甚至把毕生智慧献给了美国科学事业。特别是20世纪前期，美国拒"战火"于国门之外，凭借其经济优势吸引全球英才加盟，形成了今日美国的强国地位。麻省理工学院前校长查尔斯·维斯特（Charles M. Vest）总结指出，美国高校出类拔萃很大程度上归功于对国际学者的开放。他说："事实上，美国大学中1/3的理工科博士学位授予了外国公民，仅在工程领域，就有一半的博士学位为外国公民所获得。这些博士学位获得者当中许多最初都在美国求职，其中40%永远留在美国。这对美国的工业、大学和政府实验室来说是一笔巨大的资源！这促成了美国大学的伟大，在国家建设中，我们必须继续坚持这种精神和宗旨。"[5]昂贵是美国大学傲视全球大学的重要支撑。第二次世界大战后，美国的国内生产总值一直占据全世界的近一半比重。而美国大学也富可敌国，如2004年，哈佛获得的捐赠资金达到225亿美元，名列美国高校第一，大致相当于一个欧洲小国的国内生产总值；耶鲁则以127亿美元名列第二，[6]其他大学的经费也令人羡慕。更重要的是，高度发达的自由竞争市场模式为美国大学注入了强劲的活力。受市场经济的影响，美国高校在招生、经费、教师、质量、环境等方面丝毫不敢怠慢，因为没有哪一所大学能够保证自己在激烈的市场竞争中不会被淘汰。竞争为美国大学带来了国际竞争力。

二、以多样化的投资支持大学的特色发展

正如美国高等教育专家菲立普·阿尔特巴赫（Philip Altbach）教授指出的那样，"注重研究、探索和质量，是研究型大学的一个核心组成部分"，"在某些领域，只有最富裕的研究型大学才能支持前沿研究"。[7]因此，任何国家要创建世界一流大学，则须确保给潜力型、研究型大学巨大而稳定的经济支持。但是，应该采取什么样的宏观经济政策则很有讲究。站在历史的角度看，如果说英国、法国、德国等国是以一元化的政府投资为主导，那么美国则是以多元化、多样化的民间投资为主导。换言之，多元化、多样化且高质量的民间投资支持了美国大学的特色性发展，这是美国一流大学模式构建中的一个成熟经验。剑桥大学校长艾莉森·P. 理查德（Alison P. Richard）曾指出，美国大学建立比中国晚得多（按中国的大学从汉武帝时代的太学算起。——出版者注），比英国也晚几百年，却得到了联邦政府、州政府的坚定支持和校友的馈赠（指民间投资），这一点是美国高等教育多样性的最关键的特征——这个特征使美国高等教育后来居上。[8]在美国，教育投资的多元化、多样化，包括国家投资、私人投资、企业投资、慈善投资等，以及实施市场参与资源分配的运行体制，使美国大学可以自由地安排乃至构建富有特色的大学治理制度。特别是在求真至善、学术自由、服务社会等方面，美国大学获得了优于其他国家大学的环境和条件。美国学者詹姆斯·J. 杜德斯达（James J. Duderstadt）赞赏其奥妙设计的价值，他自豪地指出："没有哪一个国家像美国这样拥有一系列的公立和私立、大大小小、多种多样的学院和大学。大多数国家利用有力的集中计划和协调来决定大学的任务、质量和财政支持，而不是像美国那样由师资、学生和资源方面的市场竞争压力来决定。"[9]确实，美国大学特别是一流大学总是处于自由竞争发展的环境中，这个环境不仅包括教育教学质量和水平的竞争，而且包括经济规模的竞争和制度设计的

竞争，所有这一切皆有助于培育美国特色的世界一流大学生态环境。

诚然，多元化、多样化、高质量的投资客观上也保证了美国大学自由、开放、昂贵、竞争的环境稳定性。细析之，第一，此制度设计可使大学对美国政府的依赖不如发展中国家那样强，却能保证自身的自由发展；第二，市场化运作经费激发了大学的竞争，有益于保证大学的高质量和高水准。历史表明，美国一流大学不随政府或政权的更迭变化而变化，这让各大学获得了符合自身要求的特色性发展空间。事实上，美国不仅投资办大学是这样，而且学生资助也是如此。例如，1876 年美国银行家约翰·霍普金斯（Johns Hopkins）私人资助创办了约翰·霍普金斯大学，这是美国仿照德国模式的第一所研究型大学，其创立标志着美国研究型大学的诞生。1890 年美国石油大王洛克菲勒（John D. Rockefeller）私人资助创办了芝加哥大学，不仅在研制核反应堆中发挥了独特的作用，而且为经济学理论做出了杰出贡献。1891 年美国铁路大王斯坦福（Stanford）出资创立了斯坦福大学，其多个学科处于全球领先水平，为人称道的"硅谷奇迹"即诞生于此。同时，美国各界投资培养学生也是如此一致。有学者研究指出，"现在，美国联邦财政每年为大学生提供约 500 亿美元的资助。超过 55% 的本科生从联邦、州、私人资金接受一定程度的资助，平均每个学生 6256 美元。对研究生的财政资助所占比例更高，超过 60% 的研究生接受某种形式的财政资助，平均每个人为 13255 美元"。[10] 当然，美国大学投资一般不是根据学生出身或身份分配的，而是根据学生的学业成绩和学习表现来决定，这使美国大学生具有强烈的全球竞争力。近年来，英国等国高校效仿美国式学生奖学金分配政策，就是典型案例。

三、将全球名校纳入美国大学的循环体系

我们知道，建设世界一流大学代价昂贵，显然，一些发展中国家是难以承担其建设成本的，但是，任何国家的建设都需要一流的人才。因此，

不少发展中国家或地区都希望美国名校为其培养精英人才。自然，发展中国家的众多高中名校甚至重点大学群体，都在为美国一流大学输送人才，而美国最终往往以无可匹敌的经济实力把培养出来的优秀人才"挽留下来"，为美国的国家利益服务，少数归国者，也是美国价值观的认同者和传播者，对美国有百利而无一害。客观地说，21世纪，世界已经形成了以美国大学为学术中心的精英人才循环教育体系。据英国《泰晤士报》（The Times）统计数据，2008年全球大学排名前200名中美国大学有70所，占总数的35%；排名前300名中的美国大学有90所，占30%；排名前500名的美国大学有143所，占24%。[11]那么，美国大学的策略是什么？哈佛校长曾告诉杨福家教授："我的职责之一是从世界各地找到有才能的人。如果我想要在某一领域招募一名教授，我会找到这一领域里最好的一位教授并努力邀请他。如果不行，就去找仅次于他的。通常情况下，如果请不到最好的，我能请到排名第二的。"[12]其实，美国一流大学对优秀学生也是这样。如普林斯顿大学招生口号是"只要你优秀，学费不用顾虑"。斯坦福大学承诺"不会因为学生经济问题将已考取的学生拒之门外，斯坦福大学有90%的学生可以得到不同形式的资助，以支付高额的学费"。[13]近年来，随着全球化的发展和国际竞争的加剧，确保培养精英人才已成事关国家未来的最优先课题。为此，西方国家已为吸引优秀人才制定了完善的战略。如2007年，美国政府专门建立了面向理工科博士课程的新的奖学金制度，并从全球严格选拔和破格录取第一批30名留学生。他们被视为"天才中的天才"，每人每年享受奖学金16万美元，为期5年。同时，哈佛大学、麻省理工学院等名校正在与亚洲大学展开合作，在这些国家进行与美国本校同等水平的授课，学生可获得同样资格。而培养出来的优秀学生很快被输送到美国。[14]就是说，美国高校正在海外名校从事一项挖掘"神童"并将其吸引到美国的战略任务。

不难看出，美国战略上是把全球名校纳入自己的知识和人才循环体系，它欢迎并以一流生态环境吸引全球英才加盟。美国使其大学建设完美地融合到了全球教育体系中，特别是把全球名校融合到自身的大学生态体系中，这客观上造成了美国一流大学高居全球大学体系的"顶层结构"，而其他国家的名校都是位居其下的"基础结构"或"基础部分"。由于"尖顶只有一个"，于是，美国只需建设好"顶层结构"，就可以使其大学体系傲视全球、赢得世界。从某个角度来说，这不仅是美国大学成功的关键，而且是维护美国强国地位的关键，且有数据为证。斯坦福大学 2010 年共有本科生 6878 人，这些学生来自全球各国。从入学录取水准看，入学新生高中班级前 10 名的占 92%，前 20 名的占 98%，SAT 评判性阅读 700—800 分的占 58%，SAT 写作 700—800 分的占 61%，SAT 数学 700—800 分的占 67%。这些学生的民族构成为：非裔美国学生占 10.6%；亚裔美国学生占 22.5%；国际留学生占 7.6%；墨西哥裔美国学生占 7.7%；美国原住民学生占 3.2%；夏威夷原住民学生占 0.9%；其他拉美裔学生占 6.9%；白种人占 33.1%；其他种类人占 3.5%；不透露国籍学生占 3.9%。[15] 加州大学 2006 年就制定了一个交流项目，与 35 个国家、150 所大学签订了合作协议，每年有 4500 名学生到其他国家学习，1000 名交换生到美国学习。在派出的 4500 名学生中，男女比例是 3∶7。实际上，美国其他世界一流大学情况也都相差不多。这也从侧面印证了美国世界一流大学的全球影响力和国际竞争力。

四、以学术中心及顶尖项目集聚全球精英

美国第二任总统约翰·亚当斯（John Adams）说，任何社会最终都将由精英统治。这的确是一个真理。那么，精英人才如何培养？在我看来，主要依靠供职于世界学术中心的顶尖学者及其所在国家支持的学术项目来培养和教育。长期以来，坚持以顶尖科学研究项目吸引、凝聚全球精英，一直是美国一流大学建设最醒目的一大战略。菲立普·阿尔特

巴赫教授指出："研究型大学从全国乃至全世界录取最优秀的学生。研究型大学还雇佣最有才华的教授,这些科学家和学者被学校的研究导向、设施及更有利的条件所吸引。"[16]在美国,每所著名大学都有各种各样的科研项目,它们或是各级政府投资,或是慈善基金会支持的,或是各种财团支持的,或是个人投资的,而且都给予相对宽松、自由、开放的鼓励政策,允许人们自由地研究问题或课题。对此,美国学者骄傲地指出："美国大学的学术项目质量在世界上遥遥领先,赢得了绝大多数的国际大奖,如诺贝尔奖等,并吸引了世界各地的学生。"[17]据统计,20世纪80年代,美国基础科研经费的60%用于大学基础研究,100所研究型大学获得联邦科研经费占联邦科研总经费的84%,20所主要研究型大学所获得联邦科研经费占联邦高校科研总经费的55%。2000—2004年的5年间,美国政府向高校"科学"与"工程"两个领域投入的研发资金为1044亿美元,年均209亿美元,其中纯研究资金占到经费总额的86%。[18]这表明,美国大学充分发挥了全球学术中心和全球学术项目的引导功能作用。

事实上,两次世界大战期间是美国一流大学诞生的辉煌时期。美国政府通过重点投资引导大学的发展和境界的提升。典型案例是,美国研究型大学参与了20世纪最伟大的三大科学工程——曼哈顿工程、阿波罗登月计划和人类基因组计划。可以说,这是美国一流大学凭借得天独厚的学术资源对接国家战略需求的模范。其一,始于1941年的"曼哈顿工程"历时5年多,耗资22亿美元,72所大学及其他机构、1400多名顶尖科学家和工程技术人员参与了这个工程,参与大学有加州大学伯克利分校、哥伦比亚大学、芝加哥大学、威斯康星大学等著名大学。其二,"阿波罗登月计划"始于1961年,历时11年,直接耗资250亿美元,有120多所大学参加。在计划实施过程中,一流大学发挥了重大作用。其中,两轮试验的飞船项目是由加州理工学院的喷气推进实验室研制的,同时,MIT深度参与并成功设计了阿波罗飞船的制导和导航系统,为顺利登月提供了技术保障。其三,"人类基因组计划"始于 1990 年,历时 15 年,耗资 30 亿美元,此工程中,一流大学再次担当主角。参与大学有哥伦比亚大学、加州大学伯克利分校、斯坦福大学、宾夕法尼亚大学、MIT 等研究型大学。这项工作被誉为"改变世界的科学计划"和"人类科学史上的又一次革命"。[19]可以说,正是由一流研究型大学的积极参与和巨大推动,美国才在科学研究上遥遥领先于各国,同时确保美国世界一流强国的地位不可撼动。

五、以危机和忧患凝聚共识,保障教育投资

美国重视教育,且经常用两种正反配对的策略来实现对教育投资的战略。这表面上好像让人费解,但实际上包含了深刻的战略意蕴和人文底蕴。我们知道,美国除 1945 年出台的著名报告《科学——没有止境的前沿》、1958 年出台的《国防教育法》和 1960 年发表的《西博格报告》,正面引导、支持投资大学的发展并促其奔向世界一流目标之外,还有一个基本策略,就是经常使用"危机警醒策略",以便唤醒民众支持国家对教育的投资。如 1983 年美国国家优质教育委员会(The National Commission on Excellence in Education)发布的《国家处于危机之中:教育改革势在必行》报告,呼吁民众支持大学教育。2004 年,时任美国科学促进会(American Association for the Advancement of Science)主席的雪莉·安·杰克逊(Shirley Ann Jackson)指出:"美国现在仍然是世界技术革新的领头羊。美国开设有最好的研究生课程,有最好的科学基础设施以及把知识转化为利润的资本市场。但是我们必须清醒地认识到,在美国科技界,一场平静的危机正在酝酿。我们要把自己放在全球环境中,要看到所有与美国竞争的国家不仅头脑清醒,同时还在与我们进行着'马拉松比赛',可我们只是短跑成绩优秀。"[20] 2005 年,美国国家科

学院（National Academy of Sciences, United States）等机构发布题为《在风口浪尖上》的研究报告。该报告认为，为了21世纪美国的发展，在未来7年，美国在研究领域的投资每年须增长10%。它还推荐了几个新的研究补贴项目，以资助大约200个最杰出的年轻研究人员。[21]中肯地说，这种正反配对策略有两个宣传效果，一是容易激发普通人的深层次思考，如人们会问："我们国家为什么处于危机状态中？"而对此问题的追问，则能唤醒人们的重视。二是国家很容易赢得民众对教育投资战略的支持，况且，对国家教育投资的支持长远看也是对家庭的支持。回顾历史，美国各届政府屡试不爽。从另一个角度看，也许这是美国民主社会中特有的教育文化。

当然，仅依靠政府居安思危、警钟长鸣是远远不够的，美国各所一流大学带头发挥危机引导作用才是最关键的。如，时任哈佛校长的德里克·博克（Derek Bok）在350周年校庆中的一席话给人启示良多。他说："如果说350年来哈佛有一个贯穿始终的特点的话，那就是我们总在心神不定地担忧，即使在从外界形势看来没有任何理由这样做时也是如此。当我们为我们取得的成就而高兴时，会突然本能地感到一阵异样的疼痛，虽然我们强忍着，但也不免说出来。我们知道有多少学院在它们的全盛时期种下日后衰退的种子。我们的第二天性使我们从自我陶醉中清醒过来，时时问一问自己有什么敌对的力量存在，命运会有什么改变，有什么内部矛盾和过分行为会削弱我们的大学或阻止它为满足现代社会和人类的需要而做出贡献。"[22]可以说，哈佛虽成就卓越，但它还总在找寻发展的历史动力。近年来，美国学者围绕"大学危机"又在进行深入的反思。如哈佛大学前校长德里克·博克的《回归大学之道——对美国大学本科教育的反思与展望》、哈佛学院前院长哈瑞·刘易斯（Harry R. Lewis）著《失去灵魂的卓越——哈佛是如何忘记教育宗旨的》、耶鲁大学法学院前院长安东尼·克罗曼（Anthony Kronman）的新书《教育的终结：为什么大学教育放弃了人生意义》等。此外，也许是"旁观者清"，著名管理思想家彼得·德鲁克（Peter Drucker）曾代表许多领导人警示性地指出："我认为在过去40年中美国研究型大学是一个失败。未来对于教育的需求不在研究方面，而在学习方面。"[23]"我们应该要求美国研究型大学开发能够充分利用其丰富智力资源的本科生教育新模式。"[24] 实际上，鉴于哈佛大学等一流大学过分地引领世界大学的"研究"潮流，导致美国高教界甚至发出了"去哈佛化"的号召，以便为重视和提升大众化本科教育质量开辟新途径，这不能不引起世人的注意。

六、以常春藤理念引领一流大学的精神境界

美国常春藤盟校历史悠久、学术优秀，广为世人所知，已经成为美国顶尖名校的代名词。这些大学不仅是美国150多所研究型大学的"领头羊"，而且是全球一流大学群体的杰出代表。这些大学无不以弘扬"常春藤理念"闻名于世，并时刻"感染"着各国大学。在我看来，所谓"常春藤理念"，简言之，就是恪守大学优良传统，秉承学术独立原则，坚持自尊自律，不畏权贵，不以钱财论英雄，始终以担当人类使命为己任，始终以培育精英人才和发展科研事业为核心任务。我们虽然不能说美国一流大学在发展过程中一贯如此，但可以说在其大部分时间内都坚持了应有的大学精神。不妨引用几个案例说明。

案例之一，2000年，又到哈佛大学遴选校长时，离任的总统克林顿（Bill Clinton）和副总统戈尔（Albert Arnold Gore Jr.）被提名。但哈佛很快就把这两位排除在外，原因是：他们俩可以领导一个大国，但不一定能领导好一所大学，因为领导一流大学要有丰富的学术背景，而他们都不具备。后来，原任财政部部长，世界银行首席经济学家、副行长劳伦斯·萨默斯（Lawrence H. Summers）被选为新校长，理由是他在经济学领域做到了世界一流，是国际知名的经济学家。虽然后来，萨默斯校长

因为在学校管理和领导作风等方面存在不受师生欢迎的问题,最后又被投下不信任票,惨然离开哈佛大学。但是,正是萨默斯校长的上任和离任"进行曲",逼真地再现和反映了世界一流大学的精神追求和境界风范。说实话,这一点很值得我们中国的重点大学思考和学习。

案例之二,越南战争时期,美国政府下令,凡是自称以道德或宗教理由反战者一律不准领取奖学金。当时美国各个学校都遵守了这条禁令,唯独耶鲁大学始终坚持自己的学术独立原则,仍然以申请者成绩为获得奖学金评比依据而无视战争条款,虽然它因此饱受政府的批评,并损失了一大笔的经费,但当时的校长金曼·布鲁斯特(Kingman Brewster)却在耶鲁学子中获得了极高的声誉和尊敬。这些都充分体现了世界一流大学对人类最高精神境界追求的弥足珍视和坚定守护。

参考文献

[1] 乔治·华盛顿. 总统就职演说 [C] // 岳西宽,张卫星. 美国历届总统就职演说. 北京:中央编译出版社,2009:3.

[2] 托马斯·杰斐逊. 独立宣言 [C] // 徐翰林. 影响人类历史进程的演说. 武汉:武汉出版社,2009:27.

[3] 富兰克林·罗斯福. 富兰克林·罗斯福论四大自由 [C] // 徐翰林. 影响人类历史进程的演说. 武汉:武汉出版社,2009:178-179.

[4] 林顿·约翰逊. 总统就职演说 [C] // 岳西宽,张卫星. 美国历届总统就职演说. 北京:中央编译出版社,2009:268.

[5] 查尔斯·维斯特. 一流大学,卓越校长——麻省理工学院与研究型大学的作用 [M]. 蓝劲松,主译. 北京:北京大学出版社,2008:112.

[6] 薛涌. 精英的阶梯——美国教育考察 [M]. 北京:新星出版社,2006:34.

[7] [16] Philip G. Altbach. Peripheries and centers:research universities in developing countries [J]. Asia Pacific Education Review,2009(10):19-20.

[8] 艾莉森·P. 理查德. 著名大学是如何产生和可持续发展的 [C] // 教育部中外大学校

长论坛领导小组. 中外大学校长论坛文集（第二辑）. 北京：中国人民大学出版社，2004：55.

［9］［10］［17］詹姆斯·杜德斯达，弗瑞斯·沃马克. 美国公立大学的未来［M］. 刘济良，译. 王定华，校. 北京：北京大学出版社，2006：13，33，2.

［11］The Times ranking［EB/OL］.（2010-07-25）［2010-09-10］. http：//www.topuniver-sities.com/university_rankings/results/2008/overall_rankings/.2008/2010-07-25.

［12］杨福家. 中国当代教育家文存——杨福家卷［M］. 上海：华东师范大学出版社，2006：105.

［13］马丁·卡诺依. 知识经济中的大学：潜力与隐患［C］// 教育部中外大学校长论坛领导小组. 中外大学校长论坛文集（第二辑）. 北京：中国人民大学出版社，2004：156.

［14］全球留学生争夺大战愈演愈烈［EB/OL］.（2008-02-28）［2010-09-10］. http：//www.wei.moe.edu.cn/article.asp?articleid=411.

［15］Stanford Facts 2010［EB/OL］.（2010-06-05）［2010-08-10］. http：//www.aanford.edu/about/facts/pdf/StanfordFacts_2010.pdf.

［18］汪霞，李联明. 美国大学与企业研发合作的方法、拨款与运作机制［J］. 全球教育展望，2008（5）：58.

［19］谷贤林. 美国研究型大学管理——国家、市场和学术权力的平衡与制约［M］. 北京：教育科学出版社，2008：88-92.

［20］［21］托马斯·弗里德曼. 世界是平的——21世纪简史［M］. 何帆，等，译. 长沙：湖南科学技术出版社，2008：271，289.

［22］姜文闵. 世界著名学府：哈佛大学［M］. 长沙：湖南教育出版社，1986：4.

［23］［24］詹姆斯·杜德斯达. 21世纪的大学［M］. 刘彤，主译. 王定华，审校. 北京：北京大学出版社，2005：99，72.

生态学视野中的世界一流大学体系建设[①]

摘　要　生态学衍生的方法论原则有四个：有机性和内在关联原则；整体性原则；共生互动与自我生长原则；具体性原则。要认清中国世界一流大学建设体系，就必须通过"大学—教育、大学—经济、大学—社会、大学—国家、大学—精神、大学—文明"等构成的生态体系来考察。我们致力的"中国世界一流大学建设"，应是扎根于中国特色社会主义土壤、稳步推进基础教育与大众化教育前提下、科学契合中国经济生态发展阶段、引领中国国家生态发展、提升中华民族精神境界、弘扬21世纪中华文明的世界一流大学建设。唯有如此，中国的世界一流大学建设才是真正符合科学发展观的一流大学建设，才是有中国特色的一流大学建设，才是人民满意的一流大学建设。

关键词　生态学；世界一流大学；体系建设

生态学（Ecology）是研究有机体与其环境之间的相互作用的规律及其机理的一门自然科学。[1]生态学的研究内容是生态系统内部诸要素之间的相互依存关系和动态平衡关系。生态学告诉我们，每个事物都是更大的生态系统的一个有机组成部分，而且与其他部分紧密相连、共生互动、化为一体。按这种观点，世界就是一个相互联系的复杂的有机性

---

① 本文原载于《现代大学教育》2009年第2期。国务院发展研究中心信息网2009年5月14日分上、下两篇全文转载。

整体，而不是支离破碎的混合体。在这个意义上，如果说"世界一流大学"是一个"特殊事物"，那么要想细致地考察这种"特殊事物"，我们就不能单纯就世界一流大学论世界一流大学，而必须把它放在"更加复杂、更加广阔的系统"中进行审察。因为这个"更加复杂、更加广阔的系统"就是它赖以生存的合理性根据和生态依据。换个角度说，在观察世界一流大学系统的存在状态和发展变化时，采用"生态理念"或"生态观"加以考察，应该说具有一定的合理性和科学性。如果在廓清"生态理念"或"生态观"的基础上，认真地考察"中国世界一流大学"在这个复杂系统中的地位、作用和构成，然后再往前推进和展开，这样，我们就能够更准确地判断"中国世界一流大学建设"的宏观环境和发展前景，也就能够更好地推进"中国世界一流大学"的生态体系建设。

一、生态学孕生的方法论原则

生态学作为一门学科是1866年由德国生物学家海克尔（E.Haeckel）创立的。其学科目标是深入了解有机体与其环境之间的相互关系，从而揭示出生态平衡的内在规律。后来，德国著名生态哲学家汉斯·萨克塞（Hans Sachsse）将生态学进一步提升到哲学的高度来认识，并形成了哲学的生态方法论。萨克塞指出："我们要尽可能广泛地理解生态学这个概念，要把它理解为研究关联的学说。"[2]"生态学要求观察事物之间的关联。"[2]"生态哲学研究的是广泛的关联。"[2]落实这种关联的观点，意味着人们必须把事物放在有机整体中进行认识，必须通过这个有机关联的整体并按照这个有机整体自身的要求来推进认识事物的进程。这就孕育了"生态学的方法论原则"，其基本内容包括：有机性和内在关联原则；整体性原则；共生互动与自我生长原则；具体性原则。[3]

（一）有机性和内在关联原则

生态哲学认为，生态就是生命的状态。生命的特性就是有机性。有机性的本质是广泛而内在的普遍联系。有机性和关联性，是一个生态观点或生态理念的重要特性。依据这个观点，世界上任何一个事物都是有机体中的一部分，而且这部分与有机体内部的其他部分以及有机体之外的部分都保持着密切的关系和联系。任何事物一旦离开了有机体的其他部分，都将无法生存、无法发展。据此理论，世界一流大学就是一个内部由高度复杂的有机部分构成，外部与世界保持着密切联系的巨大系统。因而，世界一流大学的现实建设，必须既保持内在的有机性，也要保持外在的关联性和沟通性，同时要处理好外在与内在的协调性和一致性。只有这样，它才能在这个世界上生存和发展。譬如，任何一所世界一流大学显然是某个国家高等教育体系中的一个重要组成部分，同时又是世界高等教育的一个组成部分。世界一流大学不仅要保持其内部各种关系的有机联系，与所在国家高等教育体系中的其他部分保持密切联系，而且要与所在国的政治、经济、文化等部门保持密切联系，并使内在因素与外在因素都能和谐共处。这样，它才能够获得健康顺利的发展。

（二）整体性原则

生态哲学认为，生态系统始终追求整体的合理性，而非仅仅强调个体的合理性。也就是说，任何个体不可能通过摆脱整体来获得价值的合理性。于是，作为生态整体的价值观，必然存在着坚决反对将个体性价值无限突出的价值取向，必然存在着将个体并入整体来观察和考察的价值取向，必然存在着将生态价值观作为任何个体的价值的终极追求。依此观点，我们在认识世界一流大学的建设内涵时，就一定要将世界一流大学的各个部分作为属于世界一流大学整体的部分来对待，即作为世界一流大学建设整体中不可分割的部分来对待。进而，在推进世界一流大学建设时，一定要将世界一流大学各个部分的建设作为世界一流大学建设整体的部分来对待和处理，作为世界一流大学整体建设不可分离的部分来对待和处理。这样看来，在建设世界一流大学时，我们就不能仅仅局限在某个部分的建设，比如只强调一流大学师资队伍建设等，而要着眼于整体、着眼于全部、着眼于是否能促进世界一流大学整体性建设。换句话说，对世界一流大学任何部分进行改革都必须从总体上加以把握，并始终按总体要求开展工作。唯有这样，我们才能正确认识和有效推进世界一流大学的建设工程，也才能使世界一流大学的建设得到科学的发展。

（三）共生互动与自我生长原则

生态哲学认为，任何整体都是由各个部分构成的，而且整体的各个部分在本质上是相互联系、共生互动和自我生长的。所谓共生互动指各个部分是共同存在一个整体环境中，并处于互相影响、互相依赖的生存状态之中。所谓自我生长是指各个部分能在整体环境中保持自我生长的生命力和推进力。在一个由各个事物构成的整体中，如果说共生是前提，互动是基础，那么自我生长就是确保这个整体生命力的根本和动力。据此观点看，任何一所世界一流大学不仅与所在国家的政治、经济、文化、科学等相互联系，保持共生互动的关系，而且保持自我发展、自我提升、自我进步的趋势和方向。实际上，这种自我发展、自我提升、自我进步的特点，是由世界一流大学作为共生事物的内在本性决定的，是世界一流大学作为共生事物在与其他部分互动中产生的结果。因此，为了推进世界一流大学的建设和发展，我们不仅强调大学要在自身之内保持和谐发展，并与外部世界保持密切联系和互动发展，而且强调大学要始终保持自我生长的趋势，并以自我生长体现自身价值。换言之，世界一流大学一刻也不能忽视外部因素影响或忽视共生互动、自我发展的动态本性，否则，世界一流大学的发展愿景将归于迷茫甚至失败。

（四）具体性原则

生态价值观的具体性原则是指民族性、多样性、相对性。民族性是一个民族的自然特性，是民族性格的自然表现。多样性本质上也是具体性。多样性是民族性的自然表现，是世界丰富多彩的根本特性。相对性是相对于一个民族，相对于一个历史阶段，相对于一定文明形态和文明发展水平的合理性。按照这种观点，考察世界一流大学时，我们一定要把它放在具体的国家、具体的民族、具体的发展阶段、具体的文明社会中，一定要把它放在某个大学历史发展的某个阶段的环境中加以考察和研究。事实上，只有具体探讨某个重点大学的世界一流大学观及其世界一流大学的具体建设，我们才能确切地了解世界一流大学的发展层次和发展进度。换言之，世界上没有抽象的大学，也没有抽象的世界一流大学；没有抽象的世界一流大学建设，也没有抽象的世界一流大学发展。这些都是应用具体性原则得到的认识和结论。

二、中国世界一流大学建设的现实生态体系

要观察中国世界一流大学的现实生态系统，我们就必须通过"大学—教育、大学—经济、大学—社会、大学—国家、大学—精神、大学—文明"等构成的生态环境和生态体系来考察。唯有这样，我们才能准确地把握中国世界一流大学建设的内在规律以及建设前途。

（一）"大学—教育"生态

世界一流大学作为大学，必然依赖"教育体系"这个最直接的系统和生态。这可以说是"大学—教育"生态。在这个角度看，目前中国世界一流大学的"现实生态系统"客观上可这样归纳：期待出现的世界一流大学——"985"高校—"211"高校—中学—小学—幼儿园。据上海

交通大学刘念才教授的研究报告，2所大学处于这个"金字塔"的顶端。在"985工程"一期建设高校中，国家2所以"世界一流大学"为目标定位的国内最著名重点大学（北京大学和清华大学）；7所目标定位是"国内一流、国际知名的高水平大学"；25所目标定位是"国内外知名的高水平大学"；[4]99所是"211工程"高校。这个"数字生态系统"是"2-7-25-99"。它其实就是中国高校创建世界一流大学的大学—教育生态体系。站在最新发展阶段，其他高校和其他基层部分则按以下所述。据教育部2007年全国教育事业发展统计公报，2007年全国共有普通高校和成人高校2321所。其中，普通高校1908所，成人高校413所，普通高校中本科院校740所，高职（专科）院校1168所。高中教育共有学校31255所，2007年全国共有幼儿园12.91万所。[5]可以说，这就是我国从幼儿园到世界一流大学建设的完整教育生态体系。也许有人关注"世界一流大学与幼儿园到底是什么关系"的问题。道理很简单。"万丈高楼平地起"，我们的一流大学肯定是从最低层次发展起来的，同时也是依靠最低层次支撑和保证的。从科学发展观的角度看，重视世界一流大学与重视幼儿园建设本质上是一致的。准确地说，从幼儿园抓起才最符合世界一流大学的创建规律。简言之，在建设中国世界一流大学过程中，我们不仅要"向上看"，而且要"向下看"；不仅要"向前看"，而且要"向后看"；不仅要"向最高层次看"，而且要"居高临下地看"。因为，这才是符合和遵循"生态理念"和"科学发展观"的世界一流大学"建设观"。

（二）"大学—经济"生态

世界一流大学与国家综合实力尤其是经济实力联系密切。这可以说是世界一流大学的"大学—经济"生态。我们知道，建设世界一流大学必需人、财、物、管理四大要素。人须是聪明的、充满智慧的，这可能要通过吸引全球智慧人士参与竞争才能得到；财须是充足的、用起来也是舍得的，而且是方便的、受人民支持的；物包括实验器材、实验设备、实验条件等须是能得到有力支持的。同时，管理还要科学化、规范化、有可持续性。显然，这四个方面没有一个不与国家经济条件乃至综合实力有关。从这个角度看，世界一流大学必须依靠以世界一流经济条件为核心的综合实力强大的国家力量支持。据国家统计局2007年10月公布的资料，在长达30年持续发展后，我国国民经济继续保持快速增长，经济总量已跃居世界第四位。2003—2006年我国国内生产总值（GDP）年均增长10.4%，大大超过世界经济平均增长4.9%的水平。2006年，在国际货币基金组织统计的180个国家和地区中，我国经济增长速度居第11位。按汇率法计算，2006年我国经济总量已达到26452亿美元，居世界的位次由2002年的第6位上升到第4位。[6]又据国家统计局2008年2月公布的《2007年国民经济和社会发展统计公报》，2007年我国国民生产总值是246619亿元，稳居世界第四大经济体的位置。[7]但客观地说，中国仍属于发展中国家。因为，2006年我国人均国民总收入虽突破2000美元，达到2010美元，比2002年翻一番，居世界的位次由132位上升到129位，但我国人均国民收入水平在世界192个主权国家中位置依然靠后。[6]据刘念才教授的研究报告之结论，产生世界著名大学（世界前200名）的基本条件是GDP总量超过3000亿美元，产生世界一流大学（世界前100名）的基本条件是人均GDP达到2.5万美元。而按我国国民经济发展速度，上海、北京等部分发达地区在2020年前后GDP总量将超过3000亿美元、人均GDP将接近或达到2.5万美元。如果再加上政府的大力支持，乐观预计是，到2025年左右，北京大学和清华大学有可能进入世界大学体系的前100名，成为世界一流大学；其他若干所名牌大学将进入世界前200名，成为世界知名研究型大学。[8, 9]就是说，我们在认识中国世界一流大学时，必须把眼光放在中国特殊的环境中。这个特殊环境，特别是指中国经济生态的发展阶段和社会生态的发展阶段。

(三)"大学—社会"生态

建设世界一流大学,一个客观事实是,在当今世界,世界一流大学全部处于资本主义社会体系或阵营中。只有极少数世界一流大学曾经生存于苏联社会主义社会体系或阵营中,但它们最终随着社会转型而归于资本主义社会体系。特别是那些名牌世界一流大学,基本上都居于经济强大的资本主义国家——美国、欧洲国家、日本等国。应当看到,世界一流大学产生于资本主义国家,并已习惯于资本主义运行体系。准确地说,它们的内部建设制度匹配于世界资本主义体系。在这样的历史生态和社会生态中,我们要建设世界一流大学,不可避免的问题是,要充分考察如何建设契合社会主义尤其是中国特色社会主义制度的世界一流大学。若根据现实社会要求和世界一流大学发展状态,我们只能是采取改革开放和不断创新发展的态度,来逐步推进属于我们社会类型和社会生态环境的世界一流大学的建设。根据国家长远发展计划,我国到21世纪中叶才能达到中等发达国家水平。但是,社会主义制度仍然是中国世界一流大学的大背景和大环境。这个背景和环境要求我们必须深入考察世界一流大学与社会主义制度特别是与中国特色社会主义乃至我们所追求的最高理想——共产主义的意识形态相配合的生态体系。而且,我们还要在大学内部制度方面创造一套适合中国特色社会主义运行制度的生态运行体系。事实上,譬如,在建设世界一流大学过程中,对于如何处理好稳定工作、学术自由、学术自治、大学与政治乃至宗教等关系问题时,我们不仅在世界一流大学建设之内部不能回避,而且在世界一流大学建设之外部也不能回避。因为,从生态学角度看,世界一流大学建设在更广泛的意义上已经转化为整个社会生态的建设,而整个社会生态建设对世界一流大学正产生着各种各样的影响。

(四)"大学—国家"生态

世界一流大学,每个国家都希望拥有,而且希望能拥有更多。这表明，世界一流大学首先必然是属于某个国家和地区的，然后才是世界的。这可以说是"大学—国家"生态。从全球的国家系统看，据联合国新闻部网站及中国新华网统计数据，截至2006年6月的资料汇编，世界共有192个主权国家，联合国计有192个会员国。[10]在世界七大洲中，除南极洲外，都有国家分布，各大洲的国家分布是不均衡的，非洲国家最多，达53个，其次是亚洲（39个），以下依次为东欧及独联体国家（28个）、西欧（23个）、拉丁美洲（33个）、北美洲和大洋洲（16个）。另外，有2个常驻联合国观察员国：梵蒂冈、巴勒斯坦。[11]据来自上海交通大学的分析报告，在2007年版"世界大学学术排名"中，我国大学进入世界前500强的学校较少，而且这些高校在国际上排名表现也不是很好。结论是，目前我国没有进入世界前100强的大学，151—202名只有清华大学1所学校，203—304名只有5所大学，305—402名只有2所大学，403—510名只有6所大学。[4]同样据此资料，世界500强大学中绝大多数是西方发达国家的著名大学，如美国、英国、德国、法国、加拿大、日本、意大利、俄罗斯、捷克及欧洲其他富国等经济发达国家的大学。而世界一流大学在发展中国家的数字只占相当小的比例。[12]可以说，这就是我们中国在创建世界一流大学过程中所依靠的"国家生态体系"。也许有人会说，世界一流大学与国家有多大的关系？这是很切实的问题。上述资料显示，世界一流大学与国家的关系非常密切：国家越是发达，世界一流大学就越有可能诞生，而且越有可能产生更多的一流大学。我们发现，诞生世界一流大学的某些关键因素也具体地存在于西方发达国家之内。或者说，西方发达国家占据天时、地利、人和的各种优势。例如，世界一流大学的重要标志之一——诺贝尔奖在西方发达国家——瑞典掌控；掌握诺贝尔奖的评委是以西方语言为母语和评语的；就是印度这样的发展中国家获得几个诺贝尔奖也有个十分关键的因素，那就是他们以发达国家的共同语言——英语为母语。从这个角度来说，世界一流大学在相当长时期内仍然属于西方发达国家，这是生态发展的自然结果，也是客观的现实生态。

(五)"大学—精神"生态

建设世界一流大学,是中华民族的精神追求。大学的追求一定要与全体中国人民的精神、理想、信念、智慧相适应。从某种意义上说,这是最根本的问题,因为它是考验中国人意志、决心、毅力的最好体现。自从中国政府 1998 年确立建设若干所一流大学的战略目标和奋斗理想以来,我们国内大学没有缺少过悲观、哀叹、失望、沮丧,甚至直到现在,仍然存在着这样或那样的不满情绪或忧患观念。因此,我们迫切地需要树立一种全民建设世界一流大学的伟大精神和伟大追求,迫切需要造成一种全民参与世界一流大学建设的"精神暖流",以便使我们的世界一流大学建设成为民族奋发向上、勇于进步的"精神动力"。打个比方说,这就如同我们国家近年来全民积极参与的伟大事业(如争办奥运会、争取飞船上天、争创和谐世界等)一样,我们同样要在心理和精神状态上加以调整,使之符合我们的创建工作。为此,我们需要建立合理的"大学—精神"生态。它要求我们必须以世界大学之理念来建设世界一流大学,以世界一流大学之精神来建构和引领我们的社会发展,特别是精神境界的提升,并以世界一流大学的快速发展来体现中国人民受教育程度的提高和民族精神的巨大进步。在这个意义上,与其说是创建中国的世界一流大学,不如说是创建属于中华民族的世界一流心态、世界一流精神和世界一流意志。可喜的是,近年来,社会上已出现非常乐观的新气象、新风貌,这就是全民都认识到建设中国世界一流大学的重大意义,而且已采取积极配合建设的价值态度。但是,准确地说,与 21 世纪早期建成中国世界一流的愿望相比,我们的精神状态仍不够强烈,表现出来的创建行动仍不够迫切,所采取的创建性改革还有进一步提升的空间。换言之,这需要我们进一步解放思想、进一步改革开放,以更加自信的大国姿态、大国智慧和大国力量,来推进我们中国的世界一流大学体系的建设。

（六）"大学—文明"生态

在文明系统中考察世界一流大学，这是一个非常有趣但也是十分必要的问题。据哈佛大学塞缪尔·亨廷顿（Samuel Huntington）的考察，世界上至少有 12 种主要文明，其中 7 个文明已经不复存在，5 个文明依然存在，它们是中国文明、日本文明、印度文明、伊斯兰文明和西方文明。另外还有东正教文明、拉丁美洲文明和非洲文明。[13] 显然，当今世界一流大学，绝大多数存在于以信仰基督教为核心的西方文明和中国文明的后代——日本文明系统之中，但总体上西方文明占据世界一流大学的多数席位，其他文明皆难以望其项背。再按世界一流大学发展的历史进程来分析，世界一流大学起源于古老的意大利，先在英国，后在德国、法国，其次在美国、日本、俄罗斯等西方发达国家。这些国家基本上都属于基督教文明或与西方文明有密切联系的文明体系。历史上，在儒家文明中，第二次世界大战后日本有少数著名大学成为世界一流大学，可以说，这确实填补了儒家文明世界一流大学的"空白"，但从儒家文明的发源地——中国来看，中华文明特别是在中国大陆至今还没有真正产生过世界一流大学。即使我们称道的具有现代意义的大学——"西南联合大学"或"北京大学"可以成为中华人民共和国成立前的世界一流大学，但那仅仅是指某些学科或某些人物具有较高的水平和影响。也就是说，一旦把他们放在人类文明的高度和角度上看，这个判断就显得十分无力。因为，它们不能真正代表中国世界一流大学的理想水平。从这个角度看，为了 21 世纪中华民族的伟大复兴，我们中国要建设世界一流大学，不仅需要中国几代人的持续努力，它更应被看作复兴伟大的中华文明或儒家文明的重大标志之一。反之，如果不从这个角度和高度来认识，我们就没有把创建中国世界一流大学的"意义"和"高度""看够""说足"。因此，中国的世界一流大学建设，不仅代表整个 13 亿中华儿女在世界文明体系中的地位和光荣，而且代表中华民族演绎民族文化和文明的历史丰碑。换言之，中国世界一流大学是属于全体 13 亿中国人民，是属于黄皮肤、黑眼睛、受儒家文化影响的中华民族的世界一流大学。同时，世界一流大学还是中国56个民族的大家庭的成果。如果站在这样一个大的系统中来认识中国世界一流大学建设，应该说，这才是我们主动适应全球化发展潮流看待世界一流大学发展的自觉表现。

三、构建世界一流大学生态体系之中国特色

世界一流大学从来都以特色见长，从来都与所在国家的整个社会生态体系相互适应。历史证明，英国特色世界一流大学与英国整个社会生态体系相适应，德国特色世界一流大学与德国整个社会生态体系相适应，美国特色世界一流大学与美国整个社会生态体系相适应。以此而论，中国特色世界一流大学自然与中国的整个生态体系相适应。具体地说，中国特色世界一流大学之生态体系建设，一定要与中国的大学—教育生态、大学—社会生态、大学—经济生态、大学—国家生态、大学—精神生态、大学—文明生态等构成的整个社会生态体系相适应。

（一）让世界一流大学建设深深扎根于中国特色社会主义土壤

在经过漫长的历史过程之后，中国人民在中国共产党的领导下选择了社会主义道路。社会主义是中国世界一流大学建设的最大特色背景。在当今世界一流大学均属于资本主义的历史现实下，我们强调要建设世界一流大学，这本身就是一个巨大的挑战，不仅是建设世界一流大学本身带来的挑战，而且包含了必须研究和解决特色背景带来的重大课题。譬如，一个显著挑战是，世界一流大学建设本身就需要一个强大的国力支持，但社会主义国家目前却处于发展阶段。与此相关的问题是，在世界顶尖人才普遍习惯于当今世界一流大学的资本主义背景的形势下，在社会主义国家建设世界一流大学的人才引进等问题上确实存在一个巨大挑

战。近年来，有的学者已经提出并开始研究"中国建设世界一流大学的意识形态问题"等课题。[14]于是，社会主义世界中的世界一流大学建设存在一个显著的挑战。这就是，既要向资本主义世界一流大学学习，也要克服资本主义世界一流大学给中国社会带来的潜在威胁和不利影响，同时要努力使世界一流大学建设深深扎根于中国特色社会主义土壤中。应该说，这不仅涉及中国世界一流大学办学方向问题，而且直接关系到中国特色社会主义事业的成败。

（二）推进基础与大众化教育以夯实世界一流大学建设根基

中国是一个发展中国家，这不仅表现在中国国民收入方面与世界其他发达国家有很大差距，而且在全体人民受教育的质量和水平等方面与世界其他发达国家存在着很大的差距。一位伟人曾经说过，在一个文盲充斥的国家内是不可能建成社会主义的。言外之意，全民受到良好的教育是实现民族发展和国家繁荣的重要基础。目前，中国有超过13亿人口，占世界人口总数的18.4%，可以说是一个人口资源大国。但是人口资源大国不代表人力资源大国，更不代表人才资源强国。必须冷静地看到，在相当长时期内，我们必须不断强化基础教育与大众化教育，甚至主要是强化基础教育并实施好大众化教育，着力提升中国人民的整体教育素质。打个比方说，就像乒乓球一样，因为有一流民众参与乒乓球事业建设，我们中国的乒乓球才能走向世界、称雄全球。事实上，西方世界之所以有那么多的世界一流大学，最根本的原因是它们在相当长时间内狠抓民众的大众化教育直至基础教育。换言之，基础教育和大众化教育支撑起了他们的世界一流大学。否则，结果便是"基础不牢地动山摇"。即使某一日有世界一流大学之诞生，那也是整个民众付出重大代价而造成的，不值得为人称赞。所以，在这个角度看，我们要制定和落实符合科学发展观的世界一流大学建设规划，而不要搞不符合实际的世界一流大学规划和建设。这就要求我们在推进世界一流大学建设的过程中切不可以牺牲基础教育和大众化教育为代价。因为，强化基础教育和大众化教育不仅是中国社会民众提升综合素质的迫切需要，而且是中国世界一流大学建设的真正根基。更重要的是，因为基础教育和大众化教育的发达造就了世界一流大学，这不仅令中国人骄傲，也是中国人民赞成的世界一流大学建设。

（三）让世界一流大学建设科学地契合中国经济生态发展阶段

虽然中国已经是世界第四大经济体，但就人均国民生产总值的水平和人民受教育水平等方面来看，中国目前仍然处于社会主义初级阶段，而且在相当长时间内处于这个阶段。这是我们在建设世界一流大学的过程中必须冷静面对的客观事实。据上海交通大学刘念才教授的报告结论，世界一流大学的产生与发展，与所在地区的经济、政治和文化传统有着非常密切的关系。从现状看，世界一流大学大多数在发达国家；从历史上看，世界一流大学的重心转移与世界经济、科技中心的转移相一致。该报告通过分析当前世界高水平大学与所在国家/地区的国内生产总值和人均 GDP 的关系发现：产生世界著名大学（世界前 200 名）的基本条件是 GDP 总量超过 3000 亿美元，产生世界一流大学（世界前 100 名）的基本条件是人均 GDP 达到 2.5 万美元。而据我国国民经济发展速度，上海、北京等部分发达地区在 2020 年前后 GDP 总量将超过 3000 亿美元、人均 GDP 将接近或达到 2.5 万美元，再加上政府对名牌大学的重点支持，北京的清华大学和北京大学、上海的复旦大学和上海交通大学几所著名大学完全可能在 2020 年前后进入世界大学百强，成为世界一流大学。[15]可以说，这是中国建设世界一流大学不可回避的历史现实和客观规律。

（四）以世界一流大学建设积极引领中国的国家生态发展

在当今世界，国家的生态发展仍然是一个严峻的课题。不仅经济发展是国家生态的组成部分，而且社会发展、政治发展、文化发展也是国家生态建设的组成部分，而世界一流大学建设更是其中的一项重大课题，因为它涉及政治、经济、科学等方方面面的建设内涵和建设水平。人们曾经反复提出这样一个问题：我们能不能建成世界一流大学？我们何时能建成世界一流大学？这些问题的所指不仅包含教育系统建设世界一流大学的问题，而且包含了我们在国家生态基础上的世界一流大学建设。也就是说，在当今世界，国家仍然存在巨大的作用和力量的情况下，建设世界一流大学仍然需要依靠国家的支持，这里包括国家的经济支持、政治支持、文化支持、道义支持等。但是，对于国家如何支持大学建设以及国家如何保持自身的可持续发展等问题，我们的国家是期待在建的"中国级"世界一流大学的重点高校给予圆满回答的。所以，我们的世界一流大学建设，不仅是指我们自身的建设，而且包含了我们国家的建设。江泽民同志 2001 年在清华大学 90 周年校庆的讲话中再次强调指出："大学应该成为科教兴国的强大生力军。"教育部于 2007 年 7 月颁布了《关于加快研究型大学建设、增强高等学校自主创新能力的若干意见》，对研究型大学建设规定了总体要求、基本任务和具体举措。该文件认为，以科学研究见长的研究型大学是保持我国国际竞争力的重要战略资源，加快建设一批研究型大学，对于加强人才培养与科学研究、提高高等教育质量、建设创新型国家具有重要意义。该文件强调指出：研究型大学应当成为我国经济发展的"加速器"、社会进步的"推动机"和政府决策的"思想库"。在这个角度看，中国的研究型大学之功能发挥，已经明晰地涉及国家发展的思想、政治、经济、社会等重大的方向性问题。可以说，这就是中国世界一流大学建设引领国家生态发展的一个明证。

（五）努力以中国世界一流大学建设提升中华民族精神境界

世界一流大学建设，绝不能仅被理解为要创建若干所世界一流大学的单纯问题，而应该被理解为努力提升中华民族精神境界的最大问题。如果说举办一届成功的奥运会、实现飞船上天等可以短期内提升中国人民的理想追求和精神境界，那么，世界一流大学则是从战略上、整体上、长远的角度提升了中华民族的精神境界，因为世界一流大学从事的是一项基础研究并可以使中国不仅保持科技的不断进步，而且可以保持中国人民的精神理念始终有追求世界一流的期望平台。事实上，在当今世界，表现和提升民族精神的舞台有很多，如联合国、各种区域发展平台等，但是可以说，没有哪一项可以代替世界一流大学的功能和作用。众所周知，1998 年 5 月，江泽民同志在北京大学百年校庆讲话中强调指出："我们要有若干所具有世界先进水平的一流大学。这样的大学，应该是培养和造就高素质的创造性人才的摇篮，应该是认识未知世界、探求客观真理、为人类解决面临的重大课题提供科学依据的前沿，应该是知识创新、推动科学技术成果向现实生产力转化的重要力量，应该是民族优秀文化与世界先进文明成果交流借鉴的桥梁。"这个讲话向世界正式宣告我国"985 工程"的诞生，同时也是向世人宣告：中国人民的精神追求是崇高的、是世界一流的。在 21 世纪，中国人将以此为凝聚力并不懈奋斗。

（六）把建设世界一流大学同弘扬 21 世纪中华文明结合起来

从全球文明的角度来看，我们国家建设世界一流大学，不仅包含了我们中国，而且包含着为全体中华儿女争光的意义。同时，它还包含了在儒家文明的发源地——中国来创建世界一流大学的重大意义。人们知道，世界不停地传诵着中国有 5000 多年的灿烂文明历史，而且是唯一没有中断的人类文明。但是，就是这样一个诞生过"四大发明"的文明国家居然没有真正诞生过世界一流大学，特别是与建国不到 200 年的美国却有世界上最多的世界一流大学相比较，我们更加清醒地意识到，不仅中国人需要中国创建世界一流大学，而且世界上的华人都需要中国创建世界一流大学。当初，我国香港科技大学的创建就可以说明这样一个道理，只要是中华儿女，就有义务和责任来创建世界一流大学。事实上，经过

10多年的奋斗，香港科技大学就跃升到世界著名大学的行列。据曾任香港科技大学副校长的孔宪铎教授介绍，香港科技大学是中国内地、香港、台湾科教人员大汇合的地方，1/3以上生长在香港，1/4以上生长在内地，1/6以上生长在台湾。孔宪铎教授认为，世界上没有其他任何一所高等学府，能够吸引和聚集这么多在中国内地、香港、台湾生长而从海外学成归来的专业人才，共同致力于高等教育和研究工作。[16]应该说，这是我们儒家文明乃至中华文明的共同力量导致的综合性结果。它也向世人昭示，伟大的中华文明是中国人创建世界一流大学的精神源泉和根源动力。

参考文献

[1] 傅华. 生态伦理学探究［M］. 北京：华夏出版社，2002：108.

[2] 汉斯·萨克塞. 生态哲学［M］. 文韬，佩云，译. 北京：东方出版社，1991：3，70，193.

[3] 樊浩. 伦理精神的价值生态［M］. 北京：中国社会科学出版社，2001：19-26.

[4] 刘念才，周玲. 面向创新型国家的研究型大学建设［M］. 北京：中国人民大学出版社，2007：95-97.

[5] 教育部发展规划司. 教育部2007年全国教育事业发展统计公报［N/OL］.（2008-4）［2008-10-20］. http://www.moe.edu.cn/edoas/website18/94/info1213855326367694.htm.

[6] 新华社电文. 中国对GDP增长贡献世界第二［N/OL］.（2007-10-12）［2008-10-12］. http://news.sina.com.cn/w/2007-10-12/025512711590s.shtml.

[7] 国家统计局公布2007年国民经济和社会发展统计公报［N/OL］.（2008-2-28）［2008-10-12］http://www.stats.gov.cn/tjgb/ndtjgb/qgndtjgb/t20080228_402464933.htm.

[8] 刘念才，程莹，刘莉，赵文华. 我国名牌大学离世界一流有多远［J］. 高等教育研究，2002（2）：17-19.

[9] 程莹，刘少雪，刘念才. 我国何时能建成世界一流大学——从GDP角度预测［J］. 高等教育研究，2005（4）：1-5.

[10] 关于联合国——现象与现实［EB/OL］.（2006-06-10）［2008-10-12］. http：//www.un.org/chinese/aboutun/ir/.

[11] 新华网新闻中心. 国际资料——联合国概况［EB/OL］.［2008-10-12］. http：//news.xinhuanet.com/ziliao/2002-07/05/content_470691.htm.

[12] 程莹，刘少雪，刘念才. 我国何时能建成世界一流大学——从 GDP 角度预测［J］. 高等教育研究，2005（4）：1-5.

[13] 塞缪尔·亨廷顿. 文明的冲突与世界秩序的重建［M］. 北京：新华出版社，1999：28-30.

[14] 李仙飞. 中国建设世界一流大学中的意识形态问题［J］. 中国高教研究，2007（2）：43-44.

[15] 程莹，刘少雪，刘念才. 我国何时能建成世界一流大学［J］. 高等教育研究，2005，26（4）：1-6.

[16] 孔宪铎. 我的科大十年（增订版）［M］. 北京：北京大学出版社，2004：9.

3 方　　略

论我国世界一流大学建设的初级阶段
对我国世界一流大学建设道路的辩证思考
"双一流"建设视域中的研究生教育
论欧美研究型大学世界一流贡献的基本方略

论我国世界一流大学建设的初级阶段[①]

摘 要 从历史进程和目标实现的角度看，我国要建成世界一流大学，必然要走过初级阶段、中级阶段，再进入高级阶段。目前，多种复杂多变的因素决定了我国世界一流大学建设还处于发展进程中的初级阶段。这个阶段赋予的历史使命是广泛的、独特的、繁重的，我国重点高校责无旁贷，必须知难而上，开拓进取。

关键词 世界一流大学；初级阶段；历史使命

从历史进程和目标实现的角度看，我国世界一流大学建设必然要走过一个初级阶段（建成一些国际知名学科的阶段）和中级阶段（建成一到两所世界一流大学的阶段），然后进入高级阶段（建成若干所世界一流大学和一批国际知名高水平研究型大学的阶段）。这三个阶段密切相连，贯通一体，形成我国世界一流大学建设的历史进路。目前，受到各种复杂多变因素的影响，我国世界一流大学建设还处于历史进程中的初级阶段，这个阶段赋予的历史使命是广泛的、独特的、繁重的，我国重点高校责无旁贷，必须知难而上，开拓进取。因此，准确认识和科学把握这个历史阶段，在建设过程中认真遵循阶段性原则，积极承担起应有的使命任务，不仅对教育主管部门谋划高等教育科学发展有重要的认识论意义，

---

① 本文原载于《江苏高教》2012 年第 6 期。《新华文摘》2013 年第 5 期摘要转载。

而且对重点大学科学推进世界一流大学建设有现实指导意义。

一、我国世界一流大学建设处于初级阶段

（一）社会主义初级阶段历史背景中的大学

我国是一个社会主义大国，但是，因为人口多、底子薄，将长期处于社会主义初级阶段，就是"不发达阶段"。邓小平同志指出："一切都要从这个实际出发，根据这个实际来制订规划。"[1]近年来，国内外不少学者都把中华人民共和国诞生以来社会主义国家建设分为"两个30年"，认为前30年我国打下了社会主义制度文明的基础，后30年我国走上了改革开放的发展道路，使国家得到了举世瞩目的历史性进步。[2]不是在前30年，而是在后30年中期，我国相继提出和启动了"211工程"和"985工程"的发展战略，大力推动建设世界一流大学进程。在后30年中，随着改革开放的不断深入，我国政治、经济、文化、科学、教育等领域发生了翻天覆地的变化，这些变化无不深刻影响着我国世界一流大学建设进程。从1978年起，经过30多年高速发展，经济基础变得雄厚了，国家才有条件在政治上推动世界一流大学建设。如果说"211工程"是一个战略起步，那么"985工程"就是实质性推动和格局构建，经过三期工程建设，"985"高校为世界一流大学战略目标的实现奠定了良好基础。但尽管如此，与英国、美国等发达国家或地区的一流大学获得的国家经费数额相比，我国重点大学仍少很多，人均分配资源更低。更重要的是，政府管理大学的模式以及大学内部管理等各项建设还处于不完善、不健全、不成熟阶段。譬如，1998年10月联合国教科文组织在巴黎举行的世界高等教育会议上通过的决议《21世纪的高等教育：远见与行动》中指出："促进学术自由和学校自治，这是高等教育永远不变的两条准则。"[3]而这个理念和准则在我国高等教育界至今难以贯彻落实。

换言之，社会主义初级阶段，为我国世界一流大学建设阶段设定了先天的大背景和大环境，任何一所大学都难以超越这个历史阶段的影响和制约。

（二）重点高校承担大众化教育任务异常艰巨

强国务必强教，教育须优先发展，而高等教育作为教育的顶端层次，显然应得到国家的高度重视。改革开放以来，从 1977 年恢复高考到 1992 年，我国高校规模一直处于稳定发展过程中，并逐步走向分层分类发展，但总体上仍无法满足广大人民群众不断增长的对高质量高等教育的迫切需求。于是，从 20 世纪 90 年代中期开始，国家大力推动高校的规模发展。根据美国学者马丁·特罗（Martin Trow）关于高等教育发展要经历精英、大众、普及三个阶段的理论观点，我国 20 世纪 90 年代后期就进入了大众化阶段。到 2011 年，我国高等教育毛入学率达到了 26.5%，在校生达到 3105 万人。[4] 根据《国家中长期教育改革和发展规划纲要（2010—2020）》的建设目标，未来 10 年内，我国高等教育大众化水平将进一步提高，到 2020 年时毛入学率将达到 40%。[5] 显然，数量增长与质量提升密切相关，当大众化教育发展到一定程度，就会影响到高等教育的质量发展。不少有识之士认为，我国高等教育随着规模的快速发展，教育质量确实下降了不少。事实上，正是在此阶段，我国提出并启动了建设世界一流大学的战略工程——"211 工程"和"985 工程"，向世界表明我国建设世界一流大学的战略决心，产生了极大的国际影响。然而很明显，鉴于重点大学是国家长期重点扶持发展的历史事实，因此这些大学不能像当今国外世界一流大学一样仅将目标定位于培养精英人才，它们还要积极参与我国高等教育大众化建设事业，实际上，对于发展中国家来说，后者可能更加重要。因为这是符合中国国情的发展阶段，重点高校须主动适应这个阶段的发展要求。

（三）高校分类发展仍然处于实践探索的阶段

美国高等教育专家菲利普·G. 阿尔巴赫（Philip G. Altbach）指出："研究型大学通常是分类化的学术系统的一部分，这种系统中不同大学的社会作用和经费来源方式都不同。没有这种分类化系统的国家，在支持研究型大学时会遇到许多困难，因为研究型大学的维持费用通常都很昂贵，并且还必须认识到其学术地位的特殊性和复杂性。"[6]长期以来德国把所有大学都看成研究型大学给予同等投资待遇，结果在世界一流大学学术排行中位置下降。我国历史上，虽然从师欧美转到学苏联，再到学美国，但没有建立起自己的分类发展模式，高校发展模式始终属于模仿型的。20世纪80年代后期，我国高校坚持数量发展并尝试重点发展的措施，取得了一定成就，为"211工程"和"985工程"重点发展奠定了基础。然而，回顾历史，我国没有采取科学化的分门别类的发展政策。虽然1952年我国从适应计划经济建设需要出发，根据专业分属于不同行业用人部门来发展高等教育，如农业部拥有一些农业学校、财政部拥有一批财政学校等，但这种分行业发展并不是科学的分类发展。随着社会主义市场经济的深入推进，这种模式暴露出的问题越来越多。因此21世纪来临前后，我国就进行了战略性调整，确定走科学分类发展道路。截至2011年，我国有各类高校2723所，其中，普通高校2358所，成人高校365所。[7]那么，如此规模之下应怎样对大学进行分类发展？我们建设的一流大学属于什么类别层次？研究型大学是否要划分出副部长级、厅长级大学？国家投资是根据大学行政级别，还是根据大学的研究类别，抑或是其他标准？毋庸讳言，对于这些问题，我们确实还存在不小的认识误区或困惑。客观地说，这可以被解释为"中国特色"，但笔者以为更合理的解释应为：这是我国世界一流大学建设处于发展的初级阶段中出现的一种现象，亟须进行理论研究和实践探索。

（四）部分学术发展还处于半依附发达国家状态

学术独立并自主培养一流人才，是一个国家成为强大国家的重要标志。从长远角度看，我国提出建设世界一流大学本质是为了彻底解决我国的"学术独立"问题。什么是国家的"学术独立"？胡适、蔡元培和冯友兰等国学大师均有精彩论述。如胡适1947年在《争取学术独立的十年计划》中就列出了四个基本条件，极富启发性。其一，世界现代学术的基本训练，中国自己应该有大学可以充分担负，不必向国外寻求；其二，受了基本训练的人才，在国内应该有设备够用和师资良好的地方，可以继续做专门的科学研究；其三，本国需要解决的科学问题，在国内都应有适宜的专门人才与研究机构可以帮助解决；其四，对于现代世界的学术，本国的学人与研究机构应该和世界各国的学人与研究机构分工合作，共同担负人类学术进展的责任。[8]对照看，从现实的角度说，一是目前我国还处于对发达国家的学术依附或半依附状态。例如，我国还有不少行业的领军人才和高端人才培养需要发达国家教育体系给予支持，就像"两弹一星"功臣多数留学西方一样，现在我国依然要大批引进海外一流高校博士学位获得者；据美国使馆统计，2011年有16万中国人在美国学习，而且"他们也更常被高科技专业录取"。[9]二是我国产出的原创性和标志性成果很少，需要依赖西方国家的高技术产品进口，如很多高技术产品无知识产权，虽然我国有不少院士，但大陆至今无一人获过诺贝尔科学奖。三是我国科研评价体系仍需依靠发达国家权威杂志、出版社等学术机构，如科学引文索引（SCI）、工程索引（EI）、社会科学引文索引（SSCI）等重要检索库均为美国设计；我国还没有办出能和 Nature 和 Science 杂志相媲美的世界级权威杂志。四是哲学人文社会科学长期以来"跟着外国学者的观点走"，缺少"国际学术话语权"，等等。在这种形势下，我国建设世界一流大学的使命和任务就异常艰巨了。

（五）大学认识能力和办学水平处于提升阶段

我们对世界一流大学建设规律较从前已经有了不少清晰的认识，从政府管理人员到高校人员，从教育专业学者到其他学科的学者都发表了很多看法和观点。但是，对我国世界一流大学建设所处的阶段还没有一个清醒的认识和定位。当然，这是由多方面因素决定的。从历史角度看，大学是西方文明的产物，大学受西方模式的影响十分深远。从现实的角度看，经过若干个世纪发展，绝大多数世界一流大学位居西方发达国家。因此从提出建设世界一流大学的战略时，我国就面临着一个难以回避的课题或问题，即如何使学习借鉴西方、批判扬弃西方以及超越西方模式的"历程减短""成本减少"而"效果更明显"？形势要求我们改进和提高认识，而受国情、历史、文化、政治等复杂因素的影响，我国重点大学在认识上确实存在不少误区。近年来发生的各种"故事"就佐证了这一点。如，当国家1998年提出建设若干所世界一流大学的战略时，部分重点高校认为自己很快就能建成世界一流大学，后来经过调查比较才觉得不太可能那么快；其间北京大学、南京大学等高校曾多次研讨调整规划的阶段性目标；甚至有的高校领导人在任时和离任时对本校规划目标的判断有天壤之别。而"钱学森之问"则提醒大家我国大学人才培养质量离世界一流大学的巨大差距。近年来，杨振宁多次强调"中国离世界一流大学差距甚远"的判断，而国外名校如斯坦福大学校长约翰·汉尼斯（John Hennessy）也认为"中国大学要建设世界一流大学，大约快则20年，慢则50年"。[10]据2011年上海交通大学世界大学学术排名的结果分析，目前中国还没有一所大学进入世界前100，而美国占据了世界大学前100中的50%以上，其次，英国有10所、德国有6所、日本有5所进入前100。[11]这些事实和认识，不仅反映了我国重点高校对建设世界一流大学的认识不足和办学水平不够，也反映了我国创建世界一流大学所处的阶段性特征。

二、我国世界一流大学建设初级阶段的基本任务

（一）必须大力加强自身建设，尤其是在一流特色办学方面形成自己的理念和风格，促进国家高等教育的多元化、多样化发展

温家宝同志强调指出："高等学校改革和发展归根到底是多出拔尖人才、一流人才、创新人才。高校办得好坏，不在规模大小，关键要办出特色，形成自己的办学理念和风格。"[12]初级阶段，通过"211工程"和"985工程"的大力支持，我国重点大学拥有了可持续的国家重点投资，应该说已经具备良好的物质条件和发展前景。但是，"工欲善其事，必先利其器"。鲜明的办学特色和一流的办学质量，才是重点高校最重要的"利器"。因此，重点大学要以科学发展观为指导，正确评估国际高等教育的发展趋势和自身发展的优势，准确判断自身所面临的问题和困难，努力解决好这个阶段发展的主要矛盾，不断加强自身的一流内涵建设和一流特色建设，努力构建既合乎国际高等教育发展趋势又合乎中国特色社会主义本质要求的办学体制和运行机制，从而为建设以高质量、多元化、多样化为特征的中国特色现代高等教育体系做出自己的积极贡献。

（二）必须积极参与大众化高等教育建设，在为国家培养大批精英人才的同时实现世界一流，引领高等教育的发展

中国高等教育学会原会长周远清同志的一个学术观点十分精辟："只有全国的高等教育提高水平，水涨船高，我们建设世界一流大学才有希望。"因此，"应对建设世界一流大学，要建设一个更加先进的高等教育"。[13]显然，在这个阶段，我国重点大学肩负着重大而光荣的历史使命，就是不仅要通过艰苦努力，争取在国际上获得广泛的认可，成为世界知名的一流大学，而且要在国内大众化高等教育过程中发挥重要推动作用，为建设高等教育强国做出积极贡献。换言之，重点大学须同时承担大众化高

等教育和世界一流大学建设的双重建设任务。我们不能只培养大师级人才，实际上也不可能把所有人才都培养成大师级人才，更重要的是要培养大批高质量、高素质的社会主义建设者和接班人。因此，重点高校在确定发展定位和建设目标时应实事求是地评估国内教育和国际教育发展的两个形势需要，争取为国家和社会进步更好地发挥建设性作用。

（三）必须积极参与世界一流大学竞争，争取在高技术战略研究领域占有一席之地，为国家学术独立做出重大贡献

世界一流大学不仅代表一个国家的学术质量，而且反映一个国家的教育水准和技术高度。邓小平同志早就指出："教育要面向现代化，面向世界，面向未来"；[14]"中国必须发展自己的高科技，在世界高科技领域占有一席之地"，而且"必须从一开始就参与这个领域的发展"。[15]温家宝总理2010年7月在陕西省考察时指出："要永远记着，高技术是买不来的，必须靠我们自己。希望就寄托在广大科技工作者身上，寄托在年轻一代身上。"[16]言外之意，我们国家一定要自力更生发展高技术产业、培养高技术骨干人才。因此，重点高校要充分利用国家重点投资政策，利用大学特有的国际交流平台，参与国际领域的知识分享、知识创新工程，特别是在高尖端科技创新领域发挥领头作用。实际上，初级阶段重点大学参与世界一流大学竞争，本质上就是为了争取在世界高技术战略研究领域占据重要地位，并实现国家的学术独立和学术繁荣。

（四）必须积极参与国家和地方经济建设，在建设过程中发挥特长弘扬优势，完善自身的一流战略定位和行动计划

作为发展中大国，我国在相当长时间以内将把注意力和主要精力放在现代化建设特别是经济建设这个战略主题上，国家要实现发展必须在现代化特别是经济发展上实现战略飞跃，人民要生活幸福，也必须在经济上获得支持。因此未来时期，以服务求支持，以贡献促发展，积极参与国家和地方的经济建设，为经济社会进步做出特色性的贡献，将是高校承担的一项战略任务。江泽民同志1998年5月在北京大学百年校庆讲话中郑重指出："为了实现现代化，我国要有若干所具有世界先进水平的一流大学。"[17]就是说，我国重点高校的世界一流大学建设要与国家的现代化事业紧密相连。其实，相继在19世纪、20世纪实现腾飞的英国、德国、美国等西方发达国家的一流大学在历史上也都是在紧密服务国家各项建设的同时，既实现了世界一流的战略目标，也找准了自己的战略定位和发展特色。譬如，美国斯坦福大学与"硅谷"、日本的筑波大学与"筑波"的关系就是这样的案例。从这个角度看，我国重点大学的战略定位实际上存在于为国家和地方战略服务的过程中，因此要通过参与国家和地方建设发现自己的优势和特色，实现自身的发展目标。应该说，在整个初级阶段，我国重点大学切忌好高骛远、盲目攀比，要脚踏实地，一步一个脚印地走出自己的建设道路和强校之路。

（五）必须积极参与高等教育和一流大学的"中国模式"建设，同时参与国家发展的"中国模式"的战略构建

2010年4月颁布的《教育部、财政部关于加快推进世界一流大学和高水平大学建设的意见》（征求意见稿）中指出："继续实施'985工程'，要坚持走'有特色、高水平'发展之路，办出'中国特色、世界水平'。既要体现国情，又要坚持国际公认的标准；既要在可比办学指标上和世界一流大学相当，更要为国家做出突出贡献；既要拥有世界一流学科，更要形成独具特色的发展模式和先进文化。"[18]胡锦涛同志2008年5月4日视察北京大学时指明了重点大学的努力方向，要"紧密联系改革开放和社会主义现代化建设的伟大实践，以更加广阔的视野、更加开放的姿态、更加执着的努力，加快推进创建世界一流大学步伐"。[19]2011年4月24日胡锦涛同志在清华大学百年校庆讲话中强调指出："作为国家重点支持的大学，要坚持'中国特色，世界一流'的发展道路,改革创新,奋勇争先,在加快建设世界一流大学的进程中取得新的更大的成就。"[20]可以说,这些重要文献和讲话精神,明确指出了我国重点大学在参与国家和地方的各项事业建设过程中,既为中国高等教育发展模式贡献出智慧和力量,又为整个国家发展模式建设做出应有的重要贡献。

参考文献

[1][14][15]邓小平.邓小平文选(第三卷)[M].北京:人民出版社,1993:252,35,279.

[2]潘维,玛雅.人民共和国六十年与中国模式[M].北京:生活·读书·新知三联书店,2010:3-4.

[3]UNESCO.1998-10-9.Higher Education in the Twenty-First Century, Vision and Action World Conference on Higher Education[EB/OL].(1998-10-09)[2012-01-02]. Paris. http://www.unesco.org/education/educprog/wche/declaration_eng.htm, http://www.unesco.org/education/educprog/wche/eng.htm.

[4][7]教育部.2011年全国教育事业发展统计公报[N].中国教育报,2011-07-06(2).

[5]教育部.国家中长期教育改革和发展规划纲要(2010—2020)[EB/OL].(2010-07-29)[2012-01-02]. http://www.gov.cn/jrzg/2010-07-29/content_1667143.htm.

[6]Philip G. Altbach.Peripheries and centers: research universities in developingcountries[J]. Asia Pacific Education. Review.2009(10):17.

[8]季蒙,谢冰.胡适论教育[M].合肥:安徽教育出版社,2006:262.

[9]加里·夏皮罗.中国能在创新方面赶超美国吗?[N].参考消息,2012-07-13(16).

[10]袁新年,申琳.中国的大学急需补上"短板"[C]//载于教育部中外大学校长论坛组委会编.教育部中外大学校长论坛文集(第四辑).北京:外语教学与研究出版社,2010:268-269.

[11]程莹,甘杰文,黄红橙,刘念才.世界大学学术排名解析(2011—2012)[M].上海:上海交通大学出版社,2012:30.

[12]温家宝.百年大计 教育为本[N].人民日报,2009-01-05(1).

［13］周远清. 中国当代教育家文存（周远清卷）［M］. 上海：华东师范大学出版社，2006：226.

［16］赵承. 温家宝总理在陕西考察纪实：巩固和发展好的势头［EB/OL］.（2010-07-18）［2010-07-30］. http：//www.gov.cn/ldhd/2010-07/18/content_1657325.htm.

［17］江泽民. 在庆祝北京大学建校一百周年大会上的讲话［N］. 光明日报，1998-05-05（1）.

［18］2010 年《教育部、财政部关于加快推进世界一流大学和高水平大学建设的意见》（征求意见稿）［EB/OL］.（2010-04-09）［2012-01-02］. http：//focus.hustonline.net/html/2010-4-9/70056_1.shtml.

［19］胡锦涛. 在北京大学师生代表座谈会上的讲话［N］. 光明日报，2008-05-04（1）.

［20］胡锦涛. 在庆祝清华大学建校 100 周年大会上的讲话［J］. 人民教育，2011(10)：1-4.

对我国世界一流大学建设道路的辩证思考[①]

摘　要　我国创建世界一流大学必然要经过一个相当长的历史阶段,这个阶段不仅是人为努力和实践的过程,而且也是客观辩证的发展过程。也就是,从"谋求形似"到"争取神似""形神兼备";从"物质建设"到"精神建设""制度建设";从"羡慕尝试"到"模式仿效""创新模式";从"学术依附"到"学术独立""学术繁荣";从"国内一流"到"亚洲一流""世界一流"。应该说,这是我国"985"重点大学 21 世纪实现世界一流梦想的必然途径和建设道路。

关键词　世界一流大学；建设道路；辩证关系

　　创建世界一流大学已经成为我们党、国家和全民的共同意志和奋斗目标。目前,我们正走在建设中国的世界一流大学的历史征途中,至于我们离前面的奋斗目标还有多远?浏览一下,除北京大学和清华大学把建成时间设定得短一些以外,其他各所重点大学的战略规划,几乎都把 21 世纪中叶前后建成世界一流大学作为自己的里程表。因此,我国要真正建成世界一流大学势必经历一个相当长的历史阶段。这个历史阶段,既是一个人为努力和实践的奋斗过程,也是一个客观辩证的发展过程。有言道:"路遥知马力。"希望人们在科学评估和正确认识中国重点大学"马力"的同时,也

[①] 本文原载于《江苏高教》2010 年第 5 期。

能对这个辩证发展的建设道路有一个清醒、自觉的理性认知。

一、从谋求形似到争取神似再到形神兼备

创建世界一流大学对中国来说是一项全新的伟大事业。如果把当今世界一流大学作为我国重点大学争创世界一流的现实目标，那么不难理解，我们必然要走一个从"形似"到"神似"直至"形神兼备"的发展过程。所谓"形似"，是指形式上如同当今世界一流大学的"模样"，如"综合性"，但内容上还没有达到要求，如缺少大师人才。所谓"神似"，是指在精神追求上基本达到当今世界一流大学的高度或水平，如善于承担人类使命，挑战人类未知领域。相对而言，"形似"比较容易，如很快就能建成一座类似哈佛教学楼的建筑物，而"神似"则比较困难或者说实现它的难度很大，如拒绝权贵干扰学术独立。当然，理想的境界是"形神兼备"，即我们创建的世界一流大学，不仅在形式上而且在内涵及精神境界上都达到世界一流大学的高度和标准。到此阶段，我们有理由说："中国人实现世界一流大学梦想了！"不过，即使到此阶段，我们也要反思一下，这种"形神兼备"究竟是别人的翻版？抑或是自己的创造？打个比方说，如今，我们制造的许多无自主知识产权的中国商品畅销各国，无论从包装还是从质量上看，可以说都处于高水平，与西方同类商品几乎无差别。那么，我们能否说这种商品"形神兼备"了？在我看来，它只是模仿的成果，还不是原创性成果，不是中国创造，而是中国制造或中国模仿。因此，我们创建世界一流大学，切忌把是否与西方现有一流大学一模一样作为追求的高度，而应有中国的独立思考、建设理念和发展模式，同时，它们在未来还应是别人羡慕或模仿的榜样，就像西方一流大学今天影响我们一样。

诚然，随着"211工程"特别是"985工程"的稳步实施，我国在创

建世界一流大学过程中确实取得了令人瞩目的历史性成就，而且未来建设的步伐还在不断加速，这的确是一个鼓舞人心的好消息。但是，根据以上观点进行自我评估，目前，我国重点大学似乎还没有走出"形似"阶段或者说没有真正进入"神似"阶段，而"形神兼备"就更遥远了。具体说，不少重点高校虽然树立了创建世界一流大学的奋斗目标，但是在相当长一段时间内，仍将处于盖大楼、扩实验室、搞基本建设的"形似"阶段，少数重点高校，虽然大楼竣工了、设备增加了、条件变好了，"形似"有了进展，但因贷款太多、摊子太大、负担过重，却无力做"神似"的工作。例如，一个典型的表现是，少数重点大学连肩负科研重任的青年教师的住房问题都没有财力和精力解决或者说解决得还不够令人满意。据报道，清华大学校长顾秉林在谈到青年教师住房问题时感叹："清华教师买不起，我也买不起。"[1] 这里为什么要强调这一点？其实，对大学来说，"神似"关键是指从大学生到教师到院士级人士的"神似"，而不是其他的"神似"。原清华大学校长梅贻琦的名言"大学，非大楼之谓也，大师之谓也"意指"大师即大学"或理解为"教师即大学"尚可。如果说，教师连基本物质需求都得不到满足，那么按照人类心理学家马斯洛（A. H. Maslow）的"需要层级理论"——"低层次需要充分满足后才会感知并追求高层次需要"来说，此教师（亦指大学）在精神境界上不可能达到与世界一流大学"神似"的境界。历史上，西南联大创造了无大楼而有大师和名校的奇迹，至今都令国人骄傲。因此，在创建世界一流大学的过程中，我们务必减少"形似"，增加"神似"，这是我国有朝一日实现"形神兼备"世界一流大学梦想的关键。

二、从物质建设到精神建设与制度建设

从物质到精神再到制度，从物质建设到精神建设、制度建设，这是国

内外任何大学建设必须包含的内容及经历的实践过程。物质是基础，精神是动力，制度是保证。"三大建设"可以重点推动，也可以综合推动，但它们缺一不可。如果说，世界一流大学是人类文明发展的代表性产物，那么，它实际上就是一个国家物质文明、精神文明和制度文明的"完美体现者"。说到物质文明，如一流大学的校园建筑等都是经过精心设计，犹如天公造化。试看英国的牛津大学和剑桥大学，法国的巴黎大学，美国的哈佛大学、耶鲁大学、斯坦福大学的校园，哪一所不是充满浓厚的历史和文化气息？哪一栋建筑不是代表了物质文明的厚重积淀？不久前，我国清华大学被美国著名杂志《福布斯》（Forbes）评为全球 14 个最美丽大学校园，成为亚洲唯一入选学校。[2]且不论这是否是西方某种策略性宣传的手段，站在客观的立场看，包括清华大学和北京大学在内的许多重点大学的建筑等确实彰显了中国大学的历史传统、独特风格和精神风貌。英国教育家埃里克·阿什比（Eric Assby）曾说过，任何大学都是遗传和环境的产物。当然，其中也包括校园环境。其实，要培养创造性人才特别是德智体美全面发展的高素质人才，何尝不需要优美的育人环境？但是，我们应切记：一流大学最重要的是要有一流的大学精神及配套制度，尤其是拥有对人才的尊重、对人性的呵护、对人类的关心和爱护的境界追求。实际上，凡是访问过欧美著名大学或翻阅过留学欧美的人员的见闻、感想、纪实，谁都可以亲眼看到或想象得到一流大学那种无微不至的关心人、爱护人、培养人的人文精神和人文氛围。恰如芝加哥大学前校长金伯顿（Lawrence Alpheus Kimpton）所言："有许多无形的东西使得一所大学变得卓越并保持卓越。"[3]在世界一流大学里，"人类"的概念是那么的直观，那么的亲近，它们中哪一所不是"小小的联合国"？试看，各国大学生聚集校园，顶尖科学家合作科研，民族、肤色、体形、语言、国籍等差别"被忽视"。这不正是人类物质文明、制度文明和精神文明的最集中反映？

站在客观公正的角度看，我国不少重点大学在"三大建设"上与国外一流大学还有不小的差距。具体说，我们过分强调物质（金钱）及其建设，忽视大学精神建设包括大学制度建设。不少大学表面上侧重于"两手抓"，一手抓基本建设，一手抓制度建设，但鲜有力量抓精神建设，即使是制度建设，关键点也没有找准，反映在管理上就是思考和落实"如何管住人"而不是"如何服务人"。深圳大学校长章必功历数"大学教育八宗罪"，可以说国内重点大学"都有份"："官本位浓厚、人事制度老化、师生关系疏远、教学声望下跌、泡沫学术抬头、计划经济严重、人文精神模糊、改革步伐缓慢"。[4]君不见，如今我们的大学总是喜欢高谈阔论建设了一流的校园、一流的实验室、一流的设备、一流的运动场、一流的大门等，当然，不是说这些不重要，而是说，不少高校对应有的大学精神及制度建设表现出少有的淡然和漠视。众所周知，近年来影响甚大的"钱学森之问"以及有关西南联大和蔡元培校长的各类文章不断增多，其实质就是向国家、社会和大学呼唤有改革气魄的教育家。中肯地说，改革开放以来，我国不少重点大学在国家投资上不低于多数国外大学，但在精神和管理上逊于国外，而后者是大学的灵魂。问题究竟出在哪？在我看来，不是物质，而是制度，特别是精神。因为任何大学，物质建设总是不断推进，制度建设也要日益完善，而精神建设始终是重中之重，特别是师生需要的人性化服务，不仅一刻不能缺失，而且要"日进，日进，日日进"。康德（Immanuel Kant）早就指出：人是目的而不是工具。前英国诺丁汉大学校长杨福家说："当你时时处处把人放在首位后，你离一流就不远了。"[5]换言之，大学要让所有的物质、制度服务于"人"。一旦大家都这样做了，我们离世界一流大学目标就不远了。

三、从羡慕尝试到模式仿效再到创新模式

回顾大学发展史，究竟什么是世界一流大学，以及怎么样创建世界一流大学，不仅中国人不是先知，其实国外人早先也不知道。"从历史来看，

德国和美国大学在建设世界一流大学时连'一流大学'的概念都没有,更谈不上靠什么一流大学理论来指导其建设了。"[6]但是,由于"大学从它诞生的那天起,其精神气质就是一种'普遍主义'(universalism)的",[7]因此,中世纪以来,各国大学都是采取相互学习、借鉴的建设方式,各自走出了从"羡慕尝试"到"模式仿效"再到"模式创新"的建设道路。就国家来看,英国曾羡慕学习法国,德国曾羡慕学习英国,美国曾羡慕学习德国,中国曾羡慕学习欧美。就大学来看,英国的牛津大学、剑桥大学曾学习借鉴法国的巴黎大学,美国的哈佛大学曾学习借鉴英国大学,耶鲁大学曾学习借鉴哈佛大学,而北京大学是由蔡元培校长学习借鉴德国模式而建。有记载说,"当博洛尼亚大学似乎应当像巴黎大学那样,围绕着教师行会组织而诞生,却在13世纪最终以学生的大学而诞生。"[8]之后,"效法巴黎大学而产生的牛津与剑桥以它们独特的方式发展着,它们特别强调寄宿制专业学院而不以分散的系科作为主要单位。"[9]就是说,意大利、英国的大学都不是纯粹地模仿法国大学,而是进行了模式改造,英国学者纽曼(John Herry Cardinal Newman)阐述的大学思想就是对法国大学理念的超越;德国教育家洪堡(Wilhelm von Humboldt)对英国大学也不是照搬照抄,而是形成了独特的柏林大学模式;19世纪,美国大学学习德国大学,也是经过模式创新才实现的。美国高等教育专家菲利普·G.阿特巴赫(Philip G. Altbach)教授研究发现:"最初的来自英格兰的殖民地学院模式,与19世纪德国的研究型大学理念以及美国式的服务社会观念相结合,形成了现代美国大学模式。"[10]因而,高等教育历史上相继出现了"英国模式""德国模式""美国模式"等。实际上,这既是人类发挥主观能动性的生动表现,也是大学辩证发展的历史结果。

这表明,大学建设始终渗透着人类的精神,它们不是像动物界或植物界那样纯粹地依自然规律而产生、发展和变化,而是依靠人类不断推动创新发展的。因此,对待中国世界一流大学建设事业,我们一定要站在全球视野和人类文明视域中来观察和考察,并且要在模式上进行创新发展。回顾历史，中国大学在学习国外大学的过程中经历了不少曲折和挫折，但是也积累了丰富的办学经验。例如北京大学，从民国期间学习欧美大学，到新民主主义时期效法苏联，再到改革开放后学习欧美特别是美国的做法，这些都是一个不断适应、不断创新的实践过程。在此过程中，北京大学没有照搬使用，而是努力走出一条自我更新、自我适应的建设道路，最后才取得令人骄傲的业绩。站在今天的高度和平台上，我国创建世界一流大学就是要汲取历史经验和教训，善于走过学习模仿阶段，敢于、勇于、善于研究、发现、构建自己的建设模式，大胆超越现有的"西方模式"，着力打造有富有特色的"中国模式"。在这一点上，邓小平同志1983年对教育界的题词至今仍有现实的指导意义，即"教育要面向现代化，面向世界，面向未来"。可以说，建设中国的世界一流大学就是为了早日实现这"三个面向"，"面向现代化"是我国建设世界一流大学的根本动力，"面向世界"是所有世界一流大学的自然本性，"面向未来"是世界一流大学建设的应有境界。我们相信，按照这"三个面向"进行"模式创新"，正如温家宝同志所说，未来的中国一定能够出现若干所世界一流大学。

四、从学术依附到学术独立再到学术繁荣

香港中文大学金耀基教授指出："一部世界大学的发展史可说是争学术独立自由的历史。"[11]在这个意义上，我们创建世界一流大学，本质上就是为了取得国家的学术独立和学术繁荣，为中华民族的伟大复兴提供智力支持。然而，各种复杂性因素决定了作为发展中国家的中国建设世界一流大学的阶段性特征。进一步说，我国创建世界一流大学必然要经历一个从"学术依附"到"学术独立"再到"学术繁荣"的历程。何谓"学术依附"，简言之，就是学术上依靠其他发达国家的平台条件发展，难以独立开展行动。其关键原因和突出表现是：①世界各类学术中心及

各种国际权威期刊（如英文期刊 Nature 和 Science 等）全部处于西方发达国家，导致发展中国家学术评价资源严重不足，甚至完全依靠发达国家来评价和支持。同时，国际留学生大多流向并聚集在主要工业发达国家，不少毕业后被挽留在欧美的发达国家工作，使强者更强、弱者更弱。②受到殖民历史和发达国家教育输入等现实因素的影响，发展中国家也难以获得学术自立，国内不少重点高校使用国外大学教材就是一个证明。但是，21 世纪，中华民族若要实现伟大复兴，则必须实现学术独立和学术繁荣。其间，我国重点大学无疑承担着重大责任，要通过各种努力尽快摆脱对发达国家的学术依附地位。一是以创建世界一流大学为精神动力，以优势学科为基础抓紧建设"全球学术中心"。因为全球学术中心引领着世界各国科学、学术、研究和教学的发展，引领着大学的组织结构和使命，以及知识的传播。二是创建和发展中国的国际权威学术期刊，逐步把它们建成全球权威性学术期刊，从而摆脱对发达国家的学术期刊评价的依附地位。三是用好国家重点投资，建设世界一流学科平台，吸引大师人才包括国际留学生到中国学术中心学习、访问和从事科学研究，为中国发展做出贡献。四是抓紧利用"孔子学院"等渠道和各类学术媒介宣传和普及中国语言和中国文化，使汉语逐渐转变为全球主要学术语言。

各种迹象表明，21 世纪，中国的世界影响力将不断扩大。美国伯克利加州大学前校长克拉克·克尔（Clark Kerr）所说："每个国家有了影响力以后就会在它的世界发展领先性的学术机构——希腊、意大利城邦、法国、西班牙、英国、德国、美国，以及现在的美国。……教育在任何时候都无可避免地关系到一个国家的质量。"[12]实际上，克拉克·克尔校长所强调的是，如果一个国家想维持甚至提升国际影响力，它就必须发展独立而强大的国家学术能力以及保持学术繁荣，而学术依附只能使一个国家站在国际影响力的边缘。毫无疑问，世界一流大学肩负着重大而光荣的责任和使命。前不久，英国伦敦政治经济学院中国问题研究专家马丁·雅克（Martin Jacques）在《当中国统治世界：中国的崛起与西方世界的衰落》一书中指出："一国的历史和文化很大程度上决定了它会以何种眼光来看待这个世界。历史上每一个曾经称霸的国家或者大陆都会用一种全新的方式来展示其实力。比如欧洲的典型方式就是海上扩张加殖民帝国，而美国则是空中优势和全球经济霸权。中国崛起为一个世界大国后，很可能会在相当长的一段时期内，在文化等方面完全改写世界秩序。"[13]这确实是一个十分新颖的观点，对中国大学富有启发性意义。如果未来的中国诚如马丁·雅克所言，那么，在我看来，通过建成若干内所世界一流大学，我国必将会迎来期待已久的学术独立和学术繁荣的美好前景。

五、从国内一流到亚洲一流再到世界一流

我国重点大学创建世界一流大学将是一个长期的、艰巨的历史过程。这个过程必然是从各个重点大学追求国内一流并形成竞争局面开始。实际上，每个重点高校只能遵循从国内一流到亚洲一流再到世界一流的发展路径。试想，没有国内一流，怎么可能达到亚洲一流乃至世界一流。不过，这里我们确实要弄清什么是世界一流？美国高等教育专家菲利普·G.阿特巴赫的解读十分精辟、透彻，他指出："世界一流只是简称，表明进入了全世界最有名大学的行列。几乎所有的世界一流大学如今都在主要的英语国家或者少数在大型工业化国家。所有的世界一流大学，都是研究型大学，毫无例外。但并非所有的研究型大学都是世界一流大学，也不应该都是世界一流大学。"他继续说："这些定义和概念的使用在全世界都相当混乱。政策制定者提到世界一流大学时，实际上可能是指研究型大学。学校领导也可能把本校当作世界一流来'推销'，即使不可能达到这种地位。国家旗舰大学有时也会把自己描绘成地区或国际一流大学。因此，为了实现目标而仔细定义一下这些术语非常有用。"[14]在这

个意义上来说，我国重点大学在争创世界一流大学的过程中务必要做好自己的大学定位，并实现科学发展。目前，从"985高校"来看，可以被视为中国"旗舰大学"的北京大学和清华大学，显然是肩负着最早实现中国世界一流大学梦想的重大责任和光荣任务，而其他重点高校，可能需要认真地定位自己的发展目标、制定自己的战略规划。应当说，这是我国"985高校"在争创世界一流大学过程中必须采取的战略步骤。

诚然，对中国任何重点大学来说，要从国内一流达到亚洲一流甚至世界一流，都不是一件容易的事。现在，国内一些高校（如北京大学和清华大学）在国内一流没有任何问题，但是不是亚洲一流，还需要国际论证。事实上，对于国内一流大学，无论是争取亚洲一流，还是争取世界一流，都需要付出长期、艰苦而深刻的努力才能实现。21世纪上半叶，对于"985高校"来说，在指导思想和工作要求上，要坚持按照科学发展观的要求，顺应国际高等教育的发展趋势和潮流，根据国家中长期教育改革与发展规划纲要，精心谋划未来十年乃至更长时间的战略规划和发展计划，以引导和激励广大教职工、学生共同实现自己的梦想。在发展道路和具体步骤上，要努力从谋求形似到争取神似直至形神兼备，要同时推进物质建设、精神建设和制度建设；要尽快从羡慕尝试走过模式仿效达到模式创新；要争取从学术依附走向学术独立，并进入学术繁荣阶段。如此，属于中国的世界一流大学必将早日到来。

参考文献

[1] 清华大学校长：清华大学教师买不起房，我也买不起[N]. 京华时报，2010-03-06（2）.

[2] 佚名.《福布斯》评出全球最美丽校园：清华大学成亚洲唯一入选学校[N]. 参考消息，2010-03-04.

［3］金伯顿. 兴奋，叛逆，人文价值观［C］// 威廉·墨菲，等. 芝加哥大学的理念［M］. 彭阳辉，译. 上海：上海人民出版社，2007：43.

［4］赵灵敏. 章必功：我成不了蔡元培［J］. 南风窗，2010（4）：68-71.

［5］杨福家. 对中国高教发展的困惑［C］// 袁振国. 中国当代教育家文存. 上海：华东师范大学出版社，2006：130.

［6］叶赋桂. 世界一流大学建设的辩证思考［J］. 江苏高教，2010（1）：9-13.

［7］丁学良. 什么是世界一流大学［M］. 北京：北京大学出版社，2004：25.

［8］雅克·韦尔热. 中世纪大学［M］. 王晓辉，译. 上海：上海人民出版社，2007：30.

［9］［12］克拉克·克尔. 大学之用［M］. 高銛，等，译. 北京：北京大学出版社，2008：6，50.

［10］菲利普·G. 阿特巴赫. 高等教育变革的国际趋势［M］. 蒋凯，主译. 北京：北京大学出版社，2009：21.

［11］金耀基. 大学之理念［M］. 北京：生活·读书·新知三联书店，2001：13.

［13］马丁·雅克. 当中国统治世界：中国的崛起和西方世界的衰落［M］. 张莉，等，译. 北京：中信出版社，2010：189.

［14］菲利普·G. 阿特巴赫. 在发展中国家建设世界一流大学的挑战［C］// 刘念才. 世界一流大学：战略·创新·改革. 上海：上海交通大学出版社，2009：40-41.

"双一流"建设视域中的研究生教育

摘　要　"双一流"建设内涵十分丰富，从人才培养角度看，关键是建成世界一流水平研究生教育。本文探讨了"双一流"的使命引领、战略规划、资源配置、体制保障、环境优化等对创建世界一流水平研究生教育的影响，并就推动一流研究生教育质量发展提出了意见和建议。

关键词　研究生教育；"双一流"建设；政策方略；体制建设

统筹推进世界一流大学和一流学科建设（简称"双一流"），是党和国家顺应世界高等教育发展趋势而推出的"中国战略"[1]。这个战略的实施，标志着我国世界一流大学和一流学科建设进入了一个新阶段，也表明我们对世界一流大学和一流学科建设规律的认识达到了一个新高度。从人才培养角度看，"双一流"建设的关键是建成世界一流水平的研究生教育，而建设世界一流水平的研究生教育，在多重意义上需要"双一流"建设的战略引导和配套支持。因此，科学认识和有效推进二者关系的良性互动发展，具有重大而深远的意义。

---

① 本文原载于《学位与研究生教育》2016 年第 8 期。

一、"双一流"的关键是建成世界一流水平的研究生教育

人才培养始终是高等学校的核心使命，也是研究型大学的中心任务。长期以来，我国十分重视本科教育的发展，因为本科教育是高等教育的主流和基础部分，不仅数量多、规模大，而且社会需求也大，符合经济社会建设对各类专业人才培养的要求。经过30多年努力，我国建立了较完善的本科人才教育培养体系，特别是20世纪80年代以来开展的全国范围内多种形式的高等学校本科教学工作水平评估、精品工程和质量工程等，贯彻"以评促改，以评促建，以评促管，评建结合，重在建设"的基本原则，极大地促进了我国各级各类本科教育教学质量的提高，为中国高等教育大众化做出了重要贡献。随着高等教育事业的发展，尤其是教育全球化趋势的增强，我国高等教育迎来了分类分层、特色发展的新形势和新要求。也就是高校不仅要构建符合社会发展需要的完善的本科教育教学和人才培养体系，而且要构建完善的研究生教育教学和高级专门人才培养体系。事实上，从20世纪50年代提出建设重点大学，到90年代"211工程"和"985工程"建设，可以说，这是国家分类分层推进高等教育发展的体现。就重点高校而言，不仅要求从事高质量有规模的本科教育，也要求从事高水准研究生教育培养工作。进入21世纪，伴随着全球一流大学竞争的加剧，研究生教育越来越受到包括中国在内的世界各国的重视。有学者研究认为："研究生教育在根本上决定着中国学术能否独立，决定着中国能否建成世界一流大学，也因此在一定程度上决定着国家崛起和民族复兴。"[2] 确实，从全球看，世界一流大学均从事一流水平的研究生教育，并赢得世界一流名校声誉。近年来，我国重点高校意识到了研究生教育的极端重要性，逐步重视和加强研究生教育体系建设，研究生教育规模得到了快速提升。2014年，全国共有研究生培养单位788所，研究生导师33万多人，在校研究生近185万人，[3] 2015年，

达到了 230 万人的在校研究生规模水平,[4]可以说,我国"基本建成了学科门类齐全、培养类型多样的研究生教育体系"。[5]因此,从历史的角度看,我国学位与研究生教育领域再次迎来了十分重要的质量发展时期。

2015 年,随着国务院颁布《统筹推进世界一流大学和一流学科建设总体方案》的政策文件,重点高校即将面临崭新的发展形势。就人才培养而言,相关高校不仅要积极响应国家号召继续推进本科教育教学质量的提高,而且要更加关注研究生教育特别是博士生教育对实现创新型国家战略目标的重大意义。因为"高水平研究生教育是世界一流大学和一流学科的突出特征"。[6]事实也证明了推进研究生教育的重要性。据统计,2011—2012 年,我国在校研究生对国际高水平论文贡献率达到 36.8%,对国内高水平论文贡献率达 32.3%;2012 年国家自然科学奖获得者中,近 80% 是国内培养的博士;许多具有世界领先水平的研究成果,主要研究人员都是我们自己培养的博士。[7]可以说,正是认识到推进高水平研究生教育的重大意义,近年来,以北京大学、清华大学为代表的重点高校在保障研究生教育质量的同时快速扩充了研究生教育规模。据大学官网最新数据统计分析,清华大学现有 46200 名全日制学生,其中本科生 15636 名,占学生总数的 33.84%;研究生 30564 名,占学生总数的 66.16%。[8]北京大学现有 39714 名全日制学生(含 2 名专科生),其中本科生 14837 名,占学生总数的 37.36%;研究生 24875 名,占学生总数的 62.64%。[9]与此同时,哈佛大学现有 21200 名学生,其中本科生 6700 名,占学生总数的 31.60%;研究生有 14500 名,占学生总数的 68.40%。[10]斯坦福大学现有 16122 名学生,其中本科生 6994 名,占学生总数的 43.38%;研究生 9128 名,占学生总数的 56.62%。[11]麻省理工学院(MIT)现有 10527 名学生,其中本科生 4527 名,占学生总数的 43.00%;研究生 6000 名,占学生总数的 57.00%。[12]再进行个案对比,从研究生总规模看,清华大学是哈佛大学的 2 倍多,是斯坦福大学的 3 倍多,是 MIT 的 5 倍多;北京大学是哈佛大学的 1.7 倍,是斯坦福大学的 2.7 倍,是 MIT 的 4.1 倍。

就研究生所占在校生比例看，清华大学低于哈佛大学 2.24 百分点，但高于斯坦福大学、MIT 约 9 百分点；北京大学低于哈佛大学约 5 百分点，但高于斯坦福大学约 6 百分点、高于 MIT 5.64 百分点。可以看出，就研究生教育规模结构而言，我国少数重点高校已达到世界一流；就研究生教育质量而言，重点高校也处于快速进步过程中，不少一流学科培养了一批一流水平研究生，支撑了包括航天领域在内的国家高新尖科技领域的重大发展。应该说，这是自改革开放特别是"211 工程"和"985 工程"建设以来，重点高校在国家相关政策推动下在研究生教育领域取得的重要成就，未来也将成为实现"双一流"战略目标和世界一流研究生教育目标的基础平台。

二、"双一流"战略构建攸关世界一流水平的研究生教育

从长远来看，"双一流"的战略构建，攸关未来我国研究生教育的发展质量和发展水平。"双一流"建设的使命引领、战略规划、资源配置、体制保障、环境优化等，将对我国一流水平的研究生教育发展产生重要影响。

（一）"双一流"的使命引领，攸关研究生教育的境界追求

从某种意义上说，"双一流"建设的使命任务，就是研究生教育的使命任务。国内外一流大学建设经验表明，被全球广泛认可的世界一流大学均为研究型大学，"研究型大学位于学术体系的顶端，并享有最高的声望。它们的名望反映在了世界排名榜上"。[13]"学术上，研究型大学是指那些提供全面的学士学位计划，致力于研究生教育及博士生学位的教育，把研究放在首位的大学"。[14]据美国卡内基教学促进基金会分类方案，研究型大学分为Ⅰ类和Ⅱ类，前者每年毕业生至少有 50 人获博士学位，研究经费超过 4000 万美元；后者年研究经费超过 2500 万美元。而据美国

大学协会成员资格分类，主要包括60所最负盛名的研究型大学，如哈佛大学、耶鲁大学、普林斯顿大学等。美国高等教育专家詹姆斯·J.杜德斯达（James J. Duderstadt）分析认为，美国"全国共有125所研究型大学，在数目上只占全国3600所高等教育机构的3%，却培养了全国3/4的哲学博士，这些博士将构筑全美高等学校的教师阵容。"[15]显然，世界一流大学亦被称为世界一流研究型大学，其主要使命是在开展高水平本科教育的同时，着力进行较大规模的一流水平研究生教育特别是博士研究生教育。这不仅体现了一流大学人才培养的质量内涵，而且能够说明一流大学的科学研究和社会服务的质量水平。在这个角度看，我国强调建设世界一流大学和一流学科，赋予部分高校的使命定位必然是建设世界一流研究型大学，因此自然要求建设较大规模的世界一流水平研究生教育。

（二）"双一流"的战略规划，攸关研究生教育的科学发展

大学发展史告诉人们，任何高校要想建成世界一流大学和一流学科，一般而言，不是短期内就能实现目标。几乎所有高校都是在国家强有力政策指导及社会各界支持下，经过师生员工的长期奋斗才有可能实现世界一流。这个建设过程，既是漫长曲折的，也是需要很多因素的参与、协调和支持、配合，其中包含很多不确定因素，在这种情形下，那些追求"双一流"的国家和高校"需要考虑的问题清单"很长，[16]通常需要集中最大多数人的智慧和力量制定长远战略规划与操作性强的实施计划，以指导大学的发展事业。通过考察研究国外一流大学战略规划文本，我们发现哈佛大学、斯坦福大学、芝加哥大学、加州理工大学、牛津大学、剑桥大学等世界名校，均有翔实的战略规划文本，其规划研制时间通常为1—2年，各校规划文本内容十分丰富，共性特征是均聚焦于"使命"（Mission）、"价值"（Values）、"卓越"（Excellence）、"研究"（Research）、"质量"（Quality）等关键议题上，其中关于人才培养特别是研究生教育都有长期的发展目标和实施政策，包括打造世界一流师资队伍、培养拔

尖创新人才、建设世界一流研究生教育等。这启示我们，重点大学在统筹推进世界一流水平研究生教育时，不仅要积极呼应"双一流"建设的战略意愿，而且要切合"双一流"建设的行动计划，并全面落实到师生员工的教育教学实践中去。

（三）"双一流"的资源配置，攸关研究生教育要素的优化

正如美国比较高等教育学专家阿特巴赫（Philip G. Altbach）教授指出的，"研究型大学的运行经费必定是高昂的，而且比其他大学需要更多的经费，在学生入学和教师雇用方面也通常更挑剔，高居学术系统的顶端"。而"对大多数高等教育系统来讲，研究型大学都只是其中的一小部分。在美国，3000多所高校中只有大概150所是研究型大学"。[17]只要"看一下很多大学的预算，包括花费在学生和教师身上的钱，就会知道不是每一个大学都能负担得起这样的费用的"。[18]因此，就某高校来说，当确立"双一流"建设目标时，其必然举措是集中资源投入到最有潜力实现一流目标的高水平学科及能培养一流人才的学术平台上。然而，当学校并不拥有充裕的或难以获得长期充足的资源时，要提出"双一流"发展目标，显然不太合适。换言之，"双一流"建设必然涉及办学资源的筹集分配和优化组织问题，以建设世界一流水平研究生教育为例，譬如涉及学科建设资源、研究生导师资源、奖学金资源、国际交流资源等组合问题，学校就需要慎重研究和处理。如此看，高校在推进"双一流"建设中对研究生教育资源的配置必须有战略性的谋划推动，否则将影响世界一流研究生教育的健康发展。

（四）"双一流"的体制保障，攸关研究生教育改革的成效

随着国际高等教育的发展，建设世界一流大学和一流学科面临的形势将与以往大为不同。与前期"211工程"和"985工程"的建设形势相比，这里最大的不同是：形势更紧、视野更宽、要求更高、内容更多、速度

更快、效率更好。那么，究竟"怎样统筹推进世界一流大学和一流学科建设"？教育专家认为"主要还是要依靠高校综合改革，通过体制改革激发高校内生动力和活力"。[19]换言之，综合改革和体制改革，不仅是推动"双一流"建设的良方，而且是推进世界一流水平研究生教育的重要手段。因此，这就要求大学必须紧跟国际高等教育和世界一流大学发展形势，持续找准突破点和着力点，不断地通过深化改革和体制机制创新，解决困扰或阻碍大学发展的各种问题，包括制约一流水平研究生教育发展的各种棘手问题。例如，现代大学治理体系问题、学术管理问题、去行政化问题、人事制度改革问题、科研体制问题、人才培养模式问题等。实际上，当高校逐步解决了这些重点、热点和难点问题时，不仅"双一流"建设能获得长远发展的制度环境，而且世界一流研究生教育需要的体制机制，也将得到更进一步的完善和巩固。

（五）"双一流"的环境优化，攸关研究生教育文化的改进

世界一流水平研究生教育，对文化环境和环境文化建设尤其重视。国际经验表明，没有优良的文化环境和环境文化，特别是独立精神、思想自由、学术自由、研讨自由、教学自由等软性要素，大学要想办成世界一流，培养世界一流研究生，几乎不可能。通常，大学越是在自由的文化环境下，越能够建成世界一流学科，越能够培养出拔尖创新人才；越是在不自由的文化环境中，越难以建设世界一流学科，越难以培养拔尖创新人才。近年来，张楚廷教授在多个演讲场合反复重申一个命题，就是："最高水平的大学是最自由的大学。反过来说也对，最自由的大学也可能是最高水平的大学。"还说，"如果缺少自由，杰出人才就不会有。蔡元培的成功在于八个字：思想自由，兼容并包"。[20]中肯地说，在此方面，与发达国家一流研究型大学相比，那些处于发展中国家的研究型大学，因为受到深厚复杂的政治、历史、文化等因素的影响，还存在较大的差距。因此，面向未来，不断推动大学学术环境的高效优化，努力实现文化环境和环境文化的建设目标,不仅是推进"双一流"建设的重要任务,而且是实现世界一流水平研究生教育的重要内涵。

三、关于推动世界一流研究生教育质量发展的思考

面向未来,推动建设世界一流水平研究生教育体系,造就世界一流水平研究生教育质量,已经成为一个现实而紧迫的重要课题。要回答这样一个时代课题,需要国家、高校、社会等各方同心同德,群策群力,切实遵循研究生教育发展规律,共同推进研究生教育综合改革,着力优化研究生教育管理体制机制和研究生培养模式,努力建设一流研究生教育文化环境。

(一)切实遵循研究生教育规律,推动一流研究生教育科学发展

研究生教育,是教育系统的高端组成部分,主要培养人的科学研究和创新能力,从而使研究生教育具有不同于其他教育层次包括本科教育和基础教育的规律和特点。"我们既不能按本科教育规律办研究生教育,也不能按经济规律、科技规律办研究生教育;既不能脱离世界闭门办研究生教育,也不能完全照搬国外的研究生教育。我们需要遵循既与前几者相关,又不同于前几者的、建立在我国国情基础上的研究生教育规律。"[21]回顾过去,我们实际上是在还没有完全弄清楚中国的研究生教育规律究竟是什么的情况下,就开始借鉴国际经验开展研究生教育,壮大研究生教育规模,经过30多年努力达到了研究生教育大国的水平。用中国学位与研究生教育学会会长赵沁平院士的话说:"我国研究生教育起步较晚,在具有中国特色的研究生教育发展过程中,基本上是借鉴国外和摸着石头过河。"[22]因此,未来时期,借助"双一流"建设的战略指导,我们必须慎重对待研究生教育,努力探索中国的研究生教育规律,在实践中遵循研

究生教育规律发展研究生教育事业。如，遵循研究生成长规律和教育规律制定研究生培养方案；遵循研究生教育发展规律推进研究生教育战略规划的制定实施；遵循研究生教育适应经济社会和科学研究发展的规律推进官产学研的有机结合；遵循研究生教育办学规律建设一流大学研究生教育体系等。

（二）着力深化研究生教育改革，完善一流研究生教育体制和机制

随着"双一流"政策的实施，研究生教育面临着新的发展形势，如果继续沿袭以往的研究生教育培养模式来做，不仅不利于研究生教育事业的科学发展，而且不利于"双一流"建设目标的实现。换言之，研究生教育政策和模式等都需要做出相应的积极改变，这就需要在研究生教育领域推进综合改革的进程。综合改革的总体目的应当是：适应"双一流"的需要建设世界一流水平研究生教育管理体制和运行机制，以服务于世界一流水平研究生教育质量目标。推进综合改革的总体思路应当是：认真遵循研究生教育发展规律、育人规律和办学规律，以满足世界一流大学和一流学科建设需要为要求，以培养拔尖创新人才为核心，以世界一流师资队伍为支撑，以建设世界一流大学精神文化为环境保障，实现世界一流水平研究生教育质量目标。为此，相关教育管理部门特别是研究生教育主管部门及责任高校，应该大胆解放思想，勇于深化改革，敢以"壮士断腕"的勇气和手段，破除一切阻碍研究生教育健康发展的不利因素，加快建设适应世界一流水平研究生教育需要的管理体制和运行机制。

（三）抓住关键环节和关键要素，构建一流研究生教育培养模式

建设世界一流水平研究生教育，关键是构建世界一流水平研究生教育培养模式。必须承认，目前我国高校的研究生培养模式，还难以适应"双一流"建设的需要，与发达国家一流大学研究生培养模式相比，还存在很大差距和很多需要解决的问题。对照世界一流研究生教育目标要求，

虽然我们不能立即解决所有发展性问题，但是可以从解决部分问题起步，以解决部分问题为牵引带动解决其他问题，特别要学会从关键环节和关键要素入手推进改革。应该说这是一种可行的改革步骤和建设方法。如果以这样的毅力、思路和决心来做，那么不管是在国家或高校建设平台上，还是在学科建设平台上，我们都可以有所作为，也应该有所作为。举例说，上海第二军医大学曹雪涛院士的学术团队经过十多年努力，找准关键环节和关键要素进行改革突破，形成了世界一流水平研究生培养的成功模式即"医学免疫学研究生拔尖创新人才'思行'培养模式"，其宝贵经验和成功模式令人称道，赢得了全国首届研究生教育成果奖唯一的特等奖。[23]此典型案例也说明，抓住关键环节和关键要素进行改革突破，对构建世界一流水平研究生培养模式有极其重要的实践意义。

（四）突出一流文化重要性，构建一流水平研究生教育文化环境

很显然，一流文化建设，不仅对推进世界一流水平研究生教育具有重要意义，而且对实现"双一流"建设的战略目标具有重要意义。当前，在"大众创业、万众创新"的环境下，我们应该更加关注一流文化建设的重要性和紧迫性。什么是一流文化？简言之，就是以追求知识、追求真理为核心的"创新文化"。国内外的经验表明，这种"创新文化"的形成需要一个历史过程，也需要各方力量的支持，包括来自国家、政府、社会、学校、家庭等方面的有力支持，还包括人、财、物、环境等要素供给的支持。但是，"创新文化"就其本质来说最需要的是思想自由、学术自由、学习自由、学术自治等关键要素，或者说，缺少这些关键要素的供给保障，"创新文化"则很难形成。关于这一点，近年来国内外众多一流大学校长、教育专家和社会有识之士均表达了共识观点。国务院办公厅也出台了《关于优化学术环境的指导意见》。[24]可以说，这份文件充分表明了国家对此关键问题的高度重视，并且真正着手解决一些突出问题。因此，在这个角度看，

相关重点高校应当积极顺应时代要求，自觉担当起历史赋予的光荣任务，在建设一流"创新文化"的道路上走得更快、更好、更远，进而为实现一流水平研究生教育和"双一流"目标做出重要贡献。

参考文献

[1] 国务院. 国务院关于印发统筹推进世界一流大学和一流学科建设总体方案的通知 [EB/OL]. (2015-11-05) [2016-04-08]. http://www.gov.cn/zhengce/content/2015-11/05/content_10269.htm.

[2] 叶赋桂. 学术独立，一流大学与研究生教育 [J]. 学位与研究生教育，2009 (4): 20-26.

[3] 中国研究生教育质量报告编研组. 中国研究生教育质量年度报告 (2015) [M]. 北京: 中国科学技术出版社，2016: 1-2.

[4] [6] 刘延东. 在国务院学位委员会第三十二次会议上的讲话 [J]. 学位与研究生教育，2016 (3): 1+5-6.

[5] [22] 赵沁平. 开拓、创新、求真，科学构建研究生教育学学科体系 [J]. 研究生教育研究，2014 (6): 1-3.

[7] 刘延东. 在全国研究生教育质量工作会议暨国务院学位委员会第三十一次会议上的讲话 [J]. 学位与研究生教育，2015 (1): 1-2.

[8] 清华大学学校概况—统计资料—学校基本数据 [EB/OL]. (2015-12-31) [2016-04-08]. http://www.tsinghua.edu.cn/publish/newthu/newthu_cnt/about/about-6.html.

[9] 北京大学 2015 年基本数据 [EB/OL]. (2015-12-23) [2016-04-08]. http://xxgk.pku.edu.cn/docs/20151223225104287410.pdf.

[10] Harvard at a Glance [EB/OL]. (2015-12-31) [2016-04-08]. http://www.harvard.edu/about-harvard/harvard-glance.

[11] About Stanford [EB/OL]. (2015-12-31) [2016-04-08]. http://www.stanford.edu/about/.

[12] MIT 2016 Graduate Admissions [EB/OL]. [2016-02-02]. http://web.mit.edu/admissions/graduate/pdfs/MIT_department_info.pdf.

[13] 菲利普·G. 阿特巴赫，利斯·瑞丝伯格，劳拉·拉莫利. 全球高等教育趋势: 追

踪学术革命轨迹[M]. 姜有国，喻恺，张蕾，译校. 上海：上海交通大学出版社，2010：14.

[14][15] 詹姆斯·杜德斯达. 21世纪的大学[M]. 刘彤，主译. 王定华，审校. 北京：北京大学出版社，2005：40，40.

[16] 贾米勒·萨尔米. 世界一流大学：挑战与途径[M]. 孙薇，王琪，译校. 上海：上海交通大学出版社，2009：8.

[17] 菲利普·G. 阿特巴赫. 在发展中国家建立世界一流大学的挑战[M]// 刘念才，Jan Sadlak. 世界一流大学：战略－创新－改革[M]. 上海：上海交通大学出版社，2009：39.

[18] 约翰·汉尼斯. 卓越大学的评价与形成[C]// 教育部中外大学校长论坛组委会. 中外大学校长论坛文集（第四辑）. 北京：外语教学与研究出版社，2010：42.

[19] 李立国. 一流大学建设视野下的高校综合改革[J]. 国家教育行政学院学报，2016（2）：3.

[20] 张楚廷. 大学与教育哲学[M]. 重庆：西南师范大学出版社，2015：109.

[21] 赵沁平. 让教育规律成为常识[M]. 北京：高等教育出版社，2015：20.

[23] 2014年中国学位与研究生教育学会研究生教育成果奖特等奖简介[EB/OL]（2014-12-30）[2016-02-03]. http://www.csadge.edu.cn/info/hjcg_jj/2676.

[24] 国务院办公厅关于优化学术环境的指导意见[EB/OL]. （2016-01-13）[2016-02-03]. http://news.xinhuanet.com/politics/2016-01/13/c_128624220.htm.

论欧美研究型大学世界一流贡献的基本方略[①]

摘　要　世界一流贡献始终是研究型大学取得世界一流地位的唯一标志。从全球视野来看，欧美成功的研究型大学在争取世界一流贡献时在策略上往往具有高度的一致性和守恒性。21世纪，我国研究型大学在创建世界一流大学的过程中应积极借鉴欧美著名研究型大学贡献的基本方略，努力将其转化为自身建设的财富。

关键词　研究型大学；一流贡献；办学方略

早日建成世界一流大学，可以说是中国人的梦想，也是中国人的伟大理想。每当年度诺贝尔奖颁奖时刻到来，虽然至今没有中国大陆获奖者，但中国人特别是重点高校又总是处于一种回顾和忧思之中。事实上，从全球角度看，不管是哪个国家或什么类型的研究型大学，只要做出"世界一流贡献"，就可称为"世界一流研究型大学"或"世界一流大学"。"世界一流贡献"，概言之，就是指对人类社会发展影响最为深远的基础性、学术性、标志性贡献，譬如享誉世界的诺贝尔奖获得者、菲尔兹奖得主的杰出贡献；全球伟大的哲学家、政治家、战略家、思想家等"大

---

① 本文原载于《教育与现代化》2010年第1期。《中国高等教育》2010年第9期以《欧美研究型大学建设的六个方略》为题摘要转载。

师"的独特贡献。世界大学发展史表明，世界一流大学无不以做出"世界一流贡献"而声名远扬并载入史册。在这个意义上，与其说我们期待世界一流大学的诞生，不如说我们更加期待世界一流成果或世界一流贡献的产生。因此，深入地考察欧美世界一流研究型大学的"贡献"及其"贡献方略"，对我国创建世界一流大学的理论与实践，无疑具有重要的现实意义。

一、高端定位，始终以人类使命担当者自居

大学是体现人类文明的一种学术机构。只有那些在人类文明进步中做出了巨大贡献的大学，才真正有资格称得上"世界一流研究型大学"或"世界一流大学"。在这一点上，哈佛大学荣誉校长尼尔·陆登庭针对世界一流大学发表的评论应该说具有普适性、时代性、真理性。他说："如果最优秀的大学都不能以一种开放和分析的方式提出与人类文化、宗教、哲学和艺术、经济学、政治学、法律、历史学有关的问题，那么与这些生活重要方面有关的思想的发展与传播的使命，将会落到那些对于严谨的、不带偏见的和探索性研究没有什么兴趣的人身上，结果会产生对事物认识上的严重分歧和需要对错误认识进一步澄清的必要，这是不能让人接受的。因为我们不能把在人文、艺术和社会科学领域开展教育的重要责任，推给那些并非倾心于最严肃学术事业的人或只关心信仰而不关心分析的人。"[1]无独有偶。芝加哥大学前校长乔治·韦尔斯·比德尔也表达了同样的意思："如果一所著名大学不能够运用知识、智慧和力量来帮助解决严峻的问题，那么还能指望谁来做这些呢？……我们必须将这份努力持续下去，如若成功，那么我们将会为整个国家树立一个模式。这是一个杰出大学的崇高目标。"[2] 2000年，牛津大学在使命陈述中再次确认："牛津大学的目标是，在教学和科研的每一个领域都达到和保持卓

越,保持和发展作为一所世界一流水平大学的历史地位。通过科研和毕业生的技能而造福于国际社会、国家和地方。"[3]可以说,正是这种办学理念,使牛津大学培养了 40 名诺贝尔奖获得者、25 位英国首相、85 位大主教,真正创造了大学的奇迹。这表明,优秀的研究型大学应当勇于、善于、乐于承担起人类学术文化创新者的历史使命和光荣任务。具体地说,第一,研究型大学处于教育"金字塔"的"顶端",拥有对人类遇到的诸多问题做出最满意的解释、回答的责任和义务;第二,研究型大学的学术本性决定了它不履行这份责任和义务,就必然会遭到人类社会的批评,甚至从研究型大学行列中被淘汰;第三,研究型大学的这份责任,也是历史发展的自然结果。

二、才智之都,始终以汇聚全球精英为己任

研究型大学是什么?早在 1963 年,时任美国加州大学校长的克拉克·克尔在哈佛大学的戈德金演讲中把美国的研究型大学称为"才智之都"。[4]我认为这是一个恰当的称谓。事实上,汇聚、激活一流才俊,始终是国际著名研究型大学做出一流贡献的一个基本策略。芝加哥大学前校长哈钦斯深刻指出:"无论何时,何种情况,成为一流大学的途径只有一个:那就是要拥有优秀的教师。……我们必须承认,唯有优秀的教授,才能吸引优秀的学生。"[5]据说,剑桥大学每年经费只有 10% 用于购买仪器设备和基础建设,而 90% 的经费用于人的身上,主要是从世界范围内引进杰出人才和提高教授、研究生的待遇。[6]实际上,这种规则,在国际著名研究型大学几乎是一致的,而且不存任何争议。据不完全统计,美国 MIT 汇聚了来自全球的 1700 多名教师,其中国家科学院院士 76 人,国家工程科学院院士 53 人,诺贝尔奖获得者 8 人;伯克利加州大学汇聚了来自全球的 1500 多名教授,其中 15 人获诺贝尔奖,8 人是美国科学院

院士，9 人为 40 岁以下最杰出科学家，17 人获"总统奖"。获诺贝尔奖较多的研究型大学还有：剑桥大学 63 位；伦敦大学 13 位；哈佛大学 36 位；哥伦比亚大学 34 位；芝加哥大学 22 位；耶鲁大学 11 位；纽约大学 11 位；柏林大学 26 位；哥廷根大学 18 位。可以说，这些研究型大学真正体现了"大学，非大楼而谓大师也"的实质内涵。[7] 其次，让大师与一流学生完美结合，更是著名研究型大学的一个策略。据《美国新闻与世界报道》报道，2004 年秋季，排名第一的哈佛大学录取率仅为 11%，而高中班上前 10% 的比例为 96%；排名第二的普林斯顿大学的录取率为 13%，而高中班上前 10% 的比例为 94%；即使排在第 13 位的约翰·霍普金斯大学的录取率也仅为 30%，而高中班上前 10% 的比例高达 80%。加州大学系统可分为三个层次，第一层次招收最好的位居班级前 12.5% 的中学生。[8] 同时，保持恰当的生师比也是著名研究型大学的一个常规战略。例如，美国教育统计中心的资料表明，美国私立研究型大学的生师比较低，一般低于 10∶1，而公立研究型大学生师比相对来说较高，平均为 16∶1。据我国教育部统计数据和各大学网所公布的数据来看，目前，我国部分重点大学的生师比平均为 18∶1，[9] 应当说，这与美国公立研究型大学的生师比大体相当。从这个角度看，我国重点大学在生师结构上确实有了很大进步，但在质量建设上还有待进一步提升，特别是在研究生教育的国际化方面需要大力加强。

三、善抓机遇，攻坚克难立足社会贡献前沿

机遇总是稍纵即逝，机遇又常伴随挑战。一般而言，研究型大学都很高贵、富有、优越，如果善于抓住机遇，善于攻坚克难，总能获得更优越的条件，进而获得跨越式发展。这种情况在国际著名研究型大学发展历程中曾频繁地出现过。例如，斯坦福大学在 20 世纪 40 年代遭遇资金短

缺问题，发展遇到了巨大的障碍。但是，大学当局认识到"挑战即机遇"的历史趋势。为此，积极利用学科资源和智力优势，大力加强与当地工业部门的合作，很快走到了社会贡献的前沿领域。1951年，斯坦福大学看准了发展机遇，快速划出了263万平方米的土地建设自己的大学工业园区，随后吸引多家高新技术企业进驻，这就是后来闻名世界的"硅谷"奇迹。数据显示，"硅谷"1960年仅有32家公司，1970年发展到70家，1974年增至800家，到20世纪80年代末达到近8000家。这些企业从事微电子、计算机等方面的研制与开发，成为当时全球最大的微电子工业中心。当时，"硅谷"产值占到了美国半导体工业产值的40%。"硅谷"的成功，不仅促进了当地经济社会的发展和进步，也极大地推进了美国大学的教学与科研工作，同时，使斯坦福大学跃升为世界一流研究型大学。更重要的是，受"硅谷"的影响，哈佛大学、MIT等著名大学都加入了科学园区的建设进程中，不仅推动了美国高等教育办学模式的改变，也推进了美国经济社会的历史性发展。[10]另一个成功案例是善抓机遇并抢先发展的MIT。第二次世界大战期间，MIT发现美国政府正急于发展军工业以增强军事实力的难得机遇时，迅即以领先的基础学科与工程技术相结合的学科优势、丰富的合同管理经验及有利的位置，一跃成为美国建立雷达基地实验室的首选之地。20世纪40年代，美国政府与MIT签订了大批合同以推动大学的科研工作。初期合同经费仅有45.5万美元，到1942年年底，划拨经费则达到月进115万美元的水平，最终MIT雷达基地实验室的总开支为15亿美元。这为MIT建成一流大学奠定了雄厚的经济基础。1964—2004年，MIT共获7项诺贝尔物理学奖，在科研上走在了美国研究型大学的前列。[11]此外，英国的伦敦大学政治经济学院、中国香港科技大学也是很好的案例。伦敦大学政治经济学院虽然经历了20世纪80年代末期到90年代的高校元气大伤的财政缩减，但通过办成国际知名院校而将智力优势发挥得淋漓尽致，并跃升为世界一流大学。香港科技大学更是华人世界的骄傲，它迎接挑战，仅经过10多年快速发展就步入了世界一流大学的行列。当然，杰出校长对大学发展的作用重大。例如，正是数位校长善抓机遇才使哈佛大学得到不断进步：艾略特在任40年，哈佛基金从2300万美元增加到22500万美元；科南特主政期间不断加强与政府的合作使哈佛获得大量联邦经费，并发展成为一流大学；普西任校长期间，哈佛基金的市值首超10亿美元，大学联邦科研经费也从800万美元上升到3000万美元。[12]

四、运筹资源，重点将科研与国家战略对接

国家需要什么，世界需要什么，研究型大学就"研究"什么，这是国际著名研究型大学的共同特征。历史表明，实现大学资源与国家战略需求的有效对接，是国际研究型大学做出巨大贡献的一条重要经验。在这个方面，英国、德国、法国、美国、日本等国家的研究型大学，可以说是世界各国大学的榜样。这些国家的著名大学在崛起的过程中均参与了国家的重大工程建设，不仅对国家建设产生了重要的影响，同时也提升了大学自身在国家乃至国际上的战略地位，并实现了大学的理想。最典型的案例是，美国研究型大学在参与20世纪三大科学工程（从事原子弹研制的曼哈顿工程、阿波罗登月计划和人类基因组计划）的实践中鲜明地表现了这个特点。它们可以说是研究型大学对接国家战略需求的榜样。第一，曼哈顿工程始于1941年12月，历时5年多，耗资22亿美元，动用了美国1/3的电力，72所大学及其他机构、1400多名顶尖科学家和工程技术人员参与了这一工程，加州伯克利分校、哥伦比亚大学、芝加哥大学、威斯康星大学、哈佛大学、康奈尔大学等著名大学参与其中。第二，阿波罗登月计划是迄今为止人类在太空领域取得的最伟大成就。该工程始于1961年5月，历时11年，直接耗资250亿美元，有120多所大学、上万家企业、42万多人参加。在实施计划的过程中，研究型大学发

挥了重大作用。其中,人们较熟悉的两轮试验的飞船项目都是由加州理工学院的喷气推进实验室研制的,同时,MIT 深度参与并成功设计了阿波罗飞船的制导和导航系统,为顺利登月提供了技术保障。第三,人类基因组计划是20世纪末的又一工程奇迹。该计划始于1990年,到2005年结束,历时15年,耗资30亿美元,在这个工程中,研究型大学再次担当主角。参与该计划的有哥伦比亚大学、科罗拉多大学、加州伯克利分校、斯坦福大学、宾夕法尼亚大学、MIT、华盛顿大学、匹兹堡大学等研究型大学。这项工作被誉为"改变世界的科学计划"和"人类科学史上的又一次革命"。[13] 可以说,正是由研究型大学群的巨大推动,美国才在科学研究方面遥遥领先于世界各国,同时也使其世界一流强国的地位不可撼动。

五、张扬理想,乐以大学之道养育人类精神

坚守大学之道,弘扬大学理想,养育人类精神,是国际研究型大学的又一共性特征,也是它们为国家和世界做出贡献的一个法宝。美国芝加哥大学前校长哈钦斯就说:"自建校伊始,无论是战争年代还是和平年代,无论是顺境还是逆境,芝加哥大学迎来送走一届一届校长,但始终肩负使命感,这是芝加哥大学的荣耀。"[14] 前校长列维也说:"我们大学之所以重要是因为我们今天,我们一贯有些与众不同。……我们致力于发现知识以及传承我们的文化和知识遗产。"[15]

实际上,像芝加哥大学一样,许多著名研究型大学都乐于以大学之道养育人类精神,特别是对有碍人类学术发展的"事物"进行坚决抵制,而对能推进人类进步的"事物"则给予坚决维护。关于这一点,可从下面的"大学旧事"中看出来,它们都发生在美国常春藤大学(即斯坦福大学、康乃尔大学、普林斯顿大学)。我认为,这些旧事一点儿也

不旧，它们对当前我国大学制度改革具有很强的现实指导意义。第一个案例是 20 世纪 80 年代中期，胡佛研究所提议将经费高达 5000 万美元的里根总统图书馆建在斯坦福大学，但斯坦福的教授由于对里根保守政治主张十分不满，坚决反对将其图书馆引入校园，最终迫使里根命令"里根基金会"将图书馆易址南加州。又例如，曾任胡佛研究所学者的美国前国务卿赖斯离任前多次表示卸任后能重回斯坦福任教，但却遭到了斯坦福大学师生的强烈反对，最终没有达到目的。这里表明了斯坦福大学对政治权贵的据理抵制和对大学精神的顽强坚守。第二个案例是，1982 年，康乃尔大学威尔逊教授因为在研究相变理论的过程中连续 4 年未发表 1 篇有分量的论文而面临被解雇的危险。而且，被解聘的提议获得了多数校董的支持。此时，仅有诺贝尔奖得主贝特教授持有异议，他认为威尔逊的研究难度极大，需要长期、持续的研究，但一旦突破，那就是了不起的成就。最后，还是贝特说服了校方让威尔逊继续留任。果然，第二年，威尔逊如愿取得了突破，并发表了系列高水平学术论文，随后获得诺贝尔物理学奖。第三个案例是，安德鲁·怀尔斯 1985 年在普林斯顿大学提升为正教授之后，在 9 年间基本没发表论文。奇怪的是，从大学校长到系主任，没有人知道他在做什么，也不管他在做什么。但 9 年以后，怀尔斯解决了世界数学界 360 年间未能解决的难题即"费马大定理"的论证问题，获得了菲尔兹特别成就奖。还是在普林斯顿大学，电影《美丽的心灵》的原型约翰·纳什教授曾患精神病 30 多年，但他生病后，普林斯顿大学把他从 MIT 请过来，给他办公室和生活温暖。30 年后，他奇迹般地恢复健康并在 1994 年获得诺贝尔奖。应当说，"美丽的心灵"就是普林斯顿大学的文化内涵。以上事例，可以被看作世界一流大学利用大学平台积极弘扬人类理念、张扬大学精神的典范。

六、智夺天下，善于变和谐校园为和谐世界

和谐世界是人类的理想追求。现代世界里，人类社会中，除了世界一流大学，还有哪里可以展现这种"现实图景"？我认为，至少没有什么机构能够比得上世界一流大学的博大胸怀和促进作用了。著名学者丁学良指出："世界一流大学，它虽然坐落于某一城镇，在地理上限于一个国家，但在精神上从来不局限于一个国家，它是属于世界的。它的教师和学生来自世界各地，走向世界各地，影响世界各地，这就是它的普遍主义活的载体。"[16]换言之，世界一流大学在这个充满差距、分歧、敌视、战争的全球环境中为世界的和谐进步做出了巨大的贡献。事实上，世界一流大学各有各的和谐之道，各有各的建设之道。它们的共同点就是拥有求同存异、宽容大度、包容四方、海纳百川的人类精神。因此，人类应当坚决守护这个和谐的精神家园。请看以下一组数据。海德堡大学位于德国的一个小镇。小镇人口10万人不到，就是因为有这个名牌大学的存在，海德堡才被称为有名的大学城。数据显示，无论是历史上，还是现实中，海德堡大学的外国留学生占其学生总数的比例都令人羡慕。如1868/1869年是27%；1870年是22%；1880年是15%；1890年是12.5%；1900年是11.2%；1910年是10%；1920年是3.7%；1930年是4.7%；1939年是5.2%；1950年是6%；1960年是14%；1970年是13.1%；1979/1980年是10.1%。[17]1998年，海德堡大学2.5万名学生中，外国留学生占16.6%。他们来自128个国家。其中，来自欧洲的学生超过2400人，来自亚洲的学生890人。除此之外，每年还有650多名来自世界各地的人参加培训班；有近500名专家、学者、研究生和进修生来海德堡大学进行数周或数月的学术交流与合作研究。剑桥大学12%的本科生和50%的研究生来自海外和世界各大洲。牛津大学2003—2004年度注册学生数为17664人，其中外国留学生5039人，占学生总数的25.3%。哈佛大学2004年注

册攻读学位的留学生数达到3619人，占攻读学位学生总数的18.3%。[18]普林斯顿大学招收的研究生中35%的人出生在美国以外的地区，这足以表明普林斯顿大学是一所真正的国际化大学。1992—2004年，美国平均每年培养25000名科学、工程博士，其中海外学生占40%，本国学生占60%。他们大多数都毕业于研究型大学。[19]21世纪，我国提出了要建设和谐世界的理念和构想，这是一个崭新而富有创意的思想。笔者认为，假以时日，中国要推进和谐世界的建设进程，务必要大力推动中国研究型大学国际化的进程，这是中国实现伟大目标的一个必经途径和一项战略任务。为此，中国研究型大学任重道远，必须坚持不懈地努力前进。

参考文献

[1] 陆登庭，阎凤桥. 一流大学的特征及成功的领导与管理要素：哈佛的经验 [J]. 国家高级教育行政学院学报，2002（5）：10-26.

[2][5][14][15] 威廉·墨菲，等. 芝加哥大学的理念 [M]. 彭阳辉，译. 上海：上海人民出版社，2007：245-246，99，1，1.

[3] 刘宝存. 牛津大学办学理念探析 [J]. 比较教育研究，2004，25（2）：16-22.

[4] 克拉克·克尔. 大学之用（第五版）[M]. 高铦，高戈，汐汐，译. 北京：北京大学出版社，2008：49.

[6] 杨福家. 世界一流大学还有多远？[N]. 解放日报，2004-03-25.

[7] 陈子辰. 中国研究生院设置与建设的研究 [M]. 上海：上海交通大学出版社，2001：78.

[8][17][18] 王英杰，刘宝存. 世界一流大学的形成与发展 [M]. 太原：山西教育出版社，2008：361，142，367.

[9] 李卫东，等. 中美研究型大学学生规模、层次结构的比较研究 [J]. 中国高等教育评估，2005，26（3）：25-28.

[10] 方勇. 高等教育与创新型国家建设 [M]. 重庆：西南师范大学出版社，2007（2）：173-174.

[11] 邓立红，等. 基于科研经费视角探讨美国研究型大学的发展 [J]. 世界教育信息，

2008（5）：21-24.
[12] 国务院学位委员会办公室，等. 透视与借鉴——国外著名高等学校调研报告［M］. 北京：高等教育出版社，2004：7-9.
[13] 谷贤林. 美国研究型大学管理——国家、市场和学术权力的平衡与制约［M］. 北京：教育科学出版社，2008：88-92.
[16] 丁学良. 什么是世界一流大学?［M］. 北京：北京大学出版社，2004：27.
[19] 杨祖佑. 全球竞争与合作下的大学创新［J］. 国家教育行政学院学报（第三届中外校长论坛专集），2006（9）：43-44.

4 排 名

世界一流学科：八种定位法及其价值探析
世界大学排名：我们如何应对

世界一流学科：八种定位法及其价值探析[①]

摘　要　建设世界一流大学的关键是建设若干个世界一流学科。理论上，世界一流学科需要多种多样的定位方法。实践中，至少有8种有价值的方法，包括基于学科排名、国家战略、大学规划、人才培养、知识创新、大学财富、自我理想和办学特色等定位方法。采用任何一种定位方法都存在局限性，国家或大学必须综合使用这些方法，这样才能更好地促进世界一流学科的发展。

关键词　世界一流学科；定位方法；价值探讨

学科是大学的基石，学科建设是大学发展的根本。建设世界一流大学的关键是建设世界一流学科，也就是拥有若干个世界一流学科，才能成为世界一流大学。这样，对于一所大学来说，世界一流学科建设就变得非常重要。但是，究竟什么是世界一流学科？我们对世界一流学科如何定位？怎么样定位才具有科学价值？可以说，对这些基本问题的理性认识和科学回答，不仅影响大学的世界一流学科建设，而且影响世界一流大学的整体建设。

---

① 本文原载于《江苏高教》2017年第1期。国务院发展研究中心信息网2017年4月11日全文转载。

一、基于学科排名的定位：多方参照，综合分析，有利于了解学科在全球的地位和影响，对建设世界一流学科有参考价值

基于学科排名的定位，就是依据大学或学科排名定位学科位居何种地位以及具有何种影响力，进而确定谁是世界一流学科的方法。这种定位方法目前在全球高等教育界十分流行，在社会上影响很大，但争议也很多。有专家研究指出："虽然各类排名在方法上都有不足之处，但是排名绝不容忽视。"[1] 目前国内外有关世界一流大学和一流学科的排名至少有100多种，其中有世界影响力的排名包括英国《泰晤士报高等教育副刊》的大学排名、QS公司排名、《美国新闻与世界报道》的大学排名、上海交通大学世界大学学术排名、美国ESI学科排名以及中国教育部学科评估排名等。这些排名既有共性，也有个性。共性是利用大学或学科的公开可信数据，采用定量和定性、硬指标和软指标相结合的方法，具有一定的科学性和权威性；个性是基于自身对大学的认识、立场和判断选取若干个指标进行分析排名，以赢得社会影响力乃至世界影响力。例如，美国ESI学科排名，就是以其客观性和权威性，正在获得全球大学的关注，包括中国高校近年来也广泛采用这个排名体系及其相关信息。因此，多方参考各有特点且价值互补的排名体系及其信息，对科学定位我国世界一流学科及其建设成就有重要意义。

二、基于国家战略的定位：有利于引导大学把世界一流学科建设与国家重大战略需求相结合，以更好地服务国家利益

基于国家战略的定位，就是依据学科满足国家重大战略需求的历史、层次和影响来确定学科处于国内何种地位乃至国际上的学科地位和影响

力，进而确定谁是或有资格建设世界一流学科的方法。采用这种方法定位世界一流学科，有利于引导各大学把建设世界一流学科与满足国家重大战略需求相结合，以便更好地服务于国家的发展事业。事实上，任何大学建设世界一流大学和一流学科，只有在纳入国家战略体系并受到强有力的政府资助才有实现的可能，这不仅在发达国家如此，在发展中国家也是如此，进入21世纪，这种趋势更加明显。例如，第二次世界大战期间，美国政府把众多的大学拉到国家重大项目中去，鼓励和支持其参与推动解决国家重大课题和问题，既实现了美国世界一流大学建设目标，也实现了建设强大美国的战略目标。因此不难理解，就一所大学建设若干个世界一流学科而言，某些纳入国家战略规划或者体现国家发展战略需求的学科，肯定胜过不纳入国家战略的学科，因为这种学科将得到国家的支持。若放在中国的环境来说，凡是列入国家重大战略需求计划的学科才有希望实现世界一流建设目标。需要强调的是，因为"哲学社会科学与自然科学同样重要"，具有同等重要的地位，[2]所以我国在布局世界一流学科建设时应当给予哲学人文社会科学更多的关注，这不仅符合21世纪中国在全球发展的重大战略要求，而且对推进中国特色社会主义事业发展具有重要意义。

三、基于大学规划的定位：有利于发挥大学在世界一流学科建设中的积极性、主动性和创造性，更好地体现办学自主权

基于大学规划的定位，就是依据大学战略研究并纳入创建世界一流学科规划来确定某个学科未来成长为世界一流的可能性的方法。这种方法的运用正充分地体现在全球性研究型大学的办学实践中。越来越多的事实表明，科学的规划确实能够引导大学发展，科学的规划也能够引领大学未来。因此，在创建世界一流大学和一流学科的过程中，如果没有

规划的引领，简直难以想象。所以，大学制定学科建设规划，特别是世界一流学科建设规划，具有重大意义。比如，某大学制定战略发展规划，确定要发展某个或某些学科，使之在某某年以内进入世界一流行列或世界一流前列。应该说，这是一件十分严肃和慎重的事情。人们有理由相信，任何大学在确定世界一流学科建设这样的重大战略前，均是经过充分的调研和科学的论证，然后才得出相关结论的：譬如未来时期内哪个学科有能力冲刺世界一流水平，哪个学科还没有实力冲刺世界一流地位，哪个学科绝对没有基础和能力冲刺世界一流地位等。因此，一旦大学确立了这样的学科战略规划，那么，国家和社会应该及时地认可大学，并给予最强有力的支持，这不仅对大学发挥办学自主性有重要意义，而且对推动世界一流大学建设产生深远影响。

四、基于人才培养的定位：有利于促进大学在建设世界一流学科过程中加强对世界一流拔尖创新人才的培养力度

基于人才培养的定位，就是依据学科培养和塑造的拔尖创新人才在世界范围内的非凡声誉而确定学科的世界一流地位的方法。凡是世界一流大学和一流学科，毫无疑问，包含一个命题和任务，那就是要培养大批世界一流的拔尖创新人才。如果没有培养出一批世界一流的人才，那么，不管这个学科声称多么有名气，估计也没有多少人会相信。例如，哈佛大学、耶鲁大学、麻省理工学院、牛津大学等向来以培养包括美国总统、诺贝尔奖得主等在内的大批杰出人才而闻名全球。实际上，美国卡耐基教学促进基金会就是根据所授学位的层次和数量来给大学分类的，其中包括最高层次的年授予博士学位数不少于20个（2005年版标准）的要求。同时，我们从世界名校著名实验室培养的杰出人才包括师生共获诺贝尔奖的信息也可以看出来，例如美国贝尔实验室、卡文迪什实验室、美国

阿贡国家实验室等，就是这样的一流学科。为什么这些学科容易培养优秀人才？因为这些学科坚持大学理想培养优秀人才众多，且在世界科学领域范围内占据重要地位，部分科学家甚至拥有推荐包括诺贝尔奖等国际大奖候选人资格的权利。换句话说，有了如此辉煌的培养人才的成就，你能说不是世界一流学科？因此，在这个意义上说，谁培养了世界一流人才，谁就是世界一流学科。如果以这样的标准来衡量大学的世界一流学科建设成就，那么无疑将推动大学更加重视世界一流人才培养工作。

五、基于知识创新的定位：有利于促进研究型大学在建设世界一流学科过程中成长为世界一流的学术文化中心

基于知识创新的定位，就是依据学科在人类知识创新和发展上所做出的杰出贡献来确定学科在世界范围内的学术地位和影响力，由此定位世界一流学科的方法。这个方法不难理解。历史表明，世界一流大学和一流学科，重在进行知识创新，推动人类知识发展的进程。这个特性也决定了一流大学的学术性和研究性的属性。美国比较教育研究专家阿特巴赫是这样定义研究型大学的，指其"在许多学科领域从事知识的创造和传播，并拥有高水平的教学和研究所必需的实验室、图书馆及其他基础设施。"[3]仅以此一个标准，我们就可以认定，世界一流大学均为研究型大学，世界一流学科均为研究型学科。这样来看，凡是一般的教学型大学或教学研究型大学，都难以成长为世界一流大学或培育出世界一流学科，因为它不是以知识创新作为自己的价值定位和战略目标。"在美国，在3000多所高等院校中或许只有其中150所是研究型大学。"[4]这些大学在知识创新方面扮演重要角色。在中国，只有"985高校"和部分"211高校"可以承担这种职能。因此，从知识创新的角度提出世界一流学科的建设标准，将会有力地促进大学在建设世界一流学科过程中强化

知识创新者和知识传播者的角色、地位和影响，进而实现建设世界一流学术文化中心的战略目标。

六、基于大学财富的定位：有利于众多大学辨别自我创建世界一流学科的经济实力，从而科学地调整学校的战略方向和计划

基于大学财富的定位，就是依据学科在获取国家财富支持的广度、力度和持久度方面在全球范围内所处的地位而定位学科居于全球位置的方法。这种方法在发达国家的大学或学科受到高度重视。因为，世界一流大学和一流学科无疑需要世界一流的资源和财富。没有巨大的、源源不断的财富支持，任何大学都不可能建设成为世界一流大学，任何学科也不可能成为世界一流学科。那么，大学如何获得这样的财富？以美国大学为例，如哈佛大学、耶鲁大学、斯坦福大学等，这些大学的校长肩负着在全球物色和挑选世界一流人才及筹措世界一流资源财富的重大任务，因为他们明白，建设世界一流大学和一流学科，需要雄厚的物质财富和资源支持，否则将难以为继。除此以外，大学还想方设法吸引众多的杰出校友捐款，帮助大学实现财富的累积发展，使大学的财富运转和人才培养实现"互动良性循环"的目标。在这个角度看，我们以财富的多少来定位大学应该拥有世界一流学科的数量和规模，不仅有利于大学识别自身有无创建世界一流学科乃至世界一流大学的经济实力，从而自觉调整学校的战略方向和工作计划，而且有利于国家科学分配稀缺资源以推进多样化的高等教育办学模式。值得注意的是，目前有一些国家的大学或学科凭借国家给予的巨大资源支持，正在谋求世界一流大学和一流学科的学术地位和全球影响力，并且取得了积极的进展；同时，也有一些财力欠缺的大学认识到创建世界一流学科和世界一流大学对财富的巨大需求，从而放弃追求世界一流学科和世界一流大学的目标追求。这些现象均值得我国一流高校跟踪研究。

七、基于自我理想的定位：有利于激发那些富有人类理想和强大创新力但暂时处于弱势地位的学科创造世界一流科研成果

基于自我理想的定位，就是依据大学或学科自我设计的理想境界而确定学科在未来所处世界性地位的方法。这种方法对向来富有理想主义的大学或学科带头人来说再正常不过了。当今时代，建设世界一流大学和一流学科，是所有重点大学或重点学科的伟大理想。因此，这些大学在规划未来的战略时，均以世界一流大学和一流学科发展为目标，可以说，这个目标鼓励和引导着全球无数的学科人才和重要学术资源汇聚到相关学科中来。很显然，这样就创造了一个浓厚的建设氛围，那就是一个国家或社会被创建世界一流大学和一流学科的良好氛围所包围。在这种情势下，即使是那些暂时还处于弱势地位的学科，当看到国家会给予有潜力和抱负的学科以巨大支持时，必然会迸发出前所未有的创新潜力和科研能力，继而走上全球世界一流学科竞争道路。因此，为了使国家的科学技术强大起来，我们应该大胆解放思想，以开创性的政策鼓励和支持有潜力的弱势学科努力创造辉煌，为国家创新驱动发展做出重要贡献。

八、基于办学特色的定位：有利于引导大学创造出富有中国特色的世界一流大学办学模式，为世界高等教育发展做出重要贡献

基于办学特色的定位，就是根据学校学科建设的特色内涵、质量水平在全球范围内所处的地位和影响而确定学科的世界一流水平的方法。这

种方法几乎受到所有高校的欢迎，而且可以看见实际效果。众所周知，建设中国特色的世界一流大学，是国家确定的战略方针。那么，中国特色究竟是什么？有的大学声称自己要建设中国特色、世界一流、学校品格的大学，比如清华大学、北京大学、中国人民大学等重点大学就是用这样方式表述自己的战略目标的。还有的大学明确要建设世界一流水平的社会主义大学、世界一流的农业大学、世界一流的财经大学等。按照这些建设目标，学校自然拥有宏大的特色发展的方向和道路，也就是说，大学强调自身特色对国家、对地区、对未来具有重要意义，从而吸引或引导国家和地区加强对本校战略的支持。可能由于行政化力量的有效推动，这种鼓励和支持特色发展的政策思路正在各个地区和高校形成，而相关政策措施也在不断完善。"一花独放不是春"。只有各个高校充分发挥个性化办学特色和潜力，各自走出富有自身特色的世界一流学科建设道路，那么整个中国的大学才能创造出富有中国特色的世界一流大学建设模式，进而为世界高等教育事业的发展做出重要贡献。

参考文献

[1] Simon Marginson. 亚太地区研究型大学的全球视角与战略 [C] // 王琪，程莹，刘念才. 世界一流大学：国家战略与大学实践. 上海：上海交通大学出版社，2011：24.

[2] 习近平. 在哲学社会科学工作座谈会上的讲话 [N]. 人民日报，2016-05-19（2）

[3] 菲利普·G. 阿特巴赫. 知识的帝国及其发展 [C] // 菲利普·G. 阿特巴赫，乔治·巴兰. 世界一流大学：亚洲和拉美国家的实践. 吴燕，宋吉缮，等，译校. 上海：上海交通大学出版社，2008：1.

[4] 菲利普·G. 阿特巴赫. 高等教育变革的国际趋势 [M]. 蒋凯，主译. 北京：北京大学出版社，2009：74.

世界大学排名：我们如何应对[①]

摘　要　世界大学排名是一种全球瞩目的教育现象，也是一种推动教育进步的力量；世界大学排名与其说是一种容易引起困惑的难题，不如说是一种促进教育改革的推手和展示改革成果的舞台。追求全球卓越地位的大学应该正确认识世界大学排名的价值和意义，善于利用世界大学排名及其指标体系，科学地推进教育教学改革，引导大学的内涵建设和未来发展。

关键词　世界大学排名；大学改革；应对策略

　　世界大学排名是当代全球化社会中的一种特殊教育现象。这种全球瞩目的大学排名现象的发生和发展有其深刻而独特的历史背景。面对世界大学排名的蓬勃发展，那些追求全球卓越地位的大学如同走到了灯光闪烁的十字路口一样需要停下脚步观察形势以判断或决定采取何种行动，究竟应该如何认识自己的地位方向以及如何应对自己的未来？可以说，这不仅直接影响大学的办学理念、办学思路和改革策略，甚至影响国家的高等教育发展战略走向。因此，有必要慎重地研讨这个重要问题及其应对策略。

---

① 本文原载于江苏省高等教育学会编辑的《江苏高教评论2015》，南京大学出版社，2016年版64—69页。

一、世界大学排名：一种全球瞩目的教育现象

世界大学排名，在当代社会是一个难以回避的教育现象，不仅大学和教育界密切关注，而且社会各界给予高度关注，大有一种"谁不关注谁就要落伍"的态势。其实，认真地分析一下，不难理解各方关注的目标和着力点有所不同。例如，对政府来说，重点关注国家投资大学是否提升了大学的办学质量或全球排名地位，意味着评估国家既有重点投资的回报和效益究竟如何？未来是否值得继续重点投资？对大学来说，经过多年的建设，包括国家的重点投资建设，大学的努力究竟有没有提升全球排名位次或质量影响力？其在全球大学竞争中有没有竞争力？如果大学没有提升排名，可能对其获得的投资力度和社会声誉产生不良影响。对社会特别是学生家长来说，送孩子到大学读书是对孩子和家庭未来的投资，某大学是否值得家长把孩子送来求学？在这里，大学的排名地位发挥着显著的市场影响力。对企业或相关参与者来说，大学排名涉及与其发生利益关系的价值评估问题，因此也会给予关注。在各种关注的目光中，社会媒体的投入最引人注目，他们要么配发相关排名消息及其变化，要么发表重要评论报道等新闻。这些努力不仅助推了世界大学排名扩大其市场价值和社会效应，而且助推了大学重视世界大学排名发布的相关信息及其意义，最终影响大学的发展。

黑格尔指出："凡是合乎理性的东西都是现实的；凡是现实的东西都是合乎理性的。"[1]在这个意义上，世界大学排名是一种客观的社会存在，这种存在有其重要的合理性依据。要理解这一点，我们不妨把时针拨回到中世纪时代，那时根本没有什么世界大学排名，也就是没有人把全球大学进行排名，而且，大学与大学之间甚至缺乏应有的交流，全球范围内的大学处于自我发展状态中。但是，随着时代的发展，人员的广泛流动，特别是教师和学生的广泛流动，大学之间谁有影响谁没有影响，

人们应该是凭借口耳相传知之一二。不过，很显然，这种传说性的影响所扩展的范围是极其有限的。然而，到了当代，现实可谓发生了翻天覆地的变化。特别是随着全球教育及信息市场的形成和发展，大学快速走向信息化、开放化、全球化，世界大学排名迅即获得了生存发展的土壤、条件和资源，进而导致大学被评价和被排名。同时，大学也意识到在全球教育市场上主动赢得声誉和形象的重要性。因为"物有所值""性价比"等不再仅仅是评价那些畅行全球的可见商品的价值标准，而且也是评价大学所能提供的教育商品的衡量标准。从这个角度看，当大学成为全球性商品时，大学怎能逃避不被评价、不被评估或不被排名的命运？那么正确的态度是什么？套用当代社会流行语来说："我可以不同意你的排名，但是我誓死捍卫你排名的权利！"于是，在全球性市场经济大潮中世界大学排名将继续存在，哪所大学又能视而不见？

二、世界大学排名：一种推动教育进步的力量

世界大学排名从诞生的那一天起就为人注意，基本原因是它涉及一所大学的国际声誉及其影响范围。当代世界，大学排名至少不下 200 种，不过，真正在全球产生影响力的世界大学排名大概不超过 10 种。换句话说，那些真正期待办成全球闻名的一流学府，可能需要关注在全球产生重要影响力的世界大学排名及其指标体系。那么，当代究竟有哪些是全球关注度高的大学排名？世界银行高等教育主管研发的《世界一流大学研究报告》格外关注两个全球性世界大学排行榜，它们是上海交通大学（SJTU）高等教育研究院世界一流大学研究中心从 2003 年开始发布的世界大学学术排行榜（ARWU）对世界前 500 名的排名以及肇始于 2004 年的英国《泰晤士报高等教育副刊》（QS/THES）对全球大学前 200 名、前 400 名的排名。[2] 研究者注意到，"两者使用了不同的排名方法，但是两

者都强调研究产量与质量"。有评论认为"尽管所有这些已有的排名都具有方法论上的一些问题，然而，它们获得了广泛的应用，具有很大的影响力，也没有任何消逝的痕迹"。[3] 现实是，正如每年10月份瑞典诺贝尔奖评审委员会发布诺贝尔奖得主信息备受关注一样，一些国家或大学对以上权威全球大学排行榜给予高度关注，这种关注甚至体现到实际的发展规划和建设行动中去了。

近年来，"推动大学进入上海交通大学的大学排名前列已经成为一些国家的政策目标"。[4] 例如，德国、法国、日本、韩国等发达国家与中国台湾等地区，以及相关高校甚至依据世界大学排名信息进一步研讨反思或修改调整其国家或地区的高等教育发展战略和大学改革措施，以便争取本国、本地区名牌大学在全球大学排名体系中获得好成绩和好声誉。引起的连锁反应是，为了提升大学的世界排名，全球范围内包括发展中国家的一些研究型大学受到排名的驱动而进行要素质量提升或内涵扩充，如加大力度聘请优秀教师、争夺优秀学生和选拔优秀的管理人员包括大学校长。不难理解，面对这样的国际竞争局面，除非大学一直位居全球顶尖位置，否则难以高枕无忧。换言之，那些处于全球大学排名200—500名（800名）的各国研究型大学将面临广泛、深刻而激烈的全球性、发展性竞争，其目标无不以争取进入更好的世界排名位置为政策归宿。在这个角度看，世界大学排名尽管存在一些问题，但是它从来没有像今天这样，有效地推动了全球教育包括发展中国家高等教育的发展。

三、世界大学排名：一种容易引起困惑的难题

世界大学排名，令全球顶尖大学欢喜和自豪，令一般研究型大学困惑和忧愁不已。前者欢喜和自豪的是，假如以上海交通大学世界大学学术排名的主要因素来看，世界顶尖大学一直雄踞前列位置，其他大学难

以撼动。例如，自 2003 年以来，世界大学排名前 10 名和前 20 名变动幅度不大，也就是哈佛大学、斯坦福大学、麻省理工学院、加州理工学院、芝加哥大学、哥伦比亚大学、牛津大学、剑桥大学等总是名列前茅，真可谓"你方唱罢我登场"的轮流坐庄局面。其实，其他国际大学排行榜如《美国新闻与世界报道》的排名结果也差不了多少。如果站在发展中国家的视角看，对于一般的研究型大学，常见的困难问题是，究竟到什么时候"我们的大学"能够达到像美国顶尖大学那样的水平？难道"我们创建的"世界一流大学就是当代顶尖大学的样子？因为按照诺贝尔科学奖得主、菲尔兹数学奖等关键要素来看，世界一流大学是名副其实的世界一流水平。换言之，如果号称富有潜力的某国某大学能够斩获一批诺贝尔奖，那么其大学排名和全球影响力就可以得到极大的提升。从这个角度看，依据"客观指标"的世界大学学术排名是有说服力的，因为有说服力，就容易影响大学的行动。这样问题就来了："我们的大学是跟排名走还是不跟？"如果跟，应该怎么跟？如果不跟，别人跟且全球排名上升了，影响力扩大了，你又怎么应对？当跟了这个排名走上升了，但那个排名又下降了，怎么办？诸如此类问题，不绝于耳。

诚然，在教育全球化的背景下，"逃避"世界大学排名是不可能的，除非你弱到别人无法重视的程度。还是态度决定一切。对发展中国家来说，要期待在 21 世纪全球高等教育体系中占据一席之地，除了下决心积极迎接现实存在的各种挑战并把挑战转化为发展机遇以外，可能别无选择。不过，人们完全可以换个角度来思考，大学"前有强者当道，后又追兵突击"，这种追赶局面对当代追求卓越地位的研究型大学来说，何尝不是好事？因为在这种形势下，"强者"引导后来者前进，"追兵"逼迫后来者奋进。于是，全球大学站在 21 世纪高水平大学平台上竞争发展、追求卓越，最后全球高等教育水平得到整体性提升。这个场景就如同奥林匹克竞技场一样，谁有资格站上世界的领奖台，谁就是对国家和民族乃至人类社会的发展事业做出了最大的贡献，谁就应该得到奖赏、鲜花和掌声，谁就确立了世界纪录而永载史册。也许，举凡研究型大学只有抱着这样的积极心态，才能化解各种困惑，才能最终赢得美好的未来。

四、世界大学排名：一种促进教育改革的推手

世界大学排名，不仅是推动当前大学教育改革的重要力量，而且是推动整体教育改革的重要力量。众所周知，2005年诞生的"钱学森之问"，"问"的是什么？"问"的就是教育改革问题。钱老对麻省理工学院、加州理工学院等世界一流大学的拔尖创新人才培养有着十分清醒的理性认识，因此以"世纪之问"的方式建言国家大力推进教育改革。谁人不知，加州理工学院、麻省理工学院在各类世界大学排名中一直位列前茅，其优势体现在什么地方？在钱老眼中，加州理工学院、麻省理工学院的杰出地位与其杰出表现是一致的，中国大学能够做到像麻省理工学院、加州理工学院那样培养拔尖创新人才？那么，认真地检视一下，难道世界大学排名的结果不能令人警醒和觉悟吗？不能令人思考当代中国大学的建设现状和发展战略？我们是否可以利用世界大学排名来积极推进当代大学教育改革？事实上，只有通过推进教育改革，中国大学才能推动提升世界排名地位，才能真实地引领中国高等教育发展大势。

理性的人们注意到，未来中国的大学需要迎接更加严峻的教育改革形势，需要积极面对更加激烈的改革挑战。高等教育改革的方向是什么？国家政策文件已经阐述得非常清楚，无论是《国家中长期教育改革和发展规划纲要（2010—2020）》，还是针对某项教育改革问题的专门文件如"211工程""985工程"及《统筹推进世界一流大学和一流学科建设总体方案》等，都将教育改革特别是体制改革放在重要位置，其落脚点是促进高校加强改革、推进改革和完善改革，以实现比前期更好的发展效益。那么，一流大学何为？首先，要充分认识世界大学排名的正面效应，以

改革促进排名前进，不失为一种战略举措。当前形势下，"一流大学建设体制改革要先行"。[5]其次，大学要下决心围绕"真问题"开展"真的改革"而不是"假的改革"。需要回答高校遇到的体制改革难题是什么？正在实施的"深化或综合改革方案"是不是"真的深化了"？是不是"真的综合了"？其科学论证究竟做到什么程度了？有没有什么实质性突破？再者，要科学地推进一流大学建设行动。既然大学无法回避被世界排名，那么其在推进改革过程中如何辨别世界大学排名的利弊因素及其参考价值？如何科学利用世界大学排名？这些问题都值得高校深入研究，并落实到具体的行动方案中去。

五、世界大学排名：一种展示改革成果的舞台

世界大学排名，是全球化时代和市场社会送给大学的"礼物"，也是展示大学教育改革成果的重要平台。对于当代大学，这个全球市场时代的排名者不必问你，但是可以在互联网上回答你："是的，你们的大学就在那里，但是你们的大学位置我们已经为你标明。"可以说，这就是全球化时代世界排名对大学办学质量和办学效益的积极回应。大学历史表明，任何人类机构都没有大学那么具有全球性的起源价值。中世纪时代，意大利博洛尼亚大学诞生时，就有大批国际学生、学者达到那里，并在那里居住和学习，不仅使博洛尼亚成为西方大学的朝圣之地，而且博得全球大学之母的声誉。其后，法国巴黎大学、英国牛津大学等知名学府相继担当重任，引领全球教育发展。19世纪，德国柏林洪堡大学开教学与科研相结合发展的先驱模式，走出了科研卓越的非凡道路，引领世界高等教育的发展进步。20世纪，以美国、英国为主导的发达国家的大学又一次成为改革的先锋，向全球大学展示了自身的发展成果，从而引导全球大学的21世纪发展潮流。直至当今信息时代，通过电子信息方式发布

的世界大学排名的全球格局，进一步巩固了从博洛尼亚大学时代演变而来的西方大学的卓越集群地位。对发展中国家特别是中国大学来说，面对这种全球大学格局，与其被动性地等待落后，不如"拿起武器主动出击"，拿出全面深化改革的勇气和魄力，积极展示教育改革成果，并借助21世纪发展势头推进大学的全球化发展。

适应全球化时代的需求，上海交通大学高等教育研究院世界一流大学研究中心先于英国《泰晤士报高等教育副刊》于2003年推出了依据权威的诺贝尔奖、菲尔兹奖的教师数、高被引论文数等"客观指标"的世界大学学术排名500强，可以说密切配合或体现了中国大学的发展形势，是一个创新之举。正如该中心执行主任程莹博士所说："世界大学学术排名是在中国努力建造世界一流大学的背景下出现的。""自2004年以来，世界大学学术排名的方法保持不变，因此只有大学在学术成绩上取得实质性进步时，其排名才会上升。"[6]人们研究发现"排名最靠前的大学通常是那些能够在知识发展、教育科研、人才培养等方面做出重大贡献的学校。"[7]为此有学者评论指出："世界大学排名把对高水平学者的争夺战从国内提升到国际层面，加剧了全世界在吸引高水平学者方面的竞争。"[8]从这个角度看，我国一流大学应该高度重视世界大学排名价值，不断地跟踪研究排名背后的丰富内涵，善于利用学术排名及其指标体系，科学推进教育教学改革，使我国一流大学建设不断取得新的成就。

参考文献

[1] 黑格尔. 法哲学原理[M]. 范扬, 张企泰, 译. 北京：商务印书馆, 1961：11.
[2][7] 贾米勒·萨尔米. 世界一流大学：挑战与途径[M]. 孙薇, 王琪, 译校. 上海：上海交通大学出版社, 2009：3-4, 59.
[3][4] 菲利普·G. 阿特巴赫., 利斯·瑞丝伯格, 劳拉·拉莫利. 全球高等教育趋势——

追踪学术革命轨迹［M］. 姜有国，喻恺，张蕾，译校. 上海：上海交通大学出版社，2010：10-11，56.

［5］蔡达峰. 建设一流大学体制改革要先行［EB/OL］.（2015-08-20）[2015-10-20]. http://edu.people.com.cn/n/2015/0820/c1006-27493291.html.

［6］程莹. "世界大学学术排名"改变了世界高等教育秩序?［J］. 国际高等教育，2015，8（2）：53-54.

［8］托尼·希尔. 世界大学排名对小型发达国家科研战略的影响［C］// 刘念才. 世界一流大学：战略·创新·改革. 上海：上海交通大学出版社，2009：121.

5 反 思

我国建设世界一流大学实践的述评与反思
对创建世界一流大学的错误认识的批判

我国建设世界一流大学实践的述评与反思[①]

摘 要 经过十多年建设，我国在世界一流大学战略进程中取得了长足的进步，特别是在科学规划、重点投资、理论研究、借鉴发展、优化机制、缩短差距、释放个性等方面业绩突出。今后，为提升建设的质量和品质，除发扬基本经验以外，高校还要进行不定期的战略审视，适时推进战略创新，尤其要坚持以人为本，重点投资高校人力资源；创新体制机制，加速建设现代大学制度；加速推进国际化，善于服务和谐世界；创新模式，加速构建"中国模式"。同时，要围绕上述任务，进一步提高认识、升华认识；力求更加高效、科学地推进建设事业；创造性地做好国际接轨工作。唯有这样，我国的世界一流大学建设才能取得更快的发展、更好的效果、更大的进步。

关键词 世界一流大学建设；综合述评；未来战略

我国创建世界一流大学计划实施十多年来取得了很大成绩。教育部原副部长郝平总结指出，这主要体现在三点，一是自主创新能力快速提升，产生了一大批具有国家标志的科研成果；二是汇聚了一大批具有国际水准的中青年学者，促进了人文社会科学的繁荣；三是学科建设有了重大突破[1]。应该说，这个成绩，是党中央、国务院的战略指导和精心部署的结果，也是社会各界特别是高等学校努力奋斗和艰辛探索的结果。不

---

① 本文原载于《国家教育行政学院学报》2010年第6期。国务院发展研究中心信息网2010年7月29日分上、下两篇全文转载。

久前,《国家中长期教育改革和发展规划纲要(2010—2020)》(公开征求意见稿)明确提出,到 2020 年,我国要"建成一批国际知名、有特色、高水平的高等学校,若干所大学达到或接近世界一流大学水平"。这意味着,我国"985 高校"又将迎来新的历史起点,将接受更加严峻的战略挑战和难得的发展机遇。为此,重点高校要以科学发展观为指导,以落实这一规划纲要为动力,在认真总结基本经验的基础上,科学地评估自身世界一流大学建设的战略趋势和战略规划,进一步明确未来的战略重点。这不仅对加速推进"中国特色、世界一流"大学建设事业,而且对我们构建高等教育强国的战略实现,都具有重大的理论和现实意义。

一、基本经验述评

(一)审时度势,科学规划,重点投资,科学实施

面对风云变幻的国际局势和迅速发展的科技形势,我国党和政府审时度势,果断启动世界一流大学建设战略。1998 年 5 月,江泽民同志代表第三代中央领导集体向世界宣告:"为了实现现代化,我国要建设若干所具有世界先进水平的一流大学。"[2]为了贯彻科教兴国战略和江泽民同志讲话精神,教育部于 1998 年 12 月发布了《面向 21 世纪教育振兴行动计划》,决定创建若干所具有世界先进水平的一流大学和一批一流学科。该计划指出:"要相对集中国家有限财力,调动多方面积极性,从重点学科建设入手,加大投资力度,对于若干所高等学校和已经接近并有条件达到国际先进水平的学科进行重点建设。今后 10—20 年,争取若干所大学和一批重点学科进入世界一流水平[3]。"1999 年年初国务院批准该项计划,"985 工程"正式启动。其中,一期建设于 1999 年开始,周期 3 年。鉴于一期建设成效显著,教育部于 2004 年年初发布了《2003—2007 年教育振兴行动计划》,决定继续实施"985 工程",努力建设若干所世界一流大学

和一批国际知名的高水平研究型大学[4]。"985工程"二期建设顺利结束，目前已进入第三期。

"985工程"启动之初，中央投资支持的大学仅有2所，即北京大学和清华大学。之后，考虑我国宏观教育管理体制是中央、地方两级管理及各地希望支持教育发展的热情和愿望，为调动多方面的积极性，国家决定采取"省部共建"形式加速推进高等教育的发展。目前，"985工程"达到39所，形成了我国一流大学建设的战略梯队。按投资计划，一期总投资270.7亿元，其中教育部投入145.05亿元，地方投入109.75亿元，主管部门投入15.9亿元。重中之重的高校（9所）一期投入为114亿元，占全部投入的42.1%[5]。考虑不同区域的高等教育经费和经济发展情况不同，国家对华北和华东两大区域投入占投资一半以上。从教育部与地方投入的比较来看，华北地区获得教育部投资远高于地方投入，华东和中南地区的地方投入高于教育部投入，东北地区二者投入相当，而西南和西北地区的地方投入低于教育部投入。应当说，这种投入分配政策遵循了科学发展观，相对比较合理，并对"985工程"二期、三期建设产生了积极的影响。

（二）深入研究，总结规律，集思广益，借鉴发展

建设世界一流大学须遵循大学建设的客观规律，而规律要靠发现、靠探索、靠实践。"985工程"启动前后，我国政府机构、学术界就开始跟踪研究国外经验，发表了很多论文，出版了大量专著，对我国一流大学建设产生了重要影响。从研究数量上看，利用"中国期刊全文数据库"以篇名为"世界一流大学"进行搜索，结果是：1991—1997年有40篇文章，其中1991—1993年2篇，1994—1995年和1996—1997年各19篇；1998—2009年合计611篇论文，其中，1998—1999年23篇，2000—2001年85篇，2002—2003年139篇，2004—2005年126篇，2006—2007年117篇，2008—2009年121篇。可见，从1991—1993零星讨论到1997

年逐步增多，再到1998年北京大学百年校庆后，学术界对一流大学的关注度逐渐增强，2002—2003年，对世界一流大学专题研究达到了高峰，其后均保持在高度关注和研究热度稳定的水平上。从研究学科来看，有哲学、政治学、教育学、历史学、社会学、经济学等，其中教育学研究居多。从研究特点看，我国一流大学研究呈多元化、多层化、群众性、开放式、国际化的特点。从研究学者看，有来自政府、国外高校、社会机构等，代表性学者有丁学良、陶爱珠、刘念才、张维迎、邱均平、王英杰等。从研究机构看，教育部在上海交通大学成立了战略研究基地——"世界一流大学研究中心"作为专门研究机构，设立课题进行专项研究，产生不少科研成果，包括有国际影响的"世界大学学术排行榜"（Academic Ranking of World Universities）及系列咨询成果。该基地发起的"第一届世界一流大学国际研讨会"于2005年召开，至今已举办三届世界一流大学论坛，达成了系列共识[6]。从学术杂志看，《清华大学教育研究》等名刊为世界一流大学研究提供了发表园地，持续集中编发系列文章，逐渐认清了一流大学的内涵、厘清了一流大学的建设途径。从出版机构看，北京大学、清华大学出版社等出版了有关世界一流大学研究的系列专著。这些成果都对建设世界一流大学提供了很好的参考和指导，极大地推动了我国创建世界一流大学的事业发展。

世界一流大学多集中于西方国家，直接借鉴西方经验，可以减少探索的艰辛和成本。时逢北京大学百年校庆，几十位世界著名大学校长应邀聚会北京，参加"面向21世纪的高等教育——大学校长论坛"。时任国务院副总理的李岚清同志在开幕式上指出："这是北京大学百年历史上前所未有的荣耀。这也是众多历史悠久、卓有成效的大学的校长们的一次空前盛会[7]。"以此为契机，我国启动了"中外大学校长论坛"研讨机制，从2002年至今，先后举办了4届论坛。论坛主旨是"启迪领导智慧，憧憬大学未来"。国内外知名大学校长会聚一堂，共同探讨大学未来发展战略、管理、创新与人才培养问题，论坛引起了社会各界的广泛关注，取得了良好成效。同时，中国高等教育学会每年和一些省教育厅举办高等教育国际论坛；许多大学先后举办了全国、地区、国际高等教育学术研讨会等，就共同关心的问题进行交流与沟通，有的还借机签订了校际交流协议。此外，教育部还推出了大学校长、教师、管理人员到世界一流名校考察学习制度，让管理者和学者们体验一流大学建设经验。应该说，这些举措对我国世界一流大学建设起到了重要的促进作用。

（三）尊重国情，优化体制，承认差距，迎接挑战

世界一流大学是一个国家历史、传统、政治、科技等综合性发展的产物。世界一流大学建设需要尊重国情，需要根据国情推出实施方案。世界一流大学主要集中于西方发达国家，尤其是美国，而我国国情、制度体制同西方国家存在巨大的差别。因此，在中国国情下建设世界一流大学，自然存在着一些特殊要求。如目前我国高校实行"党的领导、校长负责、教授治学、民主管理"的治理体制，而西方大学坚持"大学自治、学术自由、教授治校"的理念及制度，实行"董事会监督下的校长负责制"等。不同的国家形成了不同的建设模式。正如丁学良所言："在欧洲，最好的大学都是国立或公立大学，而在美国，最好的大学绝大多数是私立大学。这是两种不同的办大学的模式演变出来的成果[8]。"

目前，我国重点大学离世界一流大学还有很大的差距，特别是教师队伍的整体素质水平还有待提高。芝加哥大学校长哈钦斯早就指出："无论何时、何种情况下，成为一流大学的途径只有一个：那就是要拥有优秀的教师[9]。"为此，教育部出台了推进研究型大学教师队伍建设的系列举措。据统计，1987—2007年年底，我国共有121万人留学，2003年强化了留学派遣工作，2005年提出以"选拔国内一流大学学生、选到国外一流学科领域、师从一流导师"的原则指导国家公派留学工作。2007年启动了最大规模的"国家建设高水平大学公派研究生项目"，公派工作进入跨越式发展阶段。2008年全年实际公派数有10000多人。据统计，在教育部直属高校中，77.61%的校长为出国留学人员。其中，80.49%的"两院"院士、71.65%的国家重点实验室和教学研究基地主任、94%的长江学者、72%的国家"863计划"首席科学家都具有出国留学背景，获得国家级表彰的优秀留学人员达到939人[10]。截至2003年，"985工程"建设使我国名牌大学在世界大学学术排行中的位置明显提前。如清华大学和北京大学从"985工程"建设前的351—400名分别前进到"985工程"建设后的201—250名和251—300名，复旦大学从"985工程"建设前的451—500名前进到"985工程"建设后的301—350名[11]。研究显示，我国研究型大学近10年科研产出数量增长近5倍，产出影响力持续显著提升，科研产出拐点与"985工程"重点建设时间节点基本一致。我国发表在影响因子最高的25%期刊上的论文中有50%由"985高校"完成[12]。

（四）解放思想，开拓创新，释放个性，竞争发展

党的领导是我国高等学校事业发展的核心力量。坚持党的领导，就是要按照党的教育方针和战略部署办学，以服务于国家战略为动力，不断推进教育事业发展。改革开放以来，在党中央的领导下，不断解放思想、开拓创新，我国高等教育取得了丰硕成果，高等教育进入大众化发展阶段。其中，"985工程"和"211工程"增强了中国教育地位，提升了重点大学的国际影响力。

世界一流大学无不重视大学个性的发展。在特别注重"大一统"的国情下，我们需要强调个性化发展。2002年《求是》杂志发表署名文章《一流大学应该是特色大学》[13]。教育部早已认识到强化大学个性发展的重大意义，并制定和采取系列政策举措拓展高校个性化发展空间。例如，教育部通过本科教学工作水平评估不仅指导各校对办学进行科学定位，而且对推进大学个性化办学提出了要求。高校通过评估不仅规范了

教育、教学和人才培养的秩序，而且检查了自己的办学特色，为强化发展特色注入了新的活力。近年来，各地区正在根据区域经济社会发展需要制定和落实发展规划、各大学也在根据大学本身特色制定发展计划、而"985工程"三期建设规划也为重点高校释放了足够的"个性空间"，应该说，这些都是喜人的积极变化，必将推动中国大学大踏步地前进。

二、我国建设世界一流大学的战略反思

（一）坚持以人为本，重点投资高校人力资源

康德说，人是目的而不是工具。芝加哥大学前校长欧内斯特·德威特·伯顿说："人才是一所强校必不可少的要素。建筑物是必要的——好的建筑令人向往，但如果没有了人，那是白费，有才能的人即便在破旧的房子里也能建起一所伟大的学校[14]。"西南联合大学就是一个典型。我们不能说以前高校没有重视"人"，但我们确实没有把"人"摆到中心地位。例如，若干年来，依据国家政策，"985工程"和"211工程"重点大学投入了大量资金，扩大了校园面积，建设了高楼大厦，配置了实验设施，改善了办学条件，而在"人"方面投入明显不足。就连许多国外政要和学者都认为目前有些中国大学的硬件设施甚至超过了西方一流大学，但是教师的待遇普遍不高。同时，我们高校的教育质量也不能令人满意。英国诺丁汉大学前校长杨福家说得好："当你时时处处把人放在首位后，你离一流就不远了[15]。"下一阶段，我们必须坚持以科学发展观为指导，始终把人作为一流大学建设的立足点、落脚点。具体来说，一要深入研究中国人的本性需要，即真正激发中国人自愿获得成就的动力源是什么；二要围绕中国人的核心价值精心设计和提供一流服务的条件和环境；三要不断加大资源投入力度，大力提高教师的生活质量，使大学教师真正

成为令人羡慕的职业；四要以世界一流大学人本理念检视和改进关于人才的政策措施，不断提升自身的境界追求。

（二）创新体制机制，加速建设现代大学制度

长期以来，我国大学制度创新问题已经成为人们关注的焦点之一。杨振宁认为，中国大学和世界一流大学相比，中国的差距还很远；从科学研究的角度看，中国所有大学都还没达到世界第一流水平；中国有非常优秀、聪明的年轻人，但是，聪明的年轻人怎么变成领域中走到世界第一线的人才，就要靠"培养的环境"[16]。2005年以来，"钱学森之问"流传甚广，其中反映了一些问题。若以共识来说，就是我们的大学制度创新特别是人才培养机制和模式问题没有得到很好的解决。令人高兴的是，经过对《国家中长期教育改革和发展规划纲要》的讨论，绝大多数人已认识到，大学制度创新是当今中国世界一流大学建设的"重中之重"。目前，不少重点大学已开始重视制度创新及其实践工作。我们必须增强改革的信心，大胆推进管理体制机制创新，努力解决好大学制度与国家的政治、经济、社会建设密切而恰当结合的问题：其一，世界一流大学的"大学自治、学术自由、教授治校"如何匹配中国的政治、经济、教育等既有制度？即如何构建适合中国国情的世界一流大学制度？其二，如何使知识、学问的崇高价值及其代表——教授共同体的地位和作用得到完美的体现与发挥？这些都是我国建立现代大学制度时需要思考和解决的重大问题。

（三）加速推进国际化，服务全人类

服务国家和民族、提升国家竞争力，无疑是任何世界一流大学的基本使命。但实际上，所有的世界一流大学同时也高水平地服务着全世界、全人类。做不到这一点，不可能是世界一流大学。丁学良强调指出："如果一个国家没有一流大学的智力支持，不能源源不断地提供新的观念、

知识、信息、人才，这样的国家就只能在世界分工体系里处于下等或者至多是中下等的位置，别人要明欺你或者是暗耍你，都不怎么难[17]。"这些话，一方面点明了世界一流大学对提升国家竞争力的战略意义；另一方面也启发人们，世界一流大学总是寻求为全人类的知识观念更新做出应有的贡献。英国剑桥大学前校长艾利森·F.理查德说："对于一所大学来说，你培育什么样的人，在很大程度上就决定了你的地位，而你在这个问题上的决定对于学生的求学经历具有深远的意义[18]。"如今，剑桥大学12%的本科生和50%的研究生均来自海外。海德堡大学历年来外国留学生占学生总数的比例为：1868年、1869年是27%；1870年是22%……1960年是14%；1970年是13.1%；1979、1980年是10.1%[19]。2004年哈佛大学注册攻读学位的外国留学生人数达到3619人，占攻读学位学生总数的18.3%；牛津大学2003—2004年度注册学生数为17664人，其中外国留学生5039人，占学生总数的25.3%[20]。对照看，我国的一流大学与世界一流大学的留学生规模相比，还有很大的差距，不仅是数量差距，更是质量的差距。从这个角度看，我国世界一流大学创建工作任重而道远，必须努力前行。

（四）加速构建"中国模式"的世界一流大学

世界银行高等教育专家贾米勒·萨尔米教授在一份有关创建世界一流大学的专题报告中指出："如何创建世界一流大学，并无普世办法或神奇公式。各国国情和制度不同，因此必须从适合自己的发展战略和发展道路中寻找力量与资源。"[21]目前，国际学术界对英国模式、德国模式、美国模式的世界一流大学等均有共识。近年来，也有学者研究认为，中国已有了"消极意义"上的"中国式大学"而尚不见大学的"中国模式"。未来中国大学的发展目标应是从"中国式大学"走向大学的"中国模式"[22]。应当说，这个理性判断很有道理。实际上，任何国家要取得高等教育强国地位，都必须在高等教育发展模式特别是大学发展模式上为人类做出巨大的贡献。

那么，我们如何建构"中国模式"？逻辑上，切合"中国人"的目的——适应"中国人"的需要——"立足中国，服务和谐世界"——有"中国特色、世界一流"的大学模式的确立，应是"中国人"创建世界一流大学的理论逻辑。战略上，中国的世界一流大学建设，应扎根中国特色社会主义土壤、稳步推进基础教育与大众化教育前提下，科学契合中国经济生态发展阶段、引领中国国家生态发展、提升中华民族精神境界、弘扬21世纪中华文明的世界一流大学建设[23]。唯此，我国的世界一流大学建设才是真正符合科学发展观的一流大学建设，才是"中国特色、世界一流"的大学建设，才是"人民满意"的一流大学建设。

三、未来展望

（一）坚定建设世界一流大学的信心

现在看来，21世纪，我国一定能够建成世界一流大学。只是相对我们的期望期限来说，我们确实需要一段相当长的奋斗时间。也许，在短期内看不到"建成"效果的情况下，不少人可能特别容易产生"慨叹""疲倦""困顿"，甚至会有"怀疑""放弃"的心态。因此，为了实现国家的战略目标，在这样一个重大战略任务面前，重点高校特别是"985高校"一定要保持清醒头脑，坚定信心，不断提高自身的理性认识，坚持以先进性的理念和切实的行动来推动世界一流大学建设事业。为此要努力做到以下几点：进一步加强战略研究，坚持在科学研究的基础上提高理性认识；进一步加强探索与实践工作，在不断总结实践经验的基础上提高认识水平；进一步加强国际交流，坚持在国际交流与合作中提升对一流大学建设的认识境界；要努力发挥好中华民族"传、帮、带"的优良传统，把世界一流大学建设作为中华民族几代人立志前赴后继完成的重大任务。

（二）更加高效、科学地建设世界一流大学

未来，在全球大学激烈竞争的形势下，我们能不能顺利建成世界一流大学，不仅需要"硬实力"（如学科和人才建设）和"软实力"（如文化建设）的支持，而且需要更加高效、更加科学的"巧实力"（如和谐校园、和谐管理）建设。只有这样，我们才能更好地推进世界一流大学建设。高效、科学的建设则向高校提出了严格的要求：要尊重和恪守世界一流大学建设的客观规律，从长计议，从现在做起，从一点一滴做起，善于把战略规划落实在符合实践要求的行动计划中；要加强战略规划和行动计划的理论研究、政策制定和贯彻落实工作，在规划和计划的引领和指导下不断推进世界一流大学建设；要善于把世界一流大学建设科学地融合到国家和地方科学发展的大视野和大范围之内，争取获得社会各方面力量的支持和协助，使我国的世界一流大学建设事业始终能做到和谐地向前推进。

（三）创造性地开展国际合作与交流

在发展中国家建设世界一流大学，这本身就是一项伟大的事。它不仅要求发展中国家的高校敢于、勇于"对接"现在的世界一流大学，而且要善于、乐于"对接"现在的世界一流大学。为此，重点高校要善于利用国家的战略机遇期，做好与世界一流大学的战略接轨工作。一要加强"一对一"的国际对接工作，善于跟踪一所或多所高一层次的世界名校，从"模仿"到"接近"再到"超越"，逐步实现自己的战略目标；二要加强同国内兄弟高校之间的经验交流与工作合作，善于盘活国内院校的国际交流资源，以中华民族特有的集体力量推进一流大学内涵建设；三要积极主动地使自身成为世界一流大学国际化建设的难以分割的一部分，如近年来美国与欧洲国家一流大学都愿意同中国大学开展国际合作，要充分利用好这个机会。这样，我们相信，我国一定能够早日实现世界一流大学的战略目标。

参考文献

[1] 郝平. 中国"创建世界一流大学"计划实施十年成绩显著[EB/OL]. (2000-09-29)[2010-08-20]. http://www.chinanews.com.cn/edu/edu-zcdt/news/2009/09-29/1892176.chtml.

[2] 江泽民. 在庆祝北京大学建校一百周年大会上的讲话[C]// 中华人民共和国教育部. 科教兴国动员令. 北京：北京大学出版社，1998：1-5.

[3] 中华人民共和国教育部. 面向21世纪教育振兴行动计划[Z]. 1998-12-24.

[4] 中华人民共和国教育部. 2003—2007年教育振兴行动计划[Z]. 2004-02-10.

[5] 刘念才，周玲. 面向创新型国家的研究型大学建设研究[M]. 北京：中国人民大学出版社，2007：94-97.

[6] 世界一流大学研究中心[EB/OL]. (2010-04-21)[2010-08-20]. http://gse.sjtu.edu.cn/institutes/cwcu.htm.

[7] 李岚清. 在世界大学校长论坛开幕式上的讲话[C]// 中华人民共和国教育部. 科教兴国动员令. 北京：北京大学出版社，1998：13.

[8][17] 丁学良. 什么是世界一流大学[M]. 北京：北京大学出版社，2004：156，28.

[9][14] 威廉·墨菲，D. J. R. 布鲁克纳. 芝加哥大学的理念[M]. 彭阳辉，译. 上海：世纪出版集团—上海人民出版社，2007：99，82.

[10] 徐永吉. 坚持改革创新，促进留学工作科学发展[J]. 世界教育信息，2009（4）：28-30.

[11] 刘念才，刘莉，程莹，等. 实施985工程，追赶世界一流大学——从世界名牌大学学术排行变化说起[J]. 中国高等教育，2003（17）：22-24.

[12] 朱军文，刘念才. 我国研究型大学科研产出的计量学分析[J]. 高等教育研究，2009（2）：30-31.

[13] 闵春发. 一流大学应该是特色大学[J]. 求是，2002（1）：49-50.

[15] 袁振国. 中国当代教育家文存·杨福家[M]. 上海：华东师范大学出版社，2006：130.

[16] 杨振宁. 中国大学与世界一流大学相比差距很远[EB/OL]. (2009-05-19)[2010-08-20]. http://news.sina.com.cn/c/2009-05-19/140017846531.shtml.

[18] 艾莉森·F. 理查德. 著名大学是如何产生和可持续发展的[C]// 教育部中外大学校长论坛领导小组.《中外大学校长论坛文集（第二辑）》. 北京：中国人民大学出

版社，2004：55.

［19］［20］王英杰，刘宝存. 世界一流大学的形成与发展［M］. 太原：山西教育出版社，2008：142，367.

［21］江洋. 世界银行高教专家：我们如何创建世界一流大学［N］. 中国教育报，2009-10-27（1）.

［22］王建华. 从中国式大学到大学的中国模式［J］. 现代大学教育，2008（1）：21-27.

［23］耿有权. 论人类文明视域中的世界一流大学建设——兼论中华文明背景中的"中国模式"建设之道［J］. 东南大学学报（哲学社会科学版），2010（3）：110-116.

对创建世界一流大学的错误认识的批判[①]

摘　要　本文对我国创建世界一流大学的八个理念误区进行了梳理和分析，并提出了如何看待这些理念误区的想法。希望有助于人们纠正错误认识，形成重要共识，进而对我国在 21 世纪创建世界一流大学的实际行动有一个科学的评价。

关键词　一流大学；理念误区；评价

在我国政府 1998 年正式提出建设若干所世界一流大学的发展战略之后，国内高校特别是入选"211 工程"重点建设的少数全国重点大学就开始制定自己的发展规划，并实施实际的冲刺行动。它们比较一致的战略提法是，把自己的学校建设成为综合性、研究型、国际化（开放式）的大学，并各自为实现奋斗目标设定了一定的期限。但是在经过几年之后，一些大学在实践中发觉自己当初拟订的发展目标和规划过于乐观，于是再次对自己的战略规划或行动策略进行了研究和调整。可以说，到这个时候我国高校创建一流大学的行动迎来了又一个新的发展阶段。尽管如此，还是有一些理念问题困扰着大家，如校名内涵、办学规模、投资力度、一流标准等。如果不及时解决这些理念问题，在创建一流大学的行动中就难以大踏步地迈进，也难以获得理想的成果。有鉴于此，本文对

[①]　本文原载于《教育与现代化》2004 年第 4 期。中国人民大学《复印报刊资料·高等教育》2005 年第 3 期全文转载。

其中一些比较突出的理念问题进行了梳理和分析，并提出自己的一些看法，期望得到学术界和社会的关注。

一、认为校名影响我国世界一流大学的内涵建设

在我国，不少人认为，要创建世界一流大学，校名很重要，因此，如果创建世界一流大学，就应该叫"大学"。于是在高教领域内，出现了"升格风""换牌风"，如大专类学校变成本科类院校、专科类院校变成综合型大学、系所升格为学院、研究室升格为研究所甚至研究院，原本一般性大学，偏要冠以"研究型大学""高水平大学"等称号，不一而足。那么创建世界一流大学，是不是必须具备这些条件呢？其实，我们只要看看当今的世界一流大学就不难鉴别了。

在美国众多的名校中，麻省理工学院（MIT）和加州理工学院（CIT），前者有14位诺贝尔奖获得者，后者有15位诺贝尔奖获得者，它们的校名仍然叫作学院。加州大学伯克利分校的劳伦斯实验室已经涌现了10位诺贝尔奖获得者，成为核物理的重要学派，可是它依然叫实验室。[1]法国巴黎高等师范学校造就了许多杰出的人才，如开创生物学新纪元的微生物学家马斯德、生命哲学的创立者柏格森、存在主义哲学先锋萨特以及许多著名的哲学家、科学家和政治家，可它还是保持原有校名不变。

这些校名看似"小的"，但并没有降低它们在人们心目中的世界一流水平的地位，相反，由于其小而有名气，更令人钦佩和仰慕。可见，创建世界一流大学并非由校名决定，而是由学校自身的实力决定，说到底是由它培养的重量级人物的影响和规模来决定。因此，我国高教领域中曾经兴起的"更名风"，是看错了创建一流大学问题的本质，如此反而不利于大学的发展。

二、认为不扩大办学规模就难以实现创建一流大学的目标

在我国确立创建世界一流大学和高校合并的政策出台后，曾经流行一股论调，认为在今后的高等教育竞争中，大学的发展规模是越大越好，或者至少要达到一定的规模，"小了肯定是要吃亏的"。理由是规模较小的学校在高教市场上竞争力肯定减弱，不利于创建世界一流大学或"巨型大学"。

这种观点正确与否，我相信只需从国外举几个一流大学的典型例子就可以辨明。如美国加州理工学院是闻名世界的一流大学，可自创建以来，历任校长始终保持该校只能拥有2000名左右学生的办学规模，然而它却拥有63名美国国家科学院院士、25名美国国家工程科学院院士（1990年数据）。从1923年以来，有21名教师和校友获得诺贝尔奖。法国巴黎高等师范学校在20世纪70年代以前，只是一所学生不过几百名的袖珍高校（现在也不过千名左右），但始终是世界顶尖大学，无人否认。[2]让人感到惊奇的是，在最近几年的美国最佳大学排行榜中，门类齐全、规模巨大的美国众多名校却落后于只有理工文等少数学科的普林斯顿大学和加州理工学院。

可见，世界一流大学并不是以规模决定其高低或名气的，而是以自己的内涵和人才的质量来决定的。当然，这并不是说规模不重要，美国和英国等国家有很多一流大学的规模都比较大，他们确实比一些小的学校拥有更强的竞争优势。但那是自然发展的结果，不是刻意合并而成。

因此，我们万不能以此作为我国创建世界一流大学的客观标准。否则，将走入创建世界一流大学的认识误区，从而不利于我国高水平大学或世界一流大学的建设。

三、认为建校历史不够长的学校难以冲刺世界一流大学

确实,在当今的世界一流大学中,绝大多数学校都拥有悠久而灿烂的历史。如英国牛津大学有 800 多年历史,美国哈佛大学有 300 多年历史,斯坦福大学也有 100 多年历史,俄罗斯莫斯科大学有 240 多年历史,日本东京大学有 130 年历史,等等。但是历史不长的学校中也有跨越式发展成为世界知名高校的。如我国的香港科技大学建校也仅 10 多年,但由于扬长避短,重点发展纳米材料研究,取得了国际瞩目的成果而大大提升了该校的学术地位和国际知名度。

另外,历史长短也是相对的。例如,当美国的哈佛大学举世闻名的时候,斯坦福大学还没有建立。然而,该校建校后奋起直追,终于成为驰名全球的世界一流大学,并带动了美国相关产业的大发展,为美国的经济和社会发展做出了巨大的贡献。它之所以成功,关键在于首先抓住学科建设不放松,并在其中选择了容易攻破又具有自身特长的化学、物理和电子工程学科,使它在极短的时间内完成了历史性的飞跃,最终进入世界一流大学之列。

这些事例表明,拥有悠久的历史当然会给学校的发展带来好处,但是"白纸一张也可以绘出美丽的画卷"。人类在众多领域的成就无数次证明了这一真理。有鉴于此,中国要创建世界一流大学,不必为历史是否悠久背包袱,而要认清形势,面向未来,奋勇直追,在发展中证明中国人的勇气和智慧,就像历史上制造"两弹一星"那样,坚信只要拼搏就能出成就。

四、认为投资达到美英水平时才能谈得上创建世界一流大学

据说,哈佛大学过去 15 年的捐款达到 190 亿美元,每年开支 20 亿美

元。英国牛津大学和剑桥大学每年的科研经费都是2亿英镑，相当于人民币10亿多元。美国加州圣地亚哥分校的一个行为科学系每年的经费为2.4亿美元，比我们的一个重点大学的经费还要多20倍。我国的重点大学——北京大学每年的经费仅是香港一所普通大学的1%。[3]从这些数字来看，我国的重点大学在资金上与发达国家大学的差距非常之大。

有人据此认为，我国在最近若干年里都无法成功创建世界一流大学，其推理很简单，"你的钱没有人家多"。笔者认为，这只是问题的一个方面，或者说只是一个重要方面。资金的充足确实可以提供发展的条件，可为创建世界一流大学创造较高的资金平台。

但是，让我们翻看一下中国历史上所出现的历次创举，如20世纪六七十年代的"卫星上天""两弹爆炸"，还有"神舟五号"载人飞船等，哪一项成就不是国际一流水平？但"卫星上天""两弹爆炸"等成就的取得，都是在国力相当虚弱的时候。因此，在改革开放、经济获得巨大发展的今天，我们的综合国力已经大为增强，虽然资金仍然不足，但创建几所世界一流大学，是完全有可能的。

美籍华人科学家、诺贝尔奖获得者杨振宁教授，在纵观中国大学的科研发展实力后，曾乐观地预言：中国离诺贝尔奖"只差一步之遥"。其实，即使没有名人鼓劲打气，中国人也应该对创建几所自己的世界一流大学有充分的信心和决心。

五、认为在国内排行榜前若干名的大学才有望冲刺一流大学

现在，有一种比较普通的看法是，位居世界或发达国家大学排行榜前列的就是世界一流大学。因此，在国内民间几家研究机构排定高校排行榜后，即依据这些排行榜，特别是广东管理科学研究院课题组和网大的排行榜，排定我国创建世界一流大学的备选学校。

但是，问题并非如此简单，目前已经有众多的学者对眼下的排行榜及其理论依据进行了分析，指出了其中的利弊得失。其中的共识是，这些排行榜使用的方法一般是将大学的若干项目进行量化打分，如经费情况、教学情况、教师情况、学术声誉情况等，然后把它们的分数相加，即形成国内高校排行榜。然而，我们清楚地知道，一所大学的内容十分丰富，有的可以用数据进行硬性分析，有的却不能。对一流大学的建立起相当重要作用的软指标，如校风、凝聚力、社会声望等就难以量化。例如，美国的加州理工学院等大学，虽然在硬性指标上不够有力，但是却很有办学特色，仍不愧为世界一流大学。

如果以片面的标准对大学进行排行，那么势必导致一些有特色但总体实力靠后的大学的无奈。换言之，有些本来富有特色的著名大学，因遭到片面的评估而不能获得合理的排名，这不仅是个别学校的名誉损失，且会造成误导，把人们引入迷途。譬如，看到国内排在前列的大学都是规模较大的合并院校，一些大学因此效仿而走上片面扩大规模之路。这是值得教育界同人提高警惕的，也是国家须通过教育政策加以引导的。因此我们万不可随心所欲，片面追求一流水平，否则，不久的将来，必定自吞苦果。

六、认为中国大学永远跟不上世界一流大学的水平

持这种观点的人确实不少。他们的理由是，目前的世界一流大学，如美国的哈佛大学、斯坦福大学、耶鲁大学，英国的牛津大学、剑桥大学，日本的东京大学等，都是经过多少代人的努力，投入巨资并选准突破口才发展到今天的一流水平的。有专家在分析中国大学与世界一流大学的差距后认为，目前在世界前 100 所大学中，大陆至今尚无 1 所，排在 200—300 名的也仅仅只有 1 所。很显然，如果我们不能进入 50 强，至少

也要进前 100 名，否则就不能说我们建成了世界一流大学。[4] 再说，如果设定以上这些名列前茅的大学现在的水平为世界一流水平，那么等我国高校赶上它们之后，它们也发展到一个新的台阶上了。这就是说，你发展，别人也在发展；你追赶，别人也在超越，因此，它们将始终站立潮头。应该说，这种观点很时髦，也很有市场，但显得过于悲观。在这方面，我们要向世界体育界人士学习。在过去多年的世界体育盛事中，总有少数打破世界纪录的，但他们往往不是来自实力强大的发达国家，如美国、英国等，而是来自小的国家、弱的国家，是让人"看不上眼"的小将。他们照样为自己的祖国捧回奖杯，赢得世界级的荣誉，为全世界瞩目。有言道：万事相通。体育界的竞争精神和发展策略的确有值得我国教育界、科技界学习的地方。因此，我们要适应未来高等教育的竞争形势和新要求，不停地、适时地调整发展战略和发展策略，谋求在科技领域"称雄一方"或"占有一席之地"。这样，建设世界一流大学的理想就一定能够在中国早日实现，甚至能在某些重要领域超越世界一流大学的水平。

七、认为只有获得诺贝尔奖才算建成合格的世界一流大学

众所周知，诺贝尔奖设有医学、生物、化学、物理等自然科学类奖项，还设有诺贝尔和平奖、文学奖等。显然，我国比较看中的诺贝尔奖倾向于前者，当然也包括后者中的和平奖。对文学奖，认同度不是很高。如果以是否获得自然科学奖来评判世界一流大学的成功与否的话，那么，中国的大学追逐的主要目标必然是自然科学奖项了。但是，世界上除了这个大奖之外，还有许多大奖类同于诺贝尔奖，如在数学领域的菲尔兹奖。大家知道，2002 年世界数学大会在北京召开，法国年轻的数学家拉佛阁获得了相当于数学界的诺贝尔奖的菲尔兹奖。据说，他对世界重大

难题——"朗兰兹纲领"埋头研究了 7 年,功夫不负有心人,他终于取得了成功。近 10 年来,法国出现了 4 位菲尔兹奖得主。正是由于这些出色的数学研究,法国才成为公认的世界数学大国。值得一提的是,在菲尔兹奖设立以来的 70 年中,没有一位中国大陆数学家获得。[5] 在我国高水平大学竞相追求建设世界一流大学的过程中,我们不能忽视这类大奖。这些奖项的获得同样是世界一流水平的象征。也就是说,在我们设定争取一流的目标之中,不能漏掉与诺贝尔奖齐名的世界级大奖,因为它们也是衡量世界级水平的"标尺"之一。

八、认为世界一流大学标准的制定操纵在国外人手中

当中国政府提出创建若干所世界一流大学的奋斗目标时,很多人自然想到的是,我们要向美国等西方发达国家的一流大学看齐,实际上是以它们的办学模式作为我们奋斗和成功的参照系。于是将它们的评判标准所具有的内涵与数据加以量化,包括诺贝尔奖获得者等,归纳成几条而形成一个"硬指标",并要求中国的大学以此为奋斗目标。其实,这是很不正确的认识,是一大误区。我们评价世界一流大学,不能完全以西方的标准为标准,我们需要带上"中国的有色镜",即需用中国自己的标准评出具有"中国特色"的世界一流大学。这并不是否定现今世界一流大学那些共性的量化指标,如师资、学生数、留学生数、设备、图书、杰出校友、声誉等,而是说,中国的世界一流大学,必须而且必将为中国的现代化建设做出杰出的贡献,就像美国的哈佛大学、耶鲁大学、斯坦福大学等名校一样,为它们所在国家的建设和社会的进步做出非凡的贡献。这就是说,既要有国外世界一流大学的共性,也要有中国自己的个性。因为只有拥有个性的大学,才能拥有更多的光彩,正如在文化方面越有民族性就越有世界性一样。历史上,中国人发展教育取得的成绩得

到了西方学者的赞誉,例如杜威就说,从专业知识的角度看,蔡元培比不上牛津大学或剑桥大学的校长;但从教育上讲,牛津剑桥的校长比不上蔡元培,因为后者改造了一个大学,使北京大学成为中国第一所真正具有现代意义的大学,而且推动了整个社会的改造与进步。[6]因此,只要我们的发展适应社会前进的方向,有自己的主动权,世界一流大学的标准是可以嵌入"中国特色"四个字的。

综上所述,任何一个新事物都会有一个适应和发展的过程,在这个过程中出现一些误区和问题是正常的,有时甚至是难以避免的。但最关键的是,我们不要回避或受困于这些误区和问题,而要客观地正视和对待这些误区和问题,并对其进行科学合理的分析,采取实事求是的科学态度。同时,我们中国未来的世界一流大学的建设,还要立足于中国的实际,既要看到世界范围内创建一流大学的共性特征,也要看到体现国别特点的个性特色。也就是说,我们要始终辩证地看待世界一流大学,进而辩证地看待我们自己所要创建的世界一流大学,并在行动中随时纠正各种错误的倾向和不足之处,从而使世界一流大学在我国表现出一流的国际水平和优秀的中国特色,并为世界高等教育做出自己的贡献。

参考文献

[1][3][4][5] 刘道玉. 中国怎样建成世界一流水平的大学 [J]. 高等教育研究,2003(2):4-10.
[2] 潘懋元. 一流大学与排行榜 [J]. 求是,2002(5):57-58.
[6] 闵维方. 关于一流大学建设的几个问题 [J]. 北京大学教育评论,2003(3):26-31.

6 述 评

世界一流大学研究的现状及其走势分析
我国世界一流大学研究状况的考察与省思
——基于 1993—2009 年 CNKI 发表论文的量化分析

世界一流大学研究的现状及其走势分析[①]

摘 要 创建世界一流大学的实践需要研究世界一流大学的理论做指导。研究世界一流大学的理论越有战略性和实践性，创建世界一流大学的行动就越有方向性和操作性。社会各界对世界一流大学的研究已经结出了丰硕的成果，目前正在向更广泛更深刻的层面发展。其特征表现为多学科研究态势，研究思路越来越中国化，从外延研究向内涵研究倾斜，战略策略研究渐成气候。基本走势向更加符合中国实际需要的方向发展。

关键词 世界一流大学；发展特点；发展趋势

自从国家确立创建若干所世界一流大学的战略政策以来，包括教育界特别是高等教育界在内社会各方面的专家学者立即把目光聚焦到这个主题上来，一时间，有关世界一流大学的研究如雨后春笋，景象壮观，形势喜人。从总体上看，研究的内容主要包括：具体分析和阐释中国政府确定关于创建若干所世界一流大学战略的政策依据和条件；以当今世界一流大学，如哈佛大学、牛津大学等，为案例分析其建设规律来直接指导和推进中国的世界一流大学建设，以及如何在国际上使中国的世界一流大学创建行动得到认可，并尽快地结出硕果。研究的直接影响表现在三个方面：一是从战略和实践层面的理论研究直接配合了国家科教兴国

[①] 本文原载于《清华大学教育研究》2005 年第 2 期。国务院发展研究中心信息网 2005 年 9 月 23 日分上下两篇全文转载。

与创建世界一流大学的建设行动，提高了人们对创建世界一流大学的理性认识水平，对统一人们的思想认识产生了直接的效果；二是高校，特别是得到"985工程"和"211工程"重点投资的全国重点大学，直接受益于此类学术研究，因为人们从此类研究中获得了巨大的精神鼓励和动力源泉；三是此类研究直接明确了中国大学领导者和科研人员的目标任务，提高了中国大学科研人员的责任感和义务感，使科研人员有一种与国外一流大学科研人员"试比高低"的勇气和决心。这正是中华民族希望屹立于世界民族之林的信心的具体表现。可见，推进世界一流大学的研究有利于政府和高校认识自身的责任和义务，有利于科研人员明确自身的努力方向，有利于创建世界一流大学的实际行动，对以"三个代表"重要思想为指导推动高等教育在中国的大发展，以及提高中华民族的自豪感具有极大的促进作用。

本文试图对过去几年来有关世界一流大学研究的简短历史做一个总结，从中归纳出一些规律和特点，并对以后的研究走势进行了冷静的思考和理性的分析，希望对推动我国世界一流大学的学术研究和实践探索有所裨益。

一、世界一流大学研究的现状分析

20世纪90年代下半期以来，中国高等教育受到经济"火车头"的牵引快速向前发展，中国的世界一流大学建设也随着"211工程"和"985工程"的带动在不断向前推进。有关世界一流大学的研究同时在多方面展开。总体来看，基本上可以归纳为下面几个脉络或版块，其中不乏交叉研究。

（一）从概念角度研究，抓住本质厘清理念

概念是思维的基本形式之一，反映客观事物的一般的、本质的特征。

一般情况下，人们只要能够揭示事物的概念，也就等于抓住了事物的本质特征，这对认识和把握事物本身具有十分重要的意义。当"世界一流大学"这个名词被提出来的时候，人们对什么是"世界一流大学"的概念就开始关注了，专家们主要是从大学理念发展的角度来廓清其外延和内涵，发表了不少高水平的研究论文，目前已经形成了一定的共识。颇具代表性的例子是，美国哈佛大学博士、香港科技大学丁学良教授曾以此为题撰写了一篇有影响的学术论文。他认为，大学的理念在历史上经历了不同的演进阶段，当今世界一流大学能将不同历史时期形成的大学理念完好地整合于一身。世界一流大学首先必须是研究型大学，以研究作为自己最突出的特点，而研究型大学有严格的评价标准，包括教师的素质、学生的素质、课程的广度和深度、研究基金的数量、师生比例、办学的硬件设施、财源、毕业生的声望和成就、学校的学术声誉等。"普遍主义"是世界一流大学必备的精神气质，其师资和学生来源、研究和教学内容必须是国际性的[1]。值得一提的是，有学者对一流大学的"一流"概念做了细致的分析，作者认为，"一流"是"真善美"有机结合而形成的最高意义境界。这种分析有利于人们更准确地认识和理解世界一流大学的概念和内涵[2]。作者还提出了"世界一流大学"概念的模糊性问题，作者从概念的不确定性、模糊集合论以及一流大学置信水平的角度进行了理论探讨[3]。这也是对此新概念研究的一部分，很有启发意义。

（二）从共性角度研究，跟踪名校追求卓越

认识事物不仅要认识其个性，也要认识其包含的共性，因为个性反映事物的特殊性，共性反映事物的普遍性。认识事物的共性对从宏观上更好地把握和顺应事物的发展规律具有现实指导意义。北京师范大学王英杰教授阐述的、对现代大学理念有深刻和长远影响的三种大学理念就是比较好的例子。他指出：以纽曼为代表的是一种经典的、传统的理念，它认为大学是教师和学生的团体，它注重的是教学和学生品质的养成。

德国洪堡的大学理念关注的是科研和自由探索。威斯康星思想则带来了大学的社会服务功能。换言之，正是这三种大学理念构成了现代大学理念，也就是世界一流大学的理念，以这样的理念构建的一流大学在本质上具有如下价值特征：一是国际性，二是公开性，三是批判性，四是包容性。贯穿这几个价值的核心是学术自治和学术自由。作为世界一流大学的校长必须是毕业于世界一流大学，并且是各自学科内的著名专家，同时具有强烈的事业心和明确的高等教育办学理念，是出色的管理者和实践者[4]。还有专家纵览世界一流大学的资料，从中归纳了世界一流大学具有的八个共性特征：一是富有开拓创新精神的著名校长掌舵；二是建设高质量的师资队伍；三是在教学科研双重功能中，更致力于科研，成为名副其实的研究型大学；四是学科综合程度高，理工科大学与综合性大学的界限渐趋模糊；五是巨额经费投入；六是丰富的馆藏资料，独具特色的图书博物中心；七是全方位对外开放，成为国际教育文化科技中心；八是优越的地理环境和悠久的建校历史。有鉴于此，创办世界一流大学的五个基本条件应为：拥有杰出的校长；有优秀的师资队伍；巨额的办学经费；良好的国内环境，包括雄厚的综合国力、政府高度重视高等教育以及开放性；激烈竞争[5]。这些都是公认的、恒定的世界一流大学的评价标准，也是引导我国高校争创世界一流水平的"航向标"。换言之，要成为世界一流大学必须具备这些共性特征。

（三）从比较角度研究，认识差距制定对策

比较是一种认识事物的方法，是把不同事物或者同类事物放在一起按照一定的价值标准对照以寻找其中的规律性的东西的方法。通过这种方法，人们可以认识世界上很多事物的个性特征，也可以了解事物的共性特征，对把握事物的发展规律具有指导性意义。在研究世界一流大学的问题上，通常的做法是在观察美国、英国、法国、德国、日本等西方发达国家的世界一流大学建设经验之后，研究成为世界一流大学的条件和

规律。如上海交通大学高教所研究团队本着"找出差距,对比赶超;争取支持,跨越发展;借鉴经验,创新管理"的目的,进行了多项重大课题研究,为政府部门提出了高价值的咨询报告,发挥了重要的咨询作用。这些课题包括"将我国名牌大学纳入国家知识创新体系的核心""我国名牌大学离世界一流有多远""我国的一流学科离世界一流有多远""我国的一流大学对国家的贡献研究"等[6]。华南师范大学查吉德等研究人员经过国际比较后认为,中国著名大学与世界一流大学主要在教育经费、师资力量和学术水平等方面存在十分明显的差距[7]。另外,目前流行的一种比较研究,正在以大学排名的形式出现。人们开始熟悉和研究美国、英国等世界发达国家有影响力的重要教育评估机构对各自国家的大学排名情况,如美国的《美国新闻与世界报道》、英国的《泰晤士报》、德国的《明镜》周刊、日本的《钻石》周刊、俄罗斯的《职业》杂志等对本国大学的排名正引起世界其他国家高等学校的关注。实际上,它们主要是关注世界一流大学在种类繁多的排名中的共同表现。有专家认为,虽然世界各国都有自己的排名,但是在各种排名中总是处于前列的大学必然是世界一流大学。显然,学者们关注的是掩藏在各种排名中的共性规律。不过,潘懋元教授认为,仅仅根据世界排名来确定是否为世界一流大学也有其不足之处,无论在理论上还是在实践中都值得商榷[8]。

(四)从战略角度研究,明确政策指导行动

战略是指导宏观发展的长远的有价值意义的目标体系。从战略角度研究问题,首先要求必须认识清楚事物的本质特征,在此基础上进一步拓展事物的发展渠道和前景,从而直接指导和推进围绕这个战略目标的实际行动。江泽民同志在北京大学百年校庆的讲话中提出了关于世界一流大学的基本特征,这是从战略高度分析世界一流大学的经典讲话,成为我们国家创建世界一流大学行动的响亮号角。他强调指出:"这样的大学,应该是培养和造就高素质创造性人才的摇篮,应该是认识未知世界、探索客观真理、

为人类解决面临的重大课题提供科学依据的前沿，应该是知识创造、推动科学技术成果向现实生产力转化的重要力量，应该是民族优秀文化与世界先进文明成果交流借鉴的桥梁。"[9] 2001年江泽民同志在清华大学90周年校庆大会上进一步指出："加快高等教育事业的发展，努力在全国建设若干所具有世界先进水平的一流大学。"并从"三个代表"的高度，对建设世界一流大学的战略意义和任务进行了深刻的论述，他在题词中勉励清华学子："建设世界一流大学，为实现中华民族的伟大复兴而努力奋斗。"其后，他又在中国人民大学师生座谈和北京师范大学的校庆讲话中再次论述了发展人文社会科学与建设世界一流大学的战略意义[10]。其间，北京大学张维迎教授也做了深入的理论探索，他站在北京大学是中国大学龙头地位的角度深刻地解剖了大学发展的内在逻辑，虽然他主要是从大学治理与企业治理相比较的角度谈一流大学的内在逻辑，但其中反映出来的理性分析及其成果均具有战略性和宏观性，给人们的感觉是，书中论述的道理直指中国大学改革的核心和难点问题，具有重要的参考价值。此外[11]，国内重点大学的领导人也从不同角度提出了量身定做的战略方案，这都是从战略角度开展的研究成果，对指导本校的行动具有现实意义。

（五）从实践角度研究，规划愿景落实措施

理论研究最终只有回归到实践层面才具有实际的意义，当创建世界一流大学由理念深入发展到具体实践行动时，如何实现这一目标就成为人们的共同追求。用教育部原部长周济的话说，就是"要进一步认真思考'办什么样的大学'和'怎样办好这样的大学'两个根本问题，更好地制定'三个规划'"[12]。目前，希望创建世界一流大学的高校经过反复论证都制定了自己的战略规划以及实施规划的行动计划。各高校领导人也都在众多场合纵论本校的战略规划和具体措施，思路清晰，前景喜人。综观多数高校特别是借助"985工程""211工程"建设的重点高校的发展规划，基本的思路是建设综合性、研究型、开放式（国际化）的世界一流

大学[13]。如清华大学原校长王大中院士在"一流大学建设的理论与实践学术研讨会"上的讲话中详细阐述了该校的"三个九年，分三步走"的战略发展规划，具有一定的代表意义。第一个九年，1994—2002年，调整结构，奠定基础，初步实现向综合性的研究型大学的过渡；第二个九年，2003—2011年，重点突破，跨越发展，力争跻身世界一流大学行列；第三个九年，2012—2020年，全面提高，协调发展，努力在总体上建成世界一流大学。与之配套的战略举措包括：构建综合性的学科布局，提高学科建设水平；构建研究型大学人才培养体系，培养高素质拔尖创新人才；构建研究型大学的科技创新体系，提高科技创新能力；以人为本，建设高水平师资队伍；加强校园基础设施建设，营造良好的校园环境氛围[14]。此外，北京大学、上海交通大学、浙江大学、南京大学、西安交通大学、中山大学等高校都在努力以自身的特色追求和实现战略目标为动力完善工作体系和措施，这反映了有关世界一流大学的理论研究已经由理论层次转变为对实践目标的追求和具体行动上来了。

（六）从借鉴角度研究，及时拿来为我所用

自从我国提出创建世界一流大学以来，教育部已经成功地举办了两届中外大学校长论坛，第一次是在2002年7月[15]，第二次是在2004年8月。两次大学校长论坛邀请了众多世界一流大学校长参加并演讲。召开会议期间，中外校长就如何创建世界一流大学做了充分的直接交流，特别是世界一流大学领袖精彩的"客场献策"很富启发意义，对我国创建世界一流大学的战略行动产生了深远的影响。不难看到，每次大学校长论坛期间和结束后，都会带来深刻的理念碰撞，各类世界一流大学的理论研究成果又现一次小高潮[16]。正如时任国务委员陈至立和时任教育部部长周济所阐述的那样，中外大学校长论坛的成功举办，为中外大学校长交流对世界一流大学的建设和中外高等教育的成功经验提供了十分重要的契机，具有十分重要的现实意义[17]。此外，教育部按期组织中国大学领

导团队赴世界一流大学进行学习和培训，如2003年组织的赴澳大利亚的校长团队和2004年赴美国耶鲁大学学习交流的团队都产生了很大的影响，参加交流学习的高校领导都受到了最直接的教育和启发，收获很大，回国后，他们相继撰写了大量的研究报告、论文及体会文章，对促进国内著名高校创建世界一流大学的战略行动具有直接的指导意义[18]。应该说，这些实地考察后的研究属于跨国式的研究，构成了世界一流大学理论研究的重要组成部分。有言道："他山之石，可以攻玉。"随着中国大学校长团队国外考察学习世界一流大学活动的不断增多、中国大学校长与世界一流大学领袖直接沟通的频率的提高，以及世界一流大学战略在中国的进一步推进，人们期盼的世界一流大学理想一定会早日成为现实。

二、世界一流大学研究的走势分析

可喜的是，国内有关世界一流大学的研究方兴未艾，这也是实践"三个代表"重要思想、推进教育理念创新在世界一流大学研究领域里的自然表现。从显露的苗头和未来的形势看，世界一流大学研究主要表现为以下的态势和特点。

（一）呈现多学科研究的态势

著名教育家伯顿·克拉克在编著《高等教育新论》的导言中指出："各门社会科学及其主要的专业所展开的广泛的观点，为我们提供了了解高等教育的基本工具，不管这个学科是历史学、经济学或政治学，还是其他社会科学，都给我们提供观察世界的方法，我们可以把它们应用到高等教育部门。"据此，浙江大学王承绪教授在译者前言中指出："高等教育研究工作，不仅从事教育的人要参加，还需要从事其他专业的人参加；要从各个不同的角度进行研究，既要看到高等教育的局部，又要看到高等教育的整体[19]。"而世界一流大学正处于高等教育的龙头部位,对它们进行研究具有"牵一发而动全身"的效果。当前,社会各界十分关注"985工程"二期的持续建设,纷纷开展各种形式的研究工作。这表明,高等教育研究,特别是世界一流大学研究正在呈现多学科研究的发展态势。潘懋元教授也主张高等教育应开展多学科研究,他在《多学科观点的高等教育研究》论文中详细地表明了他的观点[20]。这完全适用于中国的世界一流大学理论研究。根据专家们的意见,所谓多学科地研究世界一流大学,也就是要从政治学、经济学、文化学、心理学、科学学、组织学、社会学、历史学、法学、教育学、统计学等视角和平面对世界一流大学进行广泛而深入的科学研究,其中包含交叉研究。从这个角度看,世界一流大学研究走多学科综合性研究之路是值得推进的,因为它既符合教育生态学的原理,也符合大学发展应该与政治经济社会相契合的客观要求。

(二)研究思路越来越中国化

虽然世界一流大学目前几乎都在西方发达国家,而且在相当长的时期内不可能在发展中国家建立起来,但是对世界一流大学的研究依然需要走中国化的特色之路。第一,中国是一个在政治、文化、历史、现实等方面都不同于西方的社会,要在这样的社会里创建世界一流大学必然有不同于西方社会和大学的特点。人们只有尊重这样的历史、现实和环境,研究的成果才会具有现实性和实用性。第二,世界一流大学的历史充分表明可以走特色之路,如欧洲可以继续让古老的文明样式在古典大学内存在,而美国的世界一流大学则以更加自由化和革命化的方式实现自身的创新和改造并获得更快的发展,中国在特色化发展方面具有很大的潜力和优势。为此,《求是》杂志曾经发表多位专家的文章,如《一流大学应该是特色大学》[21]《建设中国的世界一流大学》[22]等充分肯定了创建世界一流大学的特色战略。第三,随着国内改革开放形势的快速进步,人们通过几年来的观察思考,终于从盲目崇拜国外一流大学的状态回归到本土的意识中来，使国内学术界对世界一流大学的研究带上了浓厚的本土色彩。清华大学教育研究所曾经组织了一次富有启发意义的学术讨论。参加讨论的都是高等教育领域里的著名专家学者或大学校长，如潘懋元、王伟廉、朱清时、谢维和等。专家们的观点在经过激烈的碰撞后最终回归到"中国化道路"的焦点上来了，极富启发意义。

（三）从外延研究向内涵研究倾斜

在开始研究世界一流大学的一段时期内，人们关注和担忧的是世界一流大学在中国建成的外部因素和条件不够，比如投资不足、校园偏小、环境不佳等，而不在创建世界一流大学的内涵上下功夫，导致创建世界一流大学的行动受到不应有的干扰和误导。近年来，不少高校相继通过圈地扩校和合并学校等方式进行外延扩张，期望以此方式达到外延扩大，就是典型的案例。如今，人们终于在更深刻的层次上认识到"大学者，乃大师之谓也，非大楼之谓也"的道理，专家学者们对世界一流大学的研究也正在发生深刻的理念转变，更加关注世界一流大学的内涵建设，比如教育创新、理念转变、学科建设、人才引进、运行机制、制度建设、创新管理等。笔者观察，几乎所有的"985工程"在建高校都已出台了相应的政策措施，谋求在以往的薄弱环节上获得重大突破和巨大发展。当然，这与国家改革开放的大好形势是分不开的。目前，一些重点高校在学科建设和人才引进以及制度建设上出台了很多重大的政策措施，用"海归派"教师的话说，国内高校的不少做法已经与国外一流大学没有多大差别了。如北京大学出台的人事改革政策就具有战略性的意义。很多重点高校，如南京大学、东南大学等，也早已实施了这一类的改革政策。可以说，这是以往的研究成果在高等教育实际中应用结出的硕果。

（四）战略策略研究渐成气候

中国的世界一流大学建设从国家提出以来经历了风风雨雨，人们对世界一流大学没有缺少过叹息和惆怅，但是对世界一流大学的研究依然没有中断过。我们乐观地看到，包括各级政府官员、各级各类学校教学人员以及社会上关注教育发展的人们都在思考着这个问题。比较明显的倾向是，人们对世界一流大学的认识越来越理性化、越来越成熟化，对世界一流大学的建设表现出更加倾向于以中国为研究平台的自我认同色彩，而不像1998年开始研究时的那样总是带有某种程度的自我否定倾向。理由在于：事实上，中国经济社会在以惊人的速度发展，中国高等教育显然正以惊人的速度发展。更重要的是，国家发展战略的确定和稳定为高等教育战略的确定和稳定提供了空前的优越条件和环境，所以，从理性的角度来看，我国冲刺世界一流大学的高校的战略将在相当长的时间内保持稳定。也就是说，在研究世界一流大学的战略上将表现为稳定加展望的特点，而不会像从前那样频繁地就战略观点和策略措施发生激烈的争论和批驳，导致学者们在很多方面难以达成一致意见和建议。如今，从战略和策略角度开展的很多研究都产生了广泛的政策性效应，为奠定社会舆论也创造了良好的效应，如世界一流大学应当承担精英教育，而不承担大众化教育；世界一流大学应该从全世界招聘人才和教师；世界一流大学着重以基础研究为己任，着重在科学发现和原创性研究方面为人类做贡献等。

三、世界一流大学研究须注意的问题

（一）世界一流大学研究要有国际视野

从历史上看，世界一流大学发源于欧洲，在美国得到了极大的发展，在其他国家，如日本、俄罗斯，得到了丰富和扩展。世界一流大学从历史中走来，必然有自身的发展规律，这是任何人和组织无法回避的。人们只有承认这样的历史规律并充分利用这样的规律来发展自身，才能不违背大学发展的逻辑要求，才能在更大的程度上契合社会和时代发展对

大学提出的要求。而在这一方面，我国大学在研究工作上却显得不足。人们知道，我国真正具有现代意义的大学才走过百年历史，其中的特色还是从欧洲古老大学借鉴来的，如北京大学前校长蔡元培先生倡导的大学理念就是直接来自欧洲大学，所以我们在创建世界一流大学的同时，必须正视大学自身因历史原因带来的缺点和不足，走借鉴发展的道路。再如，对于学术自治、学术自由等概念，我们不能回避，只能在国际视野中积极面对并有分析、有批判地改造和吸收。这是世界一流大学研究必须正视和认真对待的严肃课题。

（二）世界一流大学研究要有自己的特色

世界一流大学具有个性和共性的特征。欧洲的世界一流大学至今仍然保持着古老的人文传统，包括毕业仪式、教授特权、学术自由、学术自治等。美国的世界一流大学则在这个基础上更加向前发展，更加注重自由创新，这有利于社会的自由化和民主化，这也是宪法精神的体现和民众的内在要求。世界一流大学在日本的发展也有特色化内涵，日本属于东方文化，但是它的世界一流大学照样产生了众多的诺贝尔奖获得者和其他国际大奖获得者。综观这些地处各国的世界一流大学，无不既体现了世界一流大学的共性，又体现了世界一流大学的个性，尤其是反映了各国文化精神、历史风貌的个性追求。因此，在推进世界一流大学的学术研究的过程中，我们必须时刻注意"配戴两副眼镜"：一个用于中国特色，一个用于世界观察。但很显然，特色化更具有中国色彩，更符合中国人追求民族精神和普遍价值的内在要求。

（三）世界一流大学研究要抓热点和难点

由于世界一流大学在我国建设的历史比较短，经验不足，所以每逢世界发生重大的变化，或者正处于大发展时期的中国在国内出台重大政策措施时，总会出现新的重大挑战和重大选题。也就是说，世界一流大学在中国的研究将随时准备迎接新的挑战，世界一流大学必须与时俱进，研究并学会变挑战为机遇的技巧。因此，有关一流大学的研究的热点将不断地被提出和加强。从近年的研究形势看，主要有以下方面的问题急需理论界回答：第一，弱势高校和后发高校如何创建世界一流大学。第二，不同类型、不同层次、不同形式的高校如何认识创建一流大学。第三，中国的世界一流大学与政府和社会的关系。第四，中国的世界一流大学与中国政治民主的关系。第五，中国大学改革与全社会体制的契合问题。第六，中国的一流大学与世界一流大学的差距问题。第七，关于学术自由的中国化问题。

（四）世界一流大学研究要坚持百花齐放

当今，世界一流大学的发展已不再处于过去的历史环境，而是处于政治多极化、经济全球化、文化多元化的时代之中。在各个学科都有其局限性的情况下，对在一个发展中国家建设世界一流大学这么高度复杂的具有理论和实践双重属性的重大课题进行研究的时候，必须坚持允许各种学科观点相互碰撞、相互交叉、相互启发，允许来自各种学术、文化、民族背景的专家学者进行综合性研究。同时，我们应从加快建成中国的世界一流大学的共同愿望出发，既要鼓励以专家团队的形式进行研究，也要鼓励群众性的参与研究；既要推进高等教育界的主导研究，也要吸引其他学科人员的参与研究。只有这样，对世界一流大学的研究才能真正做到百花齐放，集思广益。

参考文献

[1] 丁学良. 什么是世界一流大学 [J]. 高等教育研究（武汉），2001（5）：9.
[2] 耿有权. 论"一流"理念的价值及其实践途径 [J]. 辽宁教育研究，2004（6）：18-20.

[3] 刘承波. 试论"世界一流大学"概念的模糊性问题[J]. 教育发展研究, 2001（1）: 10-13.

[4] 王英杰. 规律与启示——关于建设世界一流大学的若干思考[J]. 比较教育研究, 2001, 22（7）: 1-8.

[5] 穆义生. 世界一流大学的主要特征及创办条件论析[J]. 电力高等教育, 1994（2）: 5-8.

[6] 刘念才. 上海交大高教所的世界一流大学研究[J]. 清华大学教育研究, 2003（3）: 70-72.

[7] 查吉德, 等. 浅析中国著名大学与世界一流大学的差距[J]. 安徽工业大学学报（社会科学版）, 2001（2）: 141-143.

[8] 潘懋元. 一流大学与排行榜[J]. 求是, 2002（5）: 57-58; 一流大学不能跟着"排名榜"转[J]. 清华大学教育研究, 2003（3）: 50-51.

[9] 中华人民共和国教育部. 科教兴国动员令——学习江泽民同志在庆祝北京大学建校100周年大会上的讲话[C]. 北京: 北京大学出版社, 1998.

[10][14][15] 王大中. 建设世界一流大学的战略思考与实践[C]// 教育部直属高校工作办公室. 谋划发展规划未来——教育部直属高校发展规划工作探索与实践. 厦门: 厦门大学出版社, 2003: 1, 4, 121.

[11] 张维迎. 大学的逻辑[M]. 北京: 北京大学出版社, 2004: 序言.

[12] 周济. 谋划改革的新突破, 实现发展的新跨越——关于加快建设世界一流大学和高水平大学的几点思考[J]. 中国高等教育, 2004（17）: 3-8.

[13] 江崇廓, 叶赋桂. 综合性研究型开放式: 创建世界一流大学的现实道路[J]. 清华大学教育研究, 2002（2）: 7-13.

[16] 国家高级教育行政学院学报记者. 启迪领导智慧, 憧憬大学未来——中外大学校长论坛综述[J]. 国家高级教育行政学院学报, 2002（5）: 4-9.

[17][18] 教育部中外大学校长论坛领导小组. 中外大学校长论坛文集（第二辑）[M]. 北京: 中国人民大学出版社, 2004: 1, 321.

[19] 伯顿·克拉克. 高等教育新论——多学科的研究[M]. 王承绪, 等, 译. 杭州: 浙江教育出版社, 2001: 前言, 导言.

[20] 潘懋元. 多学科观点的高等教育研究[J]. 高等教育研究（武汉）, 2002（1）: 10-17.

[21] 闵春发. 一流大学应该是特色大学[J]. 求是, 2002（1）: 49-50.

[22] 孙茂新. 建设中国的世界一流大学[J]. 求是, 2001（22）: 60-61.

我国世界一流大学研究状况的考察与省思[①]
——基于1993—2009年CNKI发表论文的量化分析

摘 要 建设世界一流大学的实践需要建设世界一流大学的理论指导才能取得理想的效果。近年来,有关世界一流大学的理论与实践研究得到了学术界等方面的持续、高度关注。本文通过对CNKI中1993—2009年以"世界一流大学"为主题公开发表文章的量化分析,深入探讨我国世界一流大学研究的状况、问题与对策,为更好地推动我国世界一流大学建设提供理论参考。

关键词 世界一流大学;研究状况;实证分析

新近公布的《国家中长期教育改革和发展规划纲要(2010—2020)》明确提出,到2020年,我国要"建成一批国际知名、有特色、高水平的高等学校,若干所大学达到或接近世界一流大学水平"。[1]无疑,重点高校特别是"985高校"又迎来了一个新的战略起点,将面临更加严峻的战略挑战和难得的发展机遇。而要实现这个规划目标,不仅需要国家各部门尤其是重点高校的切实努力,而且需要深入的理论研究和战略指导。那么,若干年来我国世界一流大学理论研究进展究竟如何?有关理论研究是否切合我国世界一流大学建设的需要?理论研究的热点有哪

---

① 本文原载于《现代教育科学·高教研究》2011年第2期。本文作者:彭维娜,耿有权。

些重要变化？未来的研究应朝着什么方向发展？这些问题不仅是理论界关心和探究的问题和课题，而且也是重点高校在新起点上推进世界一流大学建设迫切需要了解的重要内容。本文尝试对我国1993—2009年中国知网（CNKI）检索期刊上发表的有关世界一流大学主题或专题研究的学术成果进行实证分析，深入探讨我国世界一流大学建设中的理论研究的状况、问题与对策，期待对重点高校的世界一流大学建设产生积极的启发意义。

一、研究过程及方法

（一）样本

本研究的样本来自中国引文数据库CNKI。以"世界一流大学"为论文题目检索词。经搜索，从1993年第一篇相关论文出现后，到2009年年底共有718篇文献，包括学术期刊论文517篇、相关新闻报道183篇、优秀硕士学位论文7篇、重要会议论文11篇。经筛选整理，去除雷同文献23篇，与研究主题无关的文献17篇及部分非正式学术论文文献，如评论、随笔等190篇，最后得到与主题相关的学术论文样本合计287篇。

（二）研究方法

本研究主要采取统计分析和内容分析相结合的方法。通过对论文的外在信息，如作者、作者单位、文献来源、文献发表时间、文献引用率等进行统计分析，得出研究的状况；通过对论文的内容通读，归纳其研究主题和研究方法等，得出研究的热点及研究所取得的一般共识，以此来整体把握我国世界一流大学研究的状况，分析研究中存在的问题和研究的趋势。

二、统计的结果与分析

（一）研究文献的时间分布

通过对 718 篇文献分析研究，得到时间分布图。按图 1 显示，国内对于世界一流大学的研究始于 1993 年，但最初的研究比较薄弱，成果不多。1993—2009 年，共发表 718 篇，年均约 42.2 篇。纵观整个发展过程，大体上可分为三个阶段：第一阶段：1993—1998 年，为研究起步阶段。1993 年，当时的国家教委发出《关于重点建设一批高等学校和重点学科点的若干意见》，正式设立"211 工程"重点建设项目，创建世界一流大学由设想转为现实。这个阶段的研究，文献数量较少，每年不到 10 篇，6 年共计发表 27 篇，年均 3.5 篇。第二阶段：1999—2003 年，为迅速发展阶段。1998 年，教育部在《面向 21 世纪教育振兴行动计划》中正式提出要"创建若干所具有世界先进水平的一流大学和一批一流学科"之后，1999 年上半年教育部决定重点建设北京大学、清华大学、南京大学、中

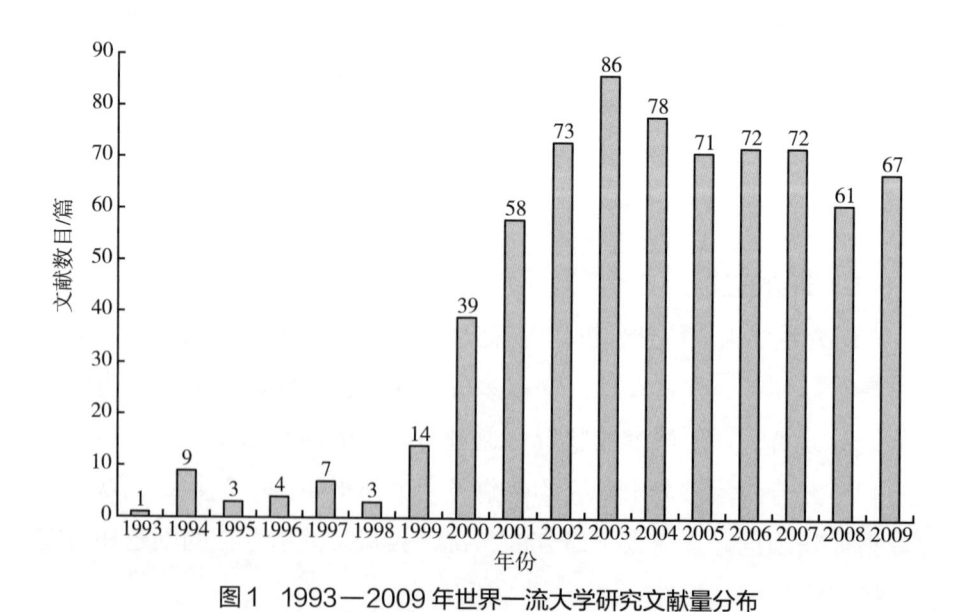

图 1　1993—2009 年世界一流大学研究文献量分布

国科技大学等9所高校，使其迈向世界知名大学行列。至此，我国正式拉开了"985工程"重点建设的帷幕。为了进一步巩固世界一流大学建设成果，各相关领域也都积极探索和研究建设世界一流大学的理论。因此，这几年的研究文献量快速上升，5年共有文献270篇，年均54篇，是前一阶段的15.4倍。第三阶段：2004年至今，为稳步探索阶段。这几年的研究文献数量一直很稳定，其中2004—2009年，研究文献总数达到421篇，分别是第一阶段、第二阶段的15.6倍和1.6倍，年均70.2篇。

（二）来源期刊分析

对287篇论文来源进行分析，共发现有134本来源期刊，载文量在3篇及3篇以上的期刊有24本。其中，中文核心期刊有17种，CSSCI来源期刊有16种，具体情况如表1所示。从表1可知，刊载量最多的期刊是《清华大学教育研究》，排名前24位的期刊的学术论文总数为150篇，占发表论文总数的52.3%。其中，中文核心期刊载文总数为137篇，占载文量总数的47.7%；CSSCI来源期刊的相关学术论文数达到总数的40.2%。这说明，有关世界一流大学研究的学术论文来源相对集中，且质量都较高。

表1 1993—2009年世界一流大学研究的学术论文主要来源及分布情况

序号	文献来源	篇数	比例/%	序号	文献来源	篇数	比例/%
1	清华大学教育研究	41	14.3	7	高教探索	5	1.7
2	中国高教研究	13	4.2	8	高等工程教育研究	5	1.7
3	高等教育研究	11	3.8	9	现代教育科学	5	1.7
4	江苏高教	7	2.4	10	北京大学教育评论	4	1.4
5	现代大学教育	6	2.1	11	比较教育研究	4	1.4
6	学位与研究生教育	6	2.1	12	当代教育论坛	4	1.4

续表

序号	文献来源	篇数	比例/%	序号	文献来源	篇数	比例/%
13	复旦教育论坛	4	1.4	19	湖北经济学院学报	3	1.1
14	理工高教研究	4	1.4	20	教育发展研究	3	1.1
15	中国高等教育	4	1.4	21	评价与管理	3	1.1
16	大学教育科学	3	1.1	22	全球教育展望	3	1.1
17	高教管理	3	1.1	23	外国教育研究	3	1.1
18	黑龙江高教研究	3	1.1	24	中国高等教育评估	3	1.1

注：百分数保留小数点后一位。

（三）研究的作者产量分析

研究者产量很大程度上决定了其研究的深度和广度，其整体表现也可以说明世界一流大学研究群体的范围和规模。据统计，在 287 篇关于世界一流大学的学术论文中，发表 2 篇及 2 篇以上的作者名单如表 2 所示。

表 2　发表 2 篇以上的作者论文篇数分析表

篇数	作者姓名
4	袁本涛
3	陈超、陈光军、耿有权、江崇廓、李仙飞、庞青山、邱均平、叶赋桂、翟亚军、张晓鹏
2	徐祖广、查吉德、程莹、顾秉林、何建坤、洪银兴、纪宝成、江静、江丕权、姜梅、李春景、李树业、李枭鹰、刘宝存、刘承波、刘念才、刘志荣、罗燕、罗云、彭道林、陶爱珠、田贺明、王大中、王德宝、王乐、王战军、王长宇、闻星火、熊庆年、徐超富、徐振明、张凤莲、朱科蓉

注：①合作论文属于作者共同所有，计算时各算 1 篇；②论文篇数相同时，均按姓名的拼音首字母顺序排列。

由表 2 可知，我国已经出现了一批研究世界一流大学的学者，有些学者已经形成了自己的研究特色，这对促进世界一流大学的理论研究非常有益。但是，从表中也可以了解到发表论文 2 篇及 2 篇以上的作者只有 44 位，大部分作者都只发表过 1 篇。这说明在这个领域研究的核心学者还比较少，有代表性的专家学者少见。

（四）作者单位分析

对作者的单位进行分析，有助于揭示研究团体的成熟程度、了解研究成果的可信度。对 287 篇论文进行分析，得出产量在 2 篇及 2 篇以上的单位排名表，如表 3 所示。在这 39 个多产研究机构中，除了教育部、天津教科院及中央教育科学研究所之外，都是高校。这说明高校是关注世界一流大学研究的主力军，其中有 22 所为 "985 高校"，7 所为 "211 高校"（此数据不包含 "985 高校"），它们的文章发表量分别占总发表量 287 篇的 61% 和 7.3%。这说明重点高校在探索和研究世界一流大学建设之路时做出了巨大的努力和突出的贡献。

表 3　多产研究团体文献数目排行

单位名称	篇数	单位名称	篇数	单位名称	篇数
清华大学 ★	45	广西师范大学	3	国防科技大学 ★	2
上海交通大学 ★	18	哈尔滨工业大学 ★	3	河北大学	2
华中科技大学 ★	12	湖南师范大学 △	3	湖北经济学院	2
北京师范大学 ★	11	华东师范大学 ★	3	湖南大学 ★	2
厦门大学 ★	11	华南师范大学 △	3	华中农业大学 △	2
北京大学 ★	10	吉林师范大学	3	教育部	2
南京大学 ★	10	兰州大学 ★	3	南京理工大学 △	2
浙江大学 ★	10	山东教育学院	3	苏州大学 △	2

续表

单位名称	篇数	单位名称	篇数	单位名称	篇数
复旦大学★	8	四川大学★	3	天津大学★	2
东南大学★	7	中南大学★	3	天津教科院	2
中国地质大学△	7	中国人民大学★	3	扬州大学	2
武汉大学★	5	北京工业大学△	2	中国科学技术大学★	2
中南民族大学	4	北京航空航天大学★	2	中央教育科学研究所	2

注：① 标△为"211高校"；② 标★为"985高校"。

（五）研究机构的省际分布

对研究机构的省际分布进行分析，有助于了解各省份对世界一流大学建设的关注程度。通过分析各省发表世界一流大学相关学术论文的数量及论文中的课题成果数量，并对比各省的研究状况与成果，可以进一步把握课题的被关注情况。对样本287篇学术论文的来源机构进行分析，得出表4。从表4中的论文省、自治区、直辖市分布数据可知，北京市分别有"211高校"和"985高校"24所、8所，居全国第一位，而相关的学术论文84篇，也居于全国第一位；江苏省、上海市、湖北省等省的"211高校"和"985高校"高校数量位居全国前列，其论文发表量也位居全国前列。从课题成果数量看，在287篇学术论文中，涉及教育部课题、省级课题的论文篇数共21篇。其中，北京市7篇，位居全国第一位；湖北省3篇次之；广东省、福建省各2篇，位居第三；天津市、广西壮族自治区、河北省、江苏省、上海市、浙江省、湖南省也都有涉及课题的论文。上述这些省、自治区、直辖市中的绝大多数拥有的"211高校"和"985高校"及发表的世界一流大学研究论文篇数都位于全国前列，这说明上述地区对世界一流大学研究比较关注，形成了一定的研究实力和一批研究成果。

表 4　研究文献及课题数目省、自治区、直辖市分布

省份	211	985	篇数	涉及课题的论文篇数	省份	211	985	篇数	涉及课题的论文篇数
北京	24	8	84	7	新疆	2	0	0	0
江苏	11	2	26	1	河北	1	0	3	1
上海	9	4	31	1	山西	1	0	0	0
湖北	7	2	40	3	内蒙古	1	0	1	0
陕西	7	3	5	0	浙江	1	1	13	1
四川	5	2	7	0	江西	1	0	1	0
广东	4	2	9	2	河南	1	0	3	0
黑龙江	4	1	4	0	广西	1	0	5	1
辽宁	4	2	2	0	云南	1	0	2	0
安徽	3	1	7	0	贵州	1	0	0	0
吉林	3	1	4	0	甘肃	1	1	3	0
山东	3	2	7	0	青海	1	0	0	0
天津	3	2	5	1	宁夏	1	0	0	0
福建	2	1	10	0	海南	1	0	0	0
重庆	2	1	0	0	西藏	1	0	0	0
湖南	3	3	13	1					

注：①合作论文属于第一作者所有，计算时只算一篇；②"211高校"或"985高校"数目相同时，均按省、自治区、直辖市拼音首字母顺序排列；③表头中的211与985分别代表"211高校"与"985高校"。

（六）研究热点分析

1. 最具影响力的学术论文分析

对论文的影响力进行分析，有助于让研究人员清楚这个学科的理论

基础的强弱，而论文的引用率在一定程度上可以说明论文的学术影响力。因此，对287篇学术论文中较高引用率（20次以上）的论文排行情况（表5），可以说明在世界一流大学研究领域里究竟是哪些论文在发挥着重要的影响作用。

表5　1993—2002年学术论文高引用率排行

排序	题名	期刊	作者	引用率
1	什么是世界一流大学	高等教育研究	丁学良	113
2	规律与启示——关于建设世界一流大学的若干思考	比较教育研究	王英杰	70
3	关于在中国建设世界一流大学的若干问题	清华大学教育研究	王大中	47
4	制度创新与我国建设世界一流大学	现代大学教育	张应强	42
5	论大学的品牌——兼论我国高校合并与创建世界一流大学的战略	科技导报	袁本涛 江崇廓	40
6	办学理念与运作机制：世界一流大学建设的关键	高等教育研究	蓝劲松	38
7	世界一流大学教师学缘研究	江苏高教	姜远平 刘少雪	36
8	目标与途径：世界一流大学与研究型大学建设	清华大学教育研究	王战军	26
8	世界一流大学的形成模式研究	清华大学教育研究	张宝贵	26
9	世界一流大学形成研究	煤炭高等教育	闫月勤	25
9	大学评价述评——兼论中国创建世界一流大学的差距及策略	清华大学教育研究	李越 叶赋桂	25
10	世界一流大学内部管理科学化与民主化比较研究	辽宁教育研究	朱景坤 李泽彧	24
11	建设世界一流大学的战略思考与实践	清华大学教育研究	王大中	22

续表

排序	题名	期刊	作者	引用率
11	美国经验：成为世界一流大学的条件	高等教育研究	张凤莲 江丕权	22
12	大学的创新与保守——哈佛大学创建世界一流大学之路	比较教育研究	刘宝存	21
12	国际合作：建设世界一流大学的重要选择	清华大学教育研究	陈昌贵	21
12	美国最好大学评选与中国建设世界一流大学	高等教育研究	沈 红	21
13	我国何时能建成世界一流大学——从GDP角度预测	高等教育研究	程 莹 刘少雪 刘念才	20
13	世界一流大学学科结构特征及其启示	学位与研究生教育	庞青山 薛天祥	20
13	世界一流大学的主要特征及创办条件论析	电力高等教育	穆义生	20

注：以上学术论文引用率统计数据截止日期为2010年5月底。

从表5可知，在最具影响力的论文中，涉及对外国世界一流大学的形成规律和特征的研究的有6篇，涉及外国的建设经验对我国建设世界一流大学的启示的文章有3篇。这些说明，在建设世界一流大学的历史进程中，我国还处于初级阶段，也就是学习借鉴国外经验、对照模仿发展阶段，我们在建设理念上还未形成自己的特色。

2. 研究热点的变迁

一项研究的热点的变迁可以说明其研究动态和发展趋势。对于研究人员来说，把握该项研究和发展动态，有助于明确今后的研究重点和方向。通过2008—2009年学术论文的关键词进行梳理，得出表6，它揭示了近两年来世界一流大学研究的热点问题。需要指出的是，由于每篇论文的关键词不止一个，本次统计允许一篇论文被重复计算。

表6　2008—2009年学术论文主题词频次

主题关键词		2008年	2009年	总计
定义		3	2	5
建设策略	政府政策	1	2	3
	科研创新	6	4	10
	师资建设	3	3	6
	学科建设	5	6	11
	国际化办学	2	6	8
	大学定位	4	1	5
	文化建设	1	2	3
	校长领导	2	2	4
	学术氛围	4	2	6

表6显示，在世界一流大学研究中，有关学科建设和科研创新研究的成果较多，两个主题词分别被提及11次和10次。这说明，这两个方面是国内研究关注的重点。同时，面对全球教育一体化的趋势，国际化办学的相关问题也受到了广泛关注，师资队伍建设研究继续受到重视。相对而言，文化建设和校长领导等方面被提及较少，说明这些方面的理论研究还需要加强。

（七）研究方法分析

这里所指的研究方法主要是参照徐辉与季诚钧在《高等教育研究方法现状与分析》一文中提出的划分办法，即将研究方法分为定性与思辨法、定量与实证法两大类，然后再划分为10种具体的方法。[2]根据具体的研究方法，将样本文献进行了逐一归类，采取如果一篇文章出现两种研究方法则取主要的一种方法为准则的方式，经过分类统计得到表7的结果。从统计结果可知,在世界一流大学研究领域中,定性与思辨的方法占主要地位,定量与实证的方法总量较少,其中感悟性思辨又是重中之重,试验和观察法基本上没有。这说明,我国学者在研究世界一流大学时,研究方法较为单一,即以思辨为主,缺少实证调查,研究结论的主观性太强,科学性和可信度不高。

表7　287篇样本研究方法分类

年份	定性与思辨					定量与实证				
	感悟性思辨	哲学性思辨	历史性思辨	比较性思辨	多学科思辨	观察方法	调查方法	个案研究	数学分析	试验方法	多学科方法
1993				1							
1994	4							2			
1995								1			
1996	2										
1997			1					1	1		
1998	1		1	1							
1999		1	1	1							
2000	7		1	1				5			
2001	16			4					1		
2002	14			2	1			5			
2003	19	2	3	2				4			
2004	15		2	3	1			4	2		
2005	21		1	3	1			6	3		1
2006	16		1	3	1			8	2		1
2007	22			2				8	2		1
2008	12		1				1	7	1		1

续表

年份	定性与思辨					定量与实证				
	感悟性思辨	哲学性思辨	历史性思辨	比较性思辨	多学科思辨	观察方法	调查方法	个案研究	数学分析	试验方法	多学科方法
2009	14			3			1	7	3		
总计	163	3	12	26	4	0	2	58	15	0	4
百分比	56.8	1.1	4.2	9.6	1.4	0	0.7	20.2	5.2	0	1.4
总计	72.5					27.5				

注：表头"定性与思辨"列实际有5项子列，"定量与实证"列实际有6项子列。

三、结论与思考

（一）要进一步加强理论研究和政策研究，以便为新时期中国世界一流大学建设提供重要的理论支撑

建设世界一流大学无疑需要强有力的理论支持和政策引导，但是，通过研究，我们发现在此方面需要改进和提升的地方还很多。从研究成果的数量看，从1993年第一篇"世界一流大学"相关论文出现以来，每年的学术论文都有所增加，特别是"985工程"启动以来，学术界的研究热度一直在持续上升，研究成果显著增长。但是，由于中国世界一流大学战略提出的时间还较短，真正开始实施的时间也不长，因此文献数还不是很多，整体的研究质量有待提升。据统计1993—2009年CNKI中高等教育类的文献共有493137篇之多，而有关世界一流大学的论文只有718篇，只占到0.15%。显然，作为国家的重点建设工程——中国世界一流大学建设工程，总体上看，如此小规模的理论研究成果数应该说难以显示其重要性。从作者的数量来看，虽然从事这方面研究的作者为数不少，但是研究人员较为分散，大家、专家、名家不多，而具有教育家战略思维、彰显中国风格、有国际影响力的标志性成果更加欠缺。就是说，我国对世界一流大学的理论研究在发展进步，但仍不成熟，拓展空间还很大，有待研究的课题还很多，研究队伍还需要不断壮大。未来十年，随着我国建设世界一流大学步伐的加快，我国重点高校在世界一流大学建设过程中必然需要更多的理论支撑和战略指导，因此，尽快加强对世界一流大学建设的系统性理论和政策研究已成当务之急。

（二）要善于把国外研究与国内建设相结合，多学科、多视角、多维度地探索中国世界一流大学建设之道

21世纪，在中国土地上建设世界一流大学，既需要研究和借鉴西方国家一流大学建设的经验，更需要结合中国实际开展研究，大胆探索适合中国发展需要的特色化建设之路，其中要特别强化多学科、多视角、多维度的理论研究。前文分析显示，我国世界一流大学研究的问题和内容较多，不仅涉及世界一流大学的定义、内涵、标准，还包括具体的建设途径和建设方法等。从研究的角度看，一些学者能从多学科角度出发，采用个案研究的方法，将国外建设世界一流大学的成功案例引进国内，但大部分研究是介绍英国、美国等发达国家的世界一流大学建设的经验，缺少阐释"中国式道路"的研究。从文献统计情况看，在研究主题的选择上，重复现象时有发生，研究多集中于一般性概念解释及综合性改革建议，而对于改进措施，多数研究者出发的角度很相似，大多停留于对师资建设、课程建设等表面或浅层次问题分析上，研究成果缺乏创新性、时代性、针对性、中国性。从研究方法看，已有的大部分研究成果多偏向或侧重于定性研究、感悟性研究、思辨性研究，而最需要加强的实证研究则较少，多数研究结果不具普遍性，可行性不强。从学科角度看，真正结合其他学科如政治学、经济学、哲学、历史学、社会学等学科的研究较少，大部分研究仅停留在教育学领域，导致研究的结论过于单一甚至雷同。正如潘懋元教授所指出的，现在的高等教育研究领域，单凭普通教育学的方法和理论已不能满足研究需要，高等教育的多学科研究势在必行。[3]因此，我国学术界必须从多学科角度来思考和研究世界一流大学的建设问题，以便为建设"中国特色、世界一流"大学提出科学的理论根据，指明发展道路。

（三）重点高校要大力加强战略研究，要善于总结建设经验，努力上升到理论高度，推进自身的世界一流大学建设

我国重点大学特别是"985高校"承担着建设世界一流大学的历史重任。这些高校，一方面要大胆探索和实践，另一方面要加强战略和政策研究，要善于走科学发展之路。显然，在国际竞争日趋激烈的情况下，指望和依靠他国或别人的理论研究来指导自身的建设，既不合时宜，也有损尊严。从287篇学术论文来看，除了少部分的多产作者发表2篇及2篇以上论文外，大部分作者都只发表了一篇。而对多产作者的身份分析可知，这些作者大多为高校行政领导或从事教育研究的学者，这两类群体的研究相互配合，形成理论与实践的结合，有利于世界一流大学建设行动。但是，其中也存在着一些问题。第一，发表学术论文的作者数量多，多产作者过少，在一定程度上表明在这个研究领域还没有形成稳定的研究团体，研究呈"散点状态"，且大部分研究只停留在表面或浅层，真正深入研究的学者并不多。第二，不少高校行政领导对这个领域的研究很大一部分是建立在自己的工作经验基础上，缺少客观数据支持；一部分专业人员的研究也是建立在外国经验的基础之上，缺乏研究数据和对世界一流大学的深入了解，因此指导的意义并不大。第三，研究群体地域分布不均。目前，世界一流大学相关论文大多分布在"985高校"和"211高校"云集的省、自治区、直辖市，但是一些分布有"985高校"和"211高校"的省份却未见有多少研究成果。显然，这不利于当地的世界一流大学建设。因此，重点高校要进一步提高认识、坚定信心，加强理论研究，尤其要善于把自身的实践上升到理论层次，以巩固自身的建设成果。可以说，这不仅是我国重点高校科学推进世界一流大学建设的内在要求，而且是我国重点高校参与中国乃至世界高等教育理论体系建设的一项重要任务。

参考文献

[1] 国家中长期教育改革和发展规划纲要工作小组办公室. 国家中长期教育改革和发展规划纲要（2010—2020）[EB/OL].（2010-07-29）. http://old.moe.gov.cn/publicfiles/business/htmlfiles/moe/info_list/201407/xxgk_171904.html.

[2] 徐辉，季诚钧. 我国高等教育研究方法现状及分析[J]. 中国高教研究，2004（1）：13-15.

[3] 潘懋元. 高等教育：历史、现实与未来[M]. 北京：人民教育出版社，2004：86-89.

7 调查

美国世界一流大学校长群体的素质特征及启示
——以上海交通大学 2011 年美国大学排名前 20 名为依据

从 C9 联盟看我国一流大学校领导团队建设

"211 工程"大学校长群体素质调查与思考

清华大学学术型拔尖创新人才培养研究
——基于 1999—2013 年全国优博论文数据分析

美国世界一流大学校长群体的素质特征及启示[①]
——以上海交通大学 2011 年美国大学排名前 20 名为依据

摘 要 建设中国特色世界一流大学首先要有素质优秀的世界一流校长群体。美国拥有占全球 70% 的世界一流大学,与其拥有众多素质优秀的大学校长不无关系。依据上海交通大学 2011 年度世界大学学术排行榜,通过对美国排名前 20 位世界一流大学校长的学习经历、学科背景、学术荣誉、校长经历、工作经历等素质维度研究,揭示美国社会对担任世界一流大学校长的素质要求以及带给我们的重要启示。

关键词 美国;世界一流大学校长;素质;启示

《国家中长期教育改革和发展规划纲要(2010—2020 年)》强调,到 2020 年,我国要"建成一批国际知名、有特色、高水平的高等学校,若干所大学达到或接近世界一流大学水平"。[1]显然,对中华民族来说,这是一项史无前例的伟大事业,取得这项伟大事业的成功,不仅需要各级政府和广大人民群众特别是高校全体师生员工的努力和支持,而且需要拥有伟大教育家品质和优秀素质的世界一流校长引领学校的发展。当今

---

① 本文原载于《东南大学学报(哲学社会科学版)》2012 年第 6 期。《新华文摘》2013 年第 4 期摘要转载。本文作者:耿有权,刘琼。

世界，美国拥有占全球 70% 的世界一流大学群体，与其拥有众多素质优秀的伟大校长不无关系。那么，美国世界一流大学校长群体究竟具有什么样的综合素质？借助美国世界一流大学官方网站及维基百科网站对外发布的校长生平简历，深入考察美国世界一流大学校长群体的基本素质源，包括学习经历、学科背景、学术荣誉、校长经历等信息及其特征，无疑对我们更加准确地认识美国世界一流大学校长群体及建设中国特色一流大学校长队伍，具有重要的参考价值。

一、美国世界一流大学校长群体的样本选择

目前，全球世界大学排名系统存在多种版本，具有重要国际影响力的主要有三种：一是英国《泰晤士报·高等教育副刊》（THES）与 QS 公司（Quacquarelli Symonds）合作发布于 2004 年的"世界前 200 所大学排名"。二是美国发起于 1983 年的《美国新闻与世界报道》的世界大学排名（主要为美国大学）。三是上海交通大学发起于 2003 年的世界前 500 所大学学术排行榜（ARWU）等。研究这些大学排行榜不难发现，一所学校在同年度各排名体系中位置也是不同的，有时排名位次甚至差距很大。且以北京大学和清华大学为例，2011 年度，在英国《泰晤士报·高等教育副刊》发布的世界大学排名体系中，北京大学居第 46 位，清华大学居第 47 位，北京大学位居清华大学之前；而在《美国新闻与世界报道》的世界大学排名中，清华大学居第 49 位，北京大学居第 52 位，清华大学位居北京大学之前；两校在上海交通大学的世界大学学术排名中则没有这么乐观，清华大学居第 151—200 名，而北京大学居第 201—300 名，北京大学与清华大学的世界排名位次存在较为明显的差距。对于这种差距，可谓仁者见仁，智者见智。在我们看来，教育部战略研究基地——上海交通大学世界一流大学研究中心发布的世界大学学术排行榜可以说代表了

"中国视角"的看法或者至少反映了中国学人对世界一流大学质量和水平的基本判断或倾向性认识。因此，本研究将以上海交通大学2011年版世界大学学术排行榜中美国大学排名次序为基本依据，对美国著名大学排名前20位大学（9所公立大学、11所私立大学）校长进行素质维度的考察研究，总结其内在规律和主要特征（表1）。

表1　20位美国大学校长的性别、年龄、学历状况

美国大学排名	校长姓名	性别	出生年份	本科就读院校	硕士就读院校	博士就读院校	博士后院校
1.哈佛大学*	德鲁·吉尔平·福斯特（Drew Gilpin Faust）	女	1947	美国布林茅尔学院*	（14）宾夕法尼亚大学	宾夕法尼亚大学	
2.斯坦福大学*	约翰·汉尼斯（John L. Hyenness）	男	1953	美国维拉诺瓦大学	（151—200）纽约州立大学石溪分校	纽约州立大学石溪分校	
3.麻省理工学院*	苏珊·霍克菲尔德（Susan Hockfield）	女	1951	（84）美国罗切斯特大学	（201—300）乔治敦大学*	乔治敦大学	加利福尼亚大学
4.加州大学伯克利分校	罗伯特·柏敬诺（Robert J. Birgeneau）	男	1942	（26）加拿大多伦多大学	（11）耶鲁大学	耶鲁大学	（10）牛津大学*
5.加州理工学院*	让-诺·沙莫（Jean-Lou Chameau）	男	1953	法国国立高等工程技术学校	法国国立高等工程技术学校	（2）斯坦福大学	
6.普林斯顿大学*	雪莉·蒂尔曼（Shirley M. Tilghman）	女	1946	加拿大金士顿皇后大学	费城天普大学	费城天普大学	美国国立卫生研究院
7.哥伦比亚大学*	李·伯林格（Lee C. Bollinger）	男	1946	（102—150）俄勒冈大学	（8）哥伦比亚大学	哥伦比亚大学	

续表

美国大学排名	校长姓名	性别	出生年份	本科就读院校	硕士就读院校	博士就读院校	博士后院校
8. 芝加哥大学*	罗伯特·芝莫尔（Robert J. Zimmer）	男	1947	（201—300）美国布兰迪斯大学*	（1）哈佛大学	哈佛大学	
9. 耶鲁大学*	理查德·莱文（Richard C. Levin）	男	1947	斯坦福大学	牛津大学	耶鲁大学	
10. 加州大学洛杉矶分校	吉恩·布洛克（Gene. Block）	男	1948	斯坦福大学	（102—150）俄勒冈大学*	俄勒冈大学	
11. 康奈尔大学*	大卫·斯科尔顿（David J. Skorton）	男	1949	（30）西北大学*	（12）加州大学洛杉矶分校	（30）西北大学	
12. 宾夕法尼亚大学*	艾米·加德嫚（Amy Gutmann）	女	1949	（1）哈佛大学	（151—200）伦敦政治经济学院*	（1）哈佛大学	
13. 加州大学圣地亚哥分校	美薇·安妮·福克斯（Marye Anne Fox）	女	1947	美国圣母大学	美国克利夫兰州立大学	（151—200）达特茅斯学院*	
14. 华盛顿大学西雅图分校	米歇尔·杨格（Michael K. Young）	男	1950	（301—400）美国杨伯翰大学*	信息不详	哈佛大学	
15. 加州大学旧金山分校	苏珊·德斯蒙德·赫尔曼（Susan Desmond Hellman）	女	信息不详	信息不详	（4）加州大学伯克利分校	信息不详	
16. 约翰·霍普金斯大学*	罗纳·德丹尼（Ronal J. Danie）	男	1959	加拿大多伦多大学	耶鲁大学	加拿大多伦多大学	

续表

美国大学排名	校长姓名	性别	出生年份	本科就读院校	硕士就读院校	博士就读院校	博士后院校
17. 威斯康星麦迪逊大学	大卫·沃德（David Ward）	男	信息不详	（102—150）英国利兹大学	英国利兹大学	麦迪逊大学	
18. 密歇根大学安娜堡分校	玛丽苏·科尔曼（Mary Sue Coleman）	女	1943	美国格林内尔学院	信息不详	北卡罗来纳大学	
19. 伊利诺大学	菲利斯·沃斯（Phyllis Wise）	男	信息不详	美国斯沃斯莫尔学院*	信息不详	（92）密歇根大学	
20. 明尼苏达大学	卡勒（Kaler）	男	1956	（6）加州理工学院	信息不详	（28）明尼苏达大学	

注：①表格中打*为私立大学，同一所大学只标注一次。不打*为公立大学；②表格中大学前面括号内的数字表示其在世界大学排行榜中的排名，同一所大学只标注一次。凡未标明数字的表示该大学没有进入世界大学前500名。表格中所有排名均以上海交通大学2011年版世界大学学术排行榜为依据。

二、美国世界一流大学校长群体的素质特征

（一）绝大多数校长本硕博学历齐全，九成校长获得过世界著名大学学位

学历指学习经历，学位是根据专业学术水平由高等院校、科研机构等授予的称号。学历和学位可以反映一个人接受教育的层次以及学识、学养上达到的境界。显然，越是令人骄傲的学习经历，越能对领导著名大学产生激励作用。关于20位美国大学校长学历、学位的信息调查显示，大多数校长的本硕博学历齐全。需要交代的是加州大学旧金山分校校长仅有硕士就读院校的信息，华盛顿大学西雅图分校、密歇根大学安娜堡分校、伊利诺伊大学、明尼苏达大学4所大学的校长的简历和自传中未提及硕士就读

院校。不过分析已获信息，可以认为，美国排名前 20 位大学的校长一般均拿到学士学位，有的校长自传简历中虽然没有提及硕士就读院校，估计是本硕连读然后获得博士学位。从本科就读院校信息看，20 位美国大学校长中有 8 位本科院校是世界大学排名前 100 名的大学，10 位校长为世界排名前 200 名的大学。从硕士就读院校信息看，20 位美国大学校长中有 8 位硕士就读院校为世界大学排名前 100 名的大学，12 位校长就读硕士院校为世界排名前 200 名的大学。从博士就读院校信息看，有 12 位校长的博士院校为世界排名前 100 名的大学，占总人数的 63%；有 15 位校长为世界排名前 200 名的大学，占总人数的 79%。此外，20 位美国大学校长中还有 3 位校长拥有世界一流大学或世界一流水平学术机构的博士后经历。不难看出，美国世界一流大学校长群体的本科学历并不都是世界顶尖院校。例如，20 位大学校长中只有 8 位校长的本科和硕士院校为排名前 100 名的世界一流大学，其他 12 位校长的本科和硕士院校为一般大学，但是从本科、硕士、博士、博士后四个阶段全程综合来看，有九成校长都有在世界名校求学的经历。

（二）均是专业学科领域的学术精英，其中理法医学出身的大学校长占八成

学科背景是指学者研究的学问在性质上所属的门类，它可以反映一个人从事科学研究的学科领域，如人文学、社会科学、自然科学等。关于校长学科背景分析发现，20 位美国大学校长中，从学科分类看，属于理学的校长最多，占 45%（9 人）；其次是法学，占 20%（4 人）；医学占 15%（3 人）；工学占 10%（2 人）；经济学和历史学各有 1 人，各占 5%。具体来说，20 位大学校长中，以下 9 位美国大学校长属于理学：加州大学伯克利分校校长罗伯特·柏敬诺为物理学家、普林斯顿大学校长雪莉·蒂尔曼为分子生物学家、芝加哥大学校长罗伯特·芝莫尔为数学家、加州大学洛杉矶分校校长吉恩·布洛克为生物学家、加州大学圣地亚哥分校

校长美薇·安妮·福克斯为化学家、威斯康星麦迪逊大学校长大卫·沃德为地理学家、加州大学旧金山分校校长苏珊·德斯蒙德·赫尔曼为生物学家、密歇根大学校长玛丽苏·科尔曼为生物化学家、明尼苏达大学校长卡勒为化学家。有4位属于法学,他们是哥伦比亚大学校长李·伯林格、宾夕法尼亚大学校长艾米·加德嫚、华盛顿大学西雅图分校校长米歇尔·杨格、约翰·霍普金斯大学校长罗纳·德丹尼。有3位校长属于医学,神经系统科学家——麻省理工学院校长苏珊·霍克菲尔德、康奈尔大学校长大卫·斯科尔顿为医学家、伊利诺大学校长菲利斯·沃斯是医学家。斯坦福大学校长约翰·汉尼斯、加州理工学院校长让-诺·沙莫属于工学,分别为计算机科学家、工程学家。经济学和历史学各有1人,哈佛大学校长德鲁·吉尔平·福斯特为历史学家,耶鲁大学校长理查德·莱文是经济学家。

(三)起任教授早,学术荣誉高,皆为美国国家院士或学术团体负责人

教授是高等院校中最高职别的教师,从担任教授的年龄和时间点可以看出一个人学术水平和追求学术的强度和力度。关于各位校长起任教授年龄的调查发现,在20位美国大学校长公布的资料信息中,有12位校长有关起任教授年龄信息完整,其他8位校长信息不全。统计数据显示,12位大学校长起任教授的平均年龄为35.33岁,具体看,哈佛大学校长德鲁·吉尔平·福斯特是28岁(1975)晋升为教授、斯坦福大学校长约翰·汉尼斯是35岁(1987)、麻省理工学院校长苏珊·霍克菲尔德是43岁(1994)、加州大学伯克利分校校长罗伯特·柏敬诺是33岁(1975)、加州理工学院校长让-诺·沙莫是27岁(1980)、普林斯顿大学校长雪莉·蒂尔曼是40岁(1986)、哥伦比亚大学校长李·伯林格是33岁(1979)、耶鲁大学校长理查德·莱文是35岁(1982)、康奈尔大学校长大卫·斯科尔顿是39岁(1988)、宾夕法尼亚大学校长艾米·加德嫚是38岁(1987)、加州大学圣地亚哥分校校长美薇·安妮·福克斯是

38岁（1985）、明尼苏达大学校长卡勒是35岁（1991）。其中，有2所大学校长起任教授时的年龄很小而十分突出，他们分别是哈佛大学校长德鲁·吉尔平·福斯特及加州理工学院让-诺·沙莫，这两位校长分别在其28岁和27岁时就晋升为教授，其他10位校长中有9位晋升教授时的年龄是30—40岁，只有麻省理工学院苏珊·霍克菲尔德校长是在43岁的时候成为正式教授。

世界一流大学拥有世界一流的学术声誉。这不仅体现在大学教师和学生的业绩表现上，也体现在大学校长的学术身份上。通过对校长学术履历的考察分析发现，20位美国大学校长中，美国人文与科学院（American Academy of Arts and Sciences）院士占总人数的65%（13位）、美国科学发展协会（American Association for the Advancement of Science）占总人数的40%（8位）、美国国家科学院（United States National Academy of Sciences）院士占总人数的30%（6位）、美国哲学协会（American Philosophical Society）会员占总人数的25%（5位）；美国国家工程院（National Academic of Engineering）院士2位，占总人数的10%。此外，美国物理协会（American Physical Society）会员、美国国家医学科学院（Institute of Medicine of the national Academies）、美国政治社会科学院（American Academy of Political and Social Sciences）院士、美国外交协会（Council on Foreign Relations）会员、美国律师基金会（American Bar Association）会员、美国癌症学会（The American Cancer Society）会员各占5%（1位）。总之，20位美国校长中有17位是美国国家院士，占总人数的85%。还有3位校长虽然没有拥有国家院士的头衔，但都是著名学术团体的领头人和创始人。需要指出的是，20位美国大学校长中，不少校长身兼数个学术职衔。

（四）校长任职经历丰富，七成担任过两所以上世界知名大学的校长

美国著名教育家克拉克·克尔（Clark Kerr）研究发现："美国的大学校长被期望是学生的朋友、教师的同事、校友的好友、校董的好行政管理者、对公众的好演说家、对基金会和联邦部门的机敏议价者、州立法议会的政客、工业与劳工与农业的朋友、对捐赠人有说服力的外交家……而首要的是，他必须乐意乘飞机旅行，在公众场合吃饭，出席公共仪式。没有人能做到所有这一切。有些人一件也做不到。"[2]如此复杂多样的角色，即使是杰出的教育理论家，如果不经过长期的实践历练，也不可能承担起校长的重大使命。根据公布的校长信息，20位大学校长中只有加州大学旧金山分校校长曾经担任校长的信息不全；有4位校长的信息显示未担任过其他高校的校长。通过分析其他15位大学校长的公开发布信息发现，在成为现任大学校长之前，他们都有担任其他大学校长的经历，这个数字占总人数的75%。在有其他高校校长任职经历的15位大学校长中，有10位大学校长任职的高校均是位居世界大学排名前100位的一流大学（表2）。

表2 20位美国大学校长的校长任职情况

学校	校长姓名	是否担任过他校校长
1.哈佛大学	德鲁·吉尔平·福斯特	布林摩尔学院董事
2.斯坦福大学	约翰·汉尼斯	（2）斯坦福大学副校长，6年
3.麻省理工学院	苏珊·霍克菲尔德	（11）耶鲁大学副校长
4.加州大学伯克利分校	罗伯特·柏敬诺	（26）加拿大多伦多大学校长，5年
5.加州理工学院	让－诺·沙莫	亚特兰大佐治亚理工大学校长
6.普林斯顿大学	雪莉·蒂尔曼	否
7.哥伦比亚大学	李·伯林格	（22）美国安娜堡密歇根大学校长
8.芝加哥大学	罗伯特·芝莫尔	（65）布朗大学校长
9.耶鲁大学	理查德·莱文	否
10.加州大学洛杉矶分校	吉恩·布洛克	（102—150）弗吉尼亚大学校长
11.康奈尔大学	大卫·斯科尔顿	爱荷华大学校长，3年
12.宾夕法尼亚大学	艾米·加德嫚	（7）普林斯顿大学校长

续表

学校	校长姓名	是否担任过他校校长
13. 加州大学圣地亚哥分校	美薇·安妮·福克斯	（42）北卡罗来纳州立大学校长
14. 华盛顿大学西雅图分校	米歇尔·杨格	（79）犹他州大学校长
15. 加州大学旧金山分校	苏珊·德斯蒙德·赫尔曼	信息不详
16. 约翰·霍普金斯大学	罗纳·德丹尼	（14）宾夕法尼亚大学校长
17. 威斯康星大学	大卫·沃德	麦迪逊大学校长5年
18. 密歇根大学	玛丽苏·科尔曼	爱荷华大学校长8年
19. 伊利诺伊大学	菲利斯·沃斯	（31）华盛顿大学校长5年
20. 明尼苏达大学	卡勒	否

注：表格中第3列的大学前面括号内的数字表示其在世界大学排行榜中的排名，凡未标明数字的表示该大学没有进入世界大学前500名。表格中所有排名均以上海交通大学2011年版世界大学学术排行榜为依据。

（五）工作经历丰富，全部有在专业领域从事教学、科研与管理的经历

大学校长是学术机构的负责人、领军人、协调人、筹划人。事实上，作为校长，如果没有在教学、科研和管理一线工作的丰富经历，很难理解学术机构领导和组织的复杂性和艰巨性。根据美国学者迈克尔·D. 科恩（Michael D. Cohen）和詹姆斯·G. 马奇（James G. March）的研究发现，美国大学的学术行政管理人员的标准升级制度是一个六级阶梯：从学生（教员、牧师）到教授，到系主任、学院院长，再到学术副校长或教务长，最后达到校长。当然，许多校长可能会绕过其中一个或多个阶梯。[3] 换言之，沿着这个阶梯进步的基层工作经历，对领导美国世界一流大学的校长来说十分重要。事实上，我们在研究美国大学校长工作经历中发现，20位美国大学校长在成为现任大学校长之前均有在所属专业领域里任教的工作经历。其中，任教时间最长的是康奈尔大学的校长大卫·斯科尔顿，前后长达 26 年；明确表示担任过大学院系主任的大学校长有 12 位，占总人数的 60%。这说明，每位大学校长在担任校长之前都拥有丰富的教学经验，其中 12 位校长不仅拥有丰富的教学经验，而且拥有丰富的管理经验，为他们以后担任高校校长奠定了重要的经验基础（表 3）。

表 3　20 位美国大学校长的工作经历情况

学校	校长姓名	工作经历
1. 哈佛大学	德鲁·吉尔平·福斯特	①宾夕法尼亚大学历史学教授；②美国历史学会副会长；③美国南方历史学会会长
2. 斯坦福大学	约翰·汉尼斯	①斯坦福大学电子工程院助教；②斯坦福大学工程学院院长；③计算机科学学院院长
3. 麻省理工学院	苏珊·霍克菲尔德	①麻省理工学院大脑与认知学院教授；②耶鲁大学神经生物学教授；③耶鲁大学研究生院院长
4. 加州大学伯克利分校	罗伯特·柏敬诺	①耶鲁大学任教；②牛津大学任教 1 年；③贝尔实验室研究 7 年；④麻省理工学院任教 25 年并担任院长；⑤麻省理工学院科学学院院长
5. 加州理工学院	让－诺·沙莫	①普渡大学土木工程学院教授；②佐治亚理工大学工程院院长
6. 普林斯顿大学	雪莉·蒂尔曼	普林斯顿大学任教 15 年
7. 哥伦比亚大学	李·伯林格	①美国安娜堡密歇根大学法学教授 7 年；②美国安娜堡密歇根大学法学院院长
8. 芝加哥大学	罗伯特·芝莫尔	①美国海军学院数学教授；②加州大学伯克利分校任教；③芝加哥大学数学系教授；④数学系主任
9. 耶鲁大学	理查德·莱文	①耶鲁大学经济学教授助理；②耶鲁大学管理学院院长；③经济学教授；④耶鲁大学经济学院院长；⑤耶鲁大学研究生院院长
10. 加州大学洛杉矶分校	吉恩·布洛克	弗吉尼亚大学任教
11. 康奈尔大学	大卫·斯科尔顿	①爱荷华大学任教 26 年；②康奈尔大学医学院教授

续表

学校	校长姓名	工作经历
12.宾夕法尼亚大学	艾米·加德嫚	①普林斯顿大学教务长；②宾夕法尼亚大学人文科学政治学教授；③通讯学院教授；④研究生院教育学教授
13.加州大学圣地亚哥分校	美薇·安妮·福克斯	①北卡罗来纳州立大学化学教授；②得克萨斯州立大学有机化学教授；③得克萨斯大学研究中心主任
14.华盛顿大学西雅图分校	米歇尔·杨格	①哥伦比亚大学法学院教授20多年；②乔治华盛顿大学法学院院长；③犹他州立大学法学院教授
15.加州大学旧金山分校	苏珊·德斯蒙德·赫尔曼	信息不详
16.约翰·霍普金斯大学	罗纳·德丹尼	①加拿大多伦多大学法学院院长；②法学院教授
17.威斯康星大学	大卫·沃德	①麦迪逊大学地理系主任；②麦迪逊大学研究生院院长
18.密歇根大学	玛丽苏·科尔曼	肯塔基州大学生物化学教授
19.伊利诺伊大学	菲利斯·沃斯	①华盛顿大学生理学、生物学、妇科学教授；②美国马兰里大学教授；③肯塔基州大学生理学院院长及教授；④加利福尼亚大学生物学院院长
20.明尼苏达大学	卡勒	①华盛顿大学化学工程学助理教授；②特拉华大学化学工程学院院长

三、启示

调查研究发现，无论是公立大学校长还是私立大学校长，无论是男性校长还是女性校长，无论是文科出身的校长还是理工科出身的校长，美国的世界一流大学校长均出类拔萃、卓越超群。中肯地说，我们虽然不能从这些数据信息中透彻地了解到美国遴选这些世界一流大学校长的曲折过程及复杂程度，但是通过对这 20 位美国大学校长的成长经历及基本素质信息的综合比较分析，可以看到如上所述的一些共性特点和重要特征，同时从这里也可以带给我们一些重要启示。

（一）世界一流大学需要天资聪颖、早有成就的校长候选人，性别可以不限

统计数据显示，在 20 位美国大学校长中，男性校长占 65%（13 人），女性校长占 35%（7 人）。无论男性校长还是女性校长，美国大学校长均天资聪颖，早年即有成就，基本是本硕博学历齐全，有的还有著名学术机构的博士后研究经历。例如，通过对已公布起任教授年龄的 12 位大学校长的信息分析发现，多数校长在 40 岁左右即取得美国著名大学的教授资格，甚至有两位校长即加州理工学院校长让－诺·沙莫（男）在 27 岁时、哈佛大学校长德鲁·吉尔平·福斯特（女）在 28 岁时即升任教授。这表明，在美国社会中，无论男性校长还是女性校长，只要拥有卓越超群的智慧和组织领导能力，综合素质优秀，均可以胜任美国世界一流大学的校长职务。

（二）世界一流大学的校长候选人应有世界名校求学经历，且应为学界精英

显然，学习阶段的综合表现可以反映一个大学校长人生事业起步阶段的能力和潜质。调查发现：美国 20 位校长若不在本科阶段，就在硕士、博士或博士后阶段取得美国或发达国家著名大学或学术机构的学位或身份，一些校长本硕博是从世界名校到世界名校。其次，20 位大学校长均拥有美国各类著名学术组织的院士头衔或为世界著名学术团体的负责人或重要成员。其中，65%（13 人）的校长拥有美国人文与科学院院士头衔，40%（8 人）的校长拥有美国科学发展协会成员资格，30%（6 人）的校长拥有美国国家科学院院士荣誉，25%（5 人）的校长拥有美国心理协会会员资格，不少校长拥有两个类别以上院士头衔或重要学术团队成员资格。

这表明，校长的学术地位与学术身份应该与世界一流大学的卓越地位相称，而拥有世界著名学术机构的重要学术头衔则是一个外在表现。

（三）世界一流大学校长候选人应该有重要的基层管理锻炼，且应履历丰富

调查发现，美国 20 位大学校长均曾在本专业领域里长期从事教学、科研及学术管理工作，其中有 15 位大学校长在担任现任职务之前均担任过著名大学学院（系）一级的院长或主任。不少校长跨校、跨部门甚至跨国担任重要的学术管理职务。例如，美国加州大学伯克利分校罗伯特·柏敬诺校长先后在耶鲁大学、牛津大学任教，而后在美国贝尔实验室从事研究工作 7 年，接着到美国麻省理工学院任教 25 年，之后担任美国一流大学校长。显然，从美国经验来看，一位著名学者，若要成为领导和管理美国世界一流大学的校长，他或她必须从基层做起，逐步升迁，努力积累丰富的人生经历特别是学术行政管理的经验。

（四）世界一流大学校长候选人来自文理学科均可，且应有杰出的管理才能

按照我国学科分类的 13 大门类来看，有学者研究发现，目前我国现任研究型大学校长的学科背景过于单一，具有自然学科背景的比例占到 90.2%。[4] 而根据我们的调查数据，在美国 20 位世界一流大学校长中，70% 的校长属于理科出身，其中理学占 45%（9 人）、医学占 15%（3 人）、工学占 10%（2 人）；30% 的校长属于文科出身，其中法学占 20%（4 人），历史学、经济学各占 5%。值得重视的是，对比我国重点高校情况来看，美国世界一流大学校长群体中文科出身的比例较高。这表明，不仅各个学科的人才均可以担任世界一流大学校长，而且在一个国家的一流大学校长群体中，文科出身的校长不仅不能缺少，而且应该占有一定的比例，关键在于校长人选必须有杰出的学术表现和优秀的管理才能。

（五）世界一流大学校长候选人应该有国际学术经历，欧美经历应居于首位

有学者调研发现，截至2010年3月，我国第一批34所"985高校"校长中具有海外学习经历有30名，占总人数的88.2%；在国外取得博士学位的校长有13位，占38.2%。[5] 这里要说明的是，这些校长绝大多数留学美国、英国、法国、德国、日本、澳大利亚、丹麦等西方发达国家，留学地区分布比较广泛。而根据我们的调查信息发现，美国20位世界一流大学校长中，从本科、硕士研究生、博士研究生全程学习经历看，只有极少数校长出国留学过，而且留学国家仅限于西方发达国家如英国、法国、加拿大。显然，与发展中国家的著名大学校长以获得欧美世界一流大学的学历学位为荣相比，美国世界一流大学校长群体则表现不同，他们仅以美国大学为求学基地。换言之，美国世界一流大学校长不在乎拥有出国留学经历，因为全球70%的世界一流大学位居美国本土。从这个角度看，美国世界一流大学群体在全球大学体系中拥有重要的国际影响力。

参考文献

[1] 国家中长期教育改革和发展规划纲要（2010—2020年）[EB/OL].（2010-07-29）[2012-02-16]. http：//www.gov.cn/jrzg/2010-07/29/content_1667143.htm.

[2] 克拉克·克尔. 大学之用（第五版）[M]. 高銛，高戈，汐汐，译. 北京：北京大学出版社，2008：16.

[3] 迈克尔·D. 科恩，詹姆斯·G. 马奇. 大学校长及其领导艺术——美国大学校长研究[M]. 郝瑜，译. 青岛：中国海洋大学出版社，2006：20.

[4] 冯倬琳. 研究型大学校长：战略领导·职业管理·职业发展[M]. 上海：上海交通大学出版社，2011：161.

[5] 姜朝晖. 大学校长国际化：中国34所"985工程"高校的调查[J]. 江苏高教，2010（5）：36-39.

从 C9 联盟看我国一流大学校领导团队建设[①]

摘　要　C9 联盟高校，是我国"985 工程"重点高校梯队的"领头羊"和"行标灯"，是我国世界一流大学建设的前沿阵地。鉴于所肩负的重大历史使命，这些高校的校级领导团队建设尤其关键。通过分析 C9 联盟由 110 人组成的校领导大团队的规模结构、年龄结构、性别结构、学历结构、本校学习经历、留学经历、学术荣誉、学科分布等素质源信息，总结分析我国一流大学校领导团队建设经验及主要特征，有针对性地提出了改进举措。

关键词　C9 联盟高校；一流大学；校领导团队

《国家中长期教育改革和发展规划纲要（2010—2020 年）》强调，到 2020 年，我国要"建成一批国际知名、有特色、高水平的高等学校，若干所大学达到或接近世界一流大学水平"。[1]C9 联盟高校，是我国"985 工程"重点高校战略梯队的"领头羊"和"行标灯"，是我国世界一流大学建设的前沿阵地。面向 21 世纪，这个战略梯队的目标任务异常繁重，无疑，不仅"一把手"校长队伍建设十分关键，而且校领导团队建设也十分重要。那么当前 C9 联盟高校校领导团队建设情况究竟如何？笔者通过分析 C9 联盟高

[①] 本文原载于《国家教育行政学院学报》2014 年第 10 期。国务院发展研究中心信息网 2015 年 3 月 5 日分上、下两篇全文转载。本文作者：耿有权，狄晶晶。

校总数达 110 位校领导成员（包括党委书记、党委副书记、校长、副校长）组成的大团队的规模结构、年龄结构、性别结构、学历结构、本校学习经历、留学经历、学术荣誉、学科分布等素质源信息，总结重点高校领导团队建设经验和主要特征，并就推进重点高校领导团队建设提出建议。

一、C9 联盟高校校领导团队的现状分析

战略联盟是"资源配置的组织创新"，[2]是"多个组织为了某种共同利益而结合在一起的战略共同体。"[3] 2009 年 10 月，北京大学、清华大学、复旦大学、浙江大学、哈尔滨工业大学、上海交通大学、南京大学、中国科学技术大学、西安交通大学 9 所国内知名高校，学习借鉴美国常春藤联盟、英国罗素盟校和澳大利亚 G8 模式等，成立学术联盟"九校联盟"（简称 C9），旨在互相借鉴对方的优势学科，共同发展。通过 C9 联盟高校官方网站发布的学校领导信息，开展调查研究，截至信息下载时间 2012 年 11 月 27 日，除了少数学校发布的校领导信息不够全面外，绝大多数学校均发布了学校领导的翔实信息。可以说，这些官方信息是经过认真核实的，是权威性信息，可以作为研究的数据资料。

（一）C9 联盟校领导规模为 10—14 人，平均年龄 53.8 岁

年龄结构，这里指大学校领导团队成员的自然年龄分布情况。"不同年龄的人在阅历、视角、价值观等方面都有不同，他们有着各自的特点，起着不同的作用。""领导团队中保持适当的年龄梯度，有利于发挥各自的优势，提高团队绩效。"[4]一般而言，年长者阅历和经验丰富，善于处理复杂问题，有利于把握大学稳定和发展的大局形势；年轻者有年龄优势，精力充沛，富有创造活力和创新动力，有利于大学开拓创新。同时，性别不同也会带来一些差别，如男性思维开阔一些，女性考虑问题周全一些，

合理的性别比例有助于和谐团队建设。统计分析发现，C9联盟高校中各校领导总规模为10—14人。其中，中国科学技术大学最少，只有10人；上海交通大学最多，达到14人。C9联盟高校领导平均年龄为53.8岁。其中，浙江大学校领导平均年龄最小，只有51.8岁；西安交通大学校领导平均年龄最大，达到55.9岁。结果还显示，在C9联盟高校110位校领导中，女性领导共有11人，占总数的10%。除2所高校无女性校领导外，其他7所均有女性校领导，其中4所分别有2位女性校领导（表1）。分析认为，C9联盟高校中现有校领导的规模与学校的规模大小相关；校领导团队的年龄结构和性别结构，在各校表现有一定的差异。

表1 C9联盟高校领导团队的规模与平均年龄、性别及学生规模汇总表

项目	北京大学	清华大学	南京大学	浙江大学	复旦大学	上海交通大学	西安交通大学	哈尔滨工业大学	中国科学技术大学
校长	1	1	1	1	1	1	1	1	1
副校长	8	7	6	7	8	8	7	9	7
党委书记	1	1	1	1	1	1	1	1	1
党委副书记	4	4	3	4	3	4	3	2	2
女性领导数	2	2	0	1	2	1	0	1	2
校领导总数	13	13	11	13	13	14	12	11	10
平均年龄	53.9	52.5	54.1	51.8	54.8	54.1	55.9	54	52.7
学生数	29584	31395	23971	45000	26792	33417	34642	41178	19560

注：①所统计的副校长数量包括常务副校长，党委副书记包括常务副书记；党委副书记兼副校长统计时只计1人。②北京大学有1位常务副书记兼副校长；哈尔滨工业大学有2位党委副书记兼副校长；中国科技大学有1位党委副书记兼副校长。③南京大学有3人未公布年龄信息；复旦大学有1人未公布年龄信息；西安交通大学有1人未公布年龄信息。④本表学生总数根据多飞雪主编的《中国高校实力大全，填报高考志愿指南》（北京：中国计量出版社2009年3月第1版）的数据信息统计获得。学生数包括在校本科生、硕士生和博士生，其中复旦大学和西安交通大学的学生数还包括专科生。目的是供读者参考各校办学总体规模情况。

（二）七成校领导获得博士学位，少数拥有博士后研究经历

学历指一个人的学习经历和教育背景，指曾经在哪些学校毕业，能够反映一个人接受教育的层次及取得学习成效的程度。学历结构，指一个团队成员获得学历的情况，具体指获得学士、硕士、博士（博士后）的分布情况。通过最高学历结构分析，可以看到一个大学领导团队成员的学术经历、学术素养和学术形象。统计分析发现，在 C9 联盟高校领导团队的 110 名成员中，获博士学位的 78 人，占总数的 73.58%；获硕士学位的有 13 人，占总数的 12.26%；获学士学位的 15 人，占总数的 14.15%；具有国内外博士后研究经历的 14 人，占总数的 13.21%（表 2）。这些数据表明，C9 联盟高校校领导团队的学历层次普遍得到了提升，或者说，拥有博士学历正成为重点高校领导一个基本条件。

表 2　C9 联盟高校领导团队成员的最高学历结构与研究经历结构

项目	学士	硕士	博士	博士后
人数	15	13	78	14
所占比例 / %	14.15	12.26	73.58	13.21

注：①公布此项信息的人数为 106，计算时以该数为分母。②本表只统计最高学历。③以下统计数据的排列顺序是：学校：学士学位 + 硕士学位 + 博士学位（括号内反映的是博士后信息）：北京大学：1+4+8；清华大学：3+1+8（+2），有 1 人信息缺失；复旦大学：3+0+10；浙江大学：0+2+11（+1）；中国科学技术大学：2+1+7（+3）；哈尔滨工业大学：1+1+9（+1）；上海交通大学：3+1+10（+3）；西安交通大学：2+2+7（+4），有 1 人信息缺失；南京大学：0+1+8，有 2 人信息缺失。

（三）四成多在任职学校获博士学位，本硕博均在任职学校的近三成

母校情结，人人皆有。当一个人既在母校读书，又在母校获得职业，并担任校级领导职务，这应该说是一个人的特殊经历。尤其是本硕博均在母校就读，且在母校担任校级领导职务，则是一个值得研究的现象。根据对 C9 联盟高校领导团队在所任职学校的求学情况的分析，这里分别

以校领导公布本科、硕士、博士就读学校信息为基数进行统计分析，结果表明，近七成校领导的本科在任职学校就读；超过五成校领导的硕士在本校就读；四成多校领导的博士在母校就读；近两成校领导本硕在母校就读；近三成校领导本硕博均在母校就读（表3）。应该说，C9联盟高校校领导在母校任职的人数比较多，而这种任职分布比例究竟应是多大才是合理的，仍然值得学术界关注和研究。

表3 C9联盟高校领导团队成员在任职学校的求学经历

求学经历	本科阶段	硕士阶段	博士阶段	本硕阶段	本硕博阶段
人数	63	52	46	17	26
所占比例/%	69.23	54.17	43.81	19.54	29.89

注：①公布本科在读院校信息的人数为91，计算比例时以该数为分母。②公布硕士在读院校信息的人数为96，计算比例时以该数为分母。③公布博士在读院校信息的人数为105，计算比例时以该数为分母。④在统计本科、硕士都在所任职学校有过求学经历的数据时，不包括本硕博均在所任职学校有过求学经历者。⑤公布本硕期间在读院校信息的人数为87人，公布本硕博期间在读院校信息的人数为87人。

（四）六成多留学西方发达国家，其中留学美日德英法较多

留学经历，不仅对一个学者、专家来说十分重要，而且对一个具有全球视野的一流大学的校级领导来说，更加重要。20世纪上半叶，正是由于众多大学校长留学西方发达国家，才导致中国大学领导团队能够直接学习、借鉴西方大学的教育思想和办学经验，才给中国大学发展带来了重要的先进的教育思想，推动了中国高等教育的大发展。当今世界，鉴于世界一流大学绝大多数处于西方发达国家，因此留学、访学西方国家的著名大学，可以说是一所重点大学校领导人生经历的重要组成部分。统计发现，在C9联盟高校领导110位校领导中，总计有71人次留学、访学国外高校，占总数的64.55%。其中，留美校领导有28人，占总数的

25.45%；留日的有 12 人，占总数的 10.91%；留德的有 10 人，占总数的 9.09%；留英的有 5 人，占总数的 4.55%；留法的有 4 人，占总数的 3.64%；留学澳大利亚、苏联、加拿大的分别有 2 人，分别占总数的 1.82%；留学意大利、荷兰、瑞典、瑞士、菲律宾、比利时的各 1 人，分别占总数的 0.91%（表 4）。这些数据说明，C9 联盟高校校领导团队的国际化背景经历正在得到进一步的丰富和强化。

表 4　C9 联盟高校领导团队成员的留学背景

项目	美国	日本	德国	英国	法国	澳大利亚	苏联
人数	28	12	10	5	4	2	2
所占比例 / %	25.45	10.91	9.09	4.55	3.64	1.82	1.82
项目	加拿大	意大利	荷兰	瑞典	瑞士	菲律宾	比利时
人数	2	1	1	1	1	1	1
所占比例 / %	1.82	0.91	0.91	0.91	0.91	0.91	0.91

注：公布此项信息的人数为 110，计算时以该数为分母。其中有 71 人次留学、访学国外高校。

（五）学校团队中院士校领导很少，属于长江学者特聘教授较多

学术荣誉，指学者获得的学术身份和学术地位，能够反映一位学者在学术界的现实地位。同时，如果某位著名学者身居学校领导岗位，他或她还可以代表性地反映学术共同体的学术价值取向，因此对一个大学的发展进步具有某种重要的导向性作用。据统计分析，我们可以发现，在 C9 联盟高校领导团队的 110 位成员中，中国科学院院士只有 6 人，占总数的 5.45%；中国工程院院士有 4 人，占总数的 3.64%；第三世界科学院院士 4 人，占总数的 3.64%；国外院士有 2 人，占总数的 1.82%；教育部长江学者特聘教授合计有 16 人，占总数的 14.55%（表 5）。分析认为，

C9联盟高校领导团队中出现院士成员被认为很自然，但是究竟应出现多大比例的院士校领导比较合适，则是一个值得研究的问题。

表5　C9联盟高校领导团队成员的学术荣誉

荣誉	中国科学院院士	中国工程院院士	第三世界科学院院士	国外院士	教育部长江学者特聘教授
人数	6	4	4	2	16
所占比例/%	5.45	3.64	3.64	1.82	14.55

注：公布此项信息的人数为110，计算时以该数为分母。

（六）来自工、理、医、经、法、哲学等学科的校领导占多数

学科分布，反映一个大学校领导团队的学科权力分布状态，通常情况下能产生学校领导的学科均属于该所大学的优势学科或强势学科，比如来自国家重点学科、国家重点实验室、国家工程实验中心等重要基地的校领导。统计分析发现，在C9联盟高校领导中，在已公布相关学科背景信息的106人中，来自13个学科门类中的工学、理学、医学、经济学、法学、哲学的校领导比较多，而来自其他学科的校领导则比较少。具体说，在公布学科背景信息的106位校领导中，校领导总数位居前5名的学科是：来自工学的校领导有34人，占总数的32.08%；来自理学的校领导有31人，占总数的29.25%；来自医学的校领导有13人，占总数的12.26%；来自经济学的校领导有11人，占总数的10.38%；来自法学的校领导有6人，占总数的5.66%；而来自哲学、管理学、教育学、历史学、文学和军事学的校领导比较少，所占比例很小。值得注意的是，就现有可知信息看，目前C9联盟校领导团队中无一人来自艺术学和农学学科（表6）。中肯地说，只要具备教育家素养和卓越的学术地位和领导才能，来自哪个学科的校领导可能并不是特别重要。

表 6　C9 联盟高校领导团队成员的学科背景

项目	理学	工学	医学	法学	经济学	哲学	管理学	教育学	历史学	文学	军事学
人数	31	34	13	6	11	4	2	2	1	1	1
占比 /%	29.25	32.08	12.26	5.66	10.38	3.77	1.89	1.89	0.94	0.94	0.94

注：公布此项信息的人数为 106，计算时以该数为分母。

二、关于高质量建设我国一流大学领导团队的思考

世界银行高等教育主管贾米勒·萨尔米（Jamil Salmi）认为，"世界一流大学的关键特征"有 24 条，其中包括"拥有一流的管理队伍"。[5]但是究竟什么样的大学领导或管理团队才是科学合理的，才最有利于创建世界一流大学，至今未有标准答案。事实上，各国基于历史、传统、文化等因素，应有自己的战略选择和策略应对。我国须立足自身需要，在借鉴国外经验的基础上，从战略高度和长远角度准确把握一流大学校领导团队建设的方针政策。

（一）强有力的一流领导团队，是建设世界一流大学的关键

如同航空母舰需要一个强有力的舰长一样，一所现代巨型大学，也需要一个强有力的指挥团队。在当代，建设世界一流大学的任务光荣、艰巨而复杂，很难说，没有强有力的校领导团队，能建成一流大学。当今世界，美国拥有全球一流大学总数的 70%，不仅与其拥有大批一流校长，而且与其拥有一流校领导团队及其候选人群体密切相关。从这个角度看，我国要建成若干所世界一流大学，须从战略高度重视建设一流大学校领导团队。从"强有力"的目标要求看，考察重点高校领导团队成员配备时，有几个因素很关键。一是团队的国际影响力。一流大学中，不仅校

长要有世界影响力,而且团队成员也应有国际视野,特别是兴校办学思想的世界影响力。在这一点上,党委书记与校长"两个一把手"的重要性和素质建设内容应被"同等看待"。二是大学领导力。"领导力关乎领导者的价值取向"。[6]它要求大学不仅校领导团队中的每个成员有高超的管理能力,而且整个团队在带领大学改革发展中能形成引导力、凝聚力和号召力。三是思想的生产力。大学本质上是一种学术机构,自由之思想,独立之人格,是大学内在的本质要求。大学校领导团队要依靠办学治校的先进理念、政策和措施赢得信任,赢得人心,赢得支持。重点大学校长应善于在国内外重要场合和战略思想领域发表有影响力的领导观点和思想成果,积极引导全球大学办学思想的发展和进步。四是理念的引导力。"理念是思想的对象",[7]是大学意义、精神、价值表达的"形而上"。一流大学校长应有战略眼光和高超思维能力,应善于将大学的办学实践和未来方向上升到"理念"的层次和高度,从而产生重要的学术影响和社会影响。

(二)借鉴国外一流大学经验,优化大学领导团队顶层设计

事实上,美国一流大学校长群体的综合素质表现能带给我们一些重要启示。笔者曾研究美国排名前20位的一流大学正职校长的素质特征,结果发现美国一流大学校长中无论男女,均天资聪颖、早有成就;均有世界名校的求学经历,且为学界精英;均有重要的基层管理历练,履历丰富;校长来自文理学科各科,均有杰出的管理才能;均有国际学术交流经历,并以欧美经历为主。[8]显然,未来我国一流大学校领导团队建设,在综合考察国情的同时也应遵循以上基本规则或现实条件要求,国家须从战略高度做好大学校长队伍建设的"顶层设计",制订科学的可操作程序。比如,一是从积极应对全球一流大学竞争要求出发,从战略布局角度把握重点大学校领导团队建设的方针、政策和措施,尤其要促进大学校长向职业化方向转变和发展。二是科学合理地确定大学领导团队的结

构规模，包括在年龄结构、性别结构、学历结构、本校经历、留学经历、学科背景、性格结构、能力结构、党派结构等方面均应统筹考虑。三是适应一流大学特色建设战略强化校领导团队的特色化建设，形成有利于一流大学特色建设的校领导团队。四是加强对重点高校现有校领导团队结构素质的调整力度，如提高正职称校长候选人的素质要求，提高包括党委书记和副书记的候选人素质要求。五是更新选拔理念，开阔选拔视野，拓宽选拔范围，如实行重点大学校领导全球招聘遴选制，使我国大学校领导团队建设有国际来源渠道。六是实施换岗流动任职制度，健全重点大学校领导国际国内流动任职的体制机制。七是加强对世界一流大学领导团队建设的理论研究，总结发现基本规律和新鲜经验，为进一步完善"顶层设计"提供参考依据。

（三）继续强化国际化选拔力度，建设全球性大学校领导团队

当今时代，建设世界一流大学，不可能是在封闭落后环境下取得成功。自觉适应国际化趋势，是重点高校建设世界一流大学的必然选择。国内外经验表明，国际化是选拔和建设一流大学领导团队的重要方法和途径。以近代中国名牌大学校长群体来看，很多是从国外留学回来担任大学校长的，如北京大学校长蔡元培、蒋梦麟与广西大学校长马君武等留学德国大学；东南大学校长郭秉文、清华大学校长梅贻琦、中央大学校长罗家伦、浙江大学校长竺可桢、南开大学校长张伯苓、复旦大学校长李登辉、厦门大学校长萨本栋、四川大学校长任鸿隽等留学美国大学；中山大学校长邹鲁、许崇清等留学日本大学；武汉大学校长王世杰、云南大学校长熊庆来等留学法国高校。借鉴历史经验，可以促进当代发展。据学者研究，截至2010年3月我国第一批34所"985高校"校长中具海外学习经历的有30名，占总数的88.2%；其中在国外取得博士学位的校长有13位，占38.2%。[9]前文统计发现，C9联盟高校110位校领导中，71人留学国外，占总数的64.5%。2002—2012年，新任命的教育部部属

高校26位校长中,拥有海外经历的比例在逐渐增多,其中2012年任命的大学校长中有海外经历的占2/3。[10]应该说,我国高度重视大学校领导的国际化经历塑造,且取得了显著成绩。不过,一项关于34位"985高校"党委书记素质调查发现,有长期留学或访学经历的仅有4人,短期的有10人,甚至有20位党委书记没有留学或访学的经历,比例高达59%。[11]显然,在未来我国高校领导团队中,加速提升国际化水平,仍然面临着重大的挑战和任务。可能的举措:将拥有世界名校求学经历作为重点大学校领导候选人的必备条件之一;确立"同等塑造"原则,进一步加强大学党委书记、副书记的国外或海外受教育经历塑造;加强国际化培训力度,包括协调安排部分大学校领导成员到海外一流高校从事兼职管理工作,增强一流大学校领导管理经验;科学实施退出制度,使部分不适应形势要求的成员退出重点大学校领导团队。

(四)顶天立地选拔大学领导团队,走出中国特色建设道路

选拔一流大学领导、构建一流大学领导团队,是一项十分严肃的任务和事业。国内外大学莫不如此。由于历史、传统、文化等影响,欧美国家事实上已形成了三种较成熟的校领导选拔制度:欧陆制、英国制和美国制。[12]我国大学校领导选拔得是否科学合理,是否能够赢得群众的信赖,校领导团队是不是令人信得过的有战斗力的团队,不仅对大学领导选拔组织是重大考验,而且是对党组织与群众关系的重大考验。笔者以为,在我国高校领导选拔问题上,应该遵循"顶天立地"的基本原则。具体而言,"顶天"即要求选拔校领导须贯彻落实党的高级干部选拔政策,与上级组织保持方针、政策的高度一致;"立地"即要求凡经过选拔的校领导始终做到能全心全意、真心实意地听取群众的意见和建议。实际上,只有通过这种上下结合、上下把关、统筹把握,才能建设素质优秀、结构合理、战之能胜的校领导团队。2012年12月,《教育部公开选拔三所直属高校校长公告》明确指出,为深入贯彻落实党的十八大精神,按照民主、公开、竞争、择优方针，继续深化高校干部人事制度改革，拓宽选人用人视野，进一步完善具有中国特色的大学校长选拔任用制度，为高等教育事业科学发展提供组织保障，决定面向海内外公开选拔三所直属高等学校校长。公告中规定三所大学校长选拔程序是报名、职业素养综合评估、面试和面谈、组织考察、决定任职人选五个环节，其中将"具有境外大学校长、副校长任职经历，或境外著名大学现任院长（系主任）3年以上"作为一个选择性考虑因素。[13]结合近年来校长选拔试点和改革实践来看，我国有关部门确实采取了更加积极的建设性态度，在选拔重点大学校领导时，既认真考虑贯彻落实党和国家政策的战略需要，又充分考虑促进我国大学自身建设的实际需要；既切实考虑上级党组织的战略布局，也充分考虑广大师生员工的认可度和信任度。应该说，只要坚持这样的建设和改革方向，我们一定能够走出一条富有中国特色的、成功的一流大学校领导队伍建设道路。

参考文献

［1］国家中长期教育改革和发展规划纲要（2010—2020年）［EB/OL］.（2010-07-29）［2013-01-20］. http://www.gov.cn/jrzg/2010-07/29/content_1667143.htm.

［2］［3］郭鑫. 世界一流大学战略联盟［M］. 北京：北京师范大学出版社，2011：41，43.

［4］马俊杰，等. 高校领导团队能力建设研究［M］. 北京：中国人民大学出版社，2010：20.

［5］贾米勒·萨尔米. 世界一流大学：挑战与途径［M］. 孙薇，王琪，译校. 上海：上海交通大学出版社，2009：67.

［6］李婷玉. 领导力关乎领导者的价值取向［N］. 社会科学报，2012-12-6（3）.

［7］柏拉图. 理想国［M］. 郭斌和，张竹明，译. 北京：商务印书馆，2002：264.

［8］耿有权，刘琼. 美国世界一流大学校长群体的素质特征及启示［J］. 东南大学学报（哲学社会科学版），2012（6）：124-129.

[9] 姜朝晖. 大学校长国际化：中国 34 所"985 工程"高校的调查 [J]. 江苏高教，2010（5）：36-39.

[10] 刘玉静，袁娜. 时代呼唤大学校长职业化 [N]. 中国教育报，2012-08-21（3）.

[11] 罗云，孙志强. 我国"985 工程"大学党委书记素质现状调查 [J]. 中国高教研究，2011（5）：32-34.

[12] 黄俊杰. 大学校长遴选：理念与实务 [M]. 北京：北京大学出版社，2006：93-98.

[13] 教育部公开选拔直属高校校长工作办公室. 教育部公开选拔三所直属高校校长公告 [EB/OL]. （2012-12-04）[2013-02-01]. http://www.moe.edu.cn/publicfiles/business/htmlfiles/moe/s5744/201212/145075.html.

"211工程"大学校长群体素质调查与思考[①]

摘 要 建设中国特色世界一流大学，校长起着至关重要的作用。依据教育部公布"211工程"大学名单，通过对112所大学校长群体的学科背景、学历情况、留学经历、学术荣誉、工作经历等重要指标的调查研究，分析"211工程"重点大学校长群体的素质及特征，就进一步提升我国大学校长群体素质提出讨论和建议。

关键词 "211工程"大学；校长素质；调查研究

《国家中长期教育改革和发展规划纲要（2010—2020年）》提出，到2020年，建成一批国际知名、有特色、高水平的高等学校，若干所大学达到或接近世界一流大学水平，高等教育国际竞争力显著增强。[1]显然，我国"211工程"大学群体肩负着重大而光荣的历史使命。"211工程"建设团队走向战略前台，而其校长队伍建设又处于关键地位。那么，目前"211工程"大学校长群体素质究竟如何？笔者以教育部公布"211工程"大学名单和学校官方网站发布的校长信息为依据，以112所大学校长为研究样本，通过对校长的学科背景、学历情况、留学经历、学术荣誉、工作经历等重要指标进行调查分析，研究"211工程"大学校长群体素质及其特征，并就进一步提升我国大学校长群体的综合素质问题提出讨论和建议。

---

① 此文为首次发表。本文作者：耿有权，狄晶晶。

一、数据分析与主要发现

（一）学科来源较广泛，其中具有理工科背景的校长有近七成

学科背景指学者研究的学问在性质上所属门类，反映一个人从事科学研究的学科领域。通过学科背景分析发现，"211工程"大学校长群体中，以公布的最高学历所属学科为依据，除军事学以外，其他12个学科门类均有涉及，所占比例差距较大。具体指：工学、理学和经济学三大门类学科背景出身的校长最多，分别占50%（54人）、17.59%（19人）和8.33%（9人）；理工学科背景的校长占总数的67.59%，而具有文学、历史学、艺术学三类学科背景的校长最少，各有1人（表1）。统计结果还发现，在公布性别及年龄信息的111位"211工程"大学校长中男性占95.50%（106人），女性占4.50%（5人）；仅有9人的年龄分布在40—49岁；其他102人的年龄均在50岁及以上，其中60岁以上的有15位；校长群体的平均年龄为55.59岁。显然，男性校长居多，50岁以下的校长偏少。

表1 "211工程"大学校长群体的学科分布

学科	工学	理学	经济学	农学	医学	法学	教育学	哲学	管理学	文学	历史学	艺术学
人数	54	19	9	7	6	3	3	2	2	1	1	1
比例/%	50	17.59	8.33	6.48	5.55	2.78	2.78	1.85	1.85	0.93	0.93	0.93

注：①本次信息调查截止时间为2013年1月30日。②直至2013年1月30日，"211工程"大学——郑州大学校长一职仍空缺，本次调查实际统计的校长总数为111人。③公布该项信息的总人数为108，计算比例时以该数为分母。

（二）九成校长获得博士学位，六成多校长拥有海外留学经历

学历是指一个人的学习经历，能反映一个人接受教育的层次，以及在学识、学养上达到的境界。据统计，在公布最高学历的104位大学校

长中，具有博士学历的占总数的90.38%（94人），其中17人拥有博士后研究经历；最高学历为硕士、学士的分别有8人和2人，后者均出生于20世纪50年代。从校长求学的院校来看，在公布该项信息的99位校长中曾就读"211工程"大学的校长占总数的89.90%（89人），曾就读"985"高校的校长占总数的63.64%（63人）；有60.36%（67人）的校长曾留学海外，留学地区主要集中在美国、英国、日本、德国、加拿大等高等教育发达的国家，所占比例分别为27.03%（30人）、17.11%（19人）、14.41%（16人）、11.71%（13人）、5.41%（6人）（表2）。很显然，拥有海外留学经历特别是发达国家留学经历的校长越来越多，趋势十分明显。

表2 "211工程"大学校长群体的留学情况

项目	美国	英国	法国	日本	澳大利亚	德国	加拿大	韩国	比利时
人数	30	19	5	16	3	13	6	4	2
比例/%	27.03	17.11	4.50	14.41	2.70	11.71	5.41	3.60	1.80

项目	瑞典	瑞士	意大利	泰国	南斯拉夫	波兰	奥地利	苏联
人数	2	1	1	1	1	1	1	1
比例/%	1.80	0.90	0.90	0.90	0.90	0.90	0.90	0.90

注：①本表中的留学经历指在国外进行的学位学习、博士后研究、研修班、访问学者、访问教授、研究讲学、客座教授等，不包括名誉博士、荣誉教授等。②公布该项信息的总人数为111人，计算时以该数为比例。③共67人有海外留学经历，占总数的60.36%。

（三）学术成就和荣誉高，一些校长晋升正教授时比较年轻

学术荣誉和学术奖项，能够反映一个学者的学术创新能力和学识水平获得学术界和社会认可的程度和境界。同时，教授学术职位获得时所处的年龄段也能反映一位校长的优秀程度。统计数据显示，"211工程"大学

校长中，中国科学院院士和中国工程院院士占总人数的21.62%（24人），还有4.50%（5人）的校长是发展中国家院士，5.41%（6人）的校长是外籍院士；9.91%（11人）的校长曾被聘为教育部长江学者特聘教授。在学术奖项方面，共有37位校长获得国家级学术成就奖，71位获得省部级学术成就奖，8位获得国际性学术成就奖，所占比例分别为33.33%、63.96%、7.21%。值得注意的是，"211工程"大学校长中共有53位曾获各类教学成果奖，其培养的学生获"全国优秀博士学位论文"荣誉的校长有8位。调查还发现，共有38位"211工程"大学校长公布了初任教授年龄，其中晋升正教授的年龄在40岁之前的校长共有35位，而35岁之前担任教授的校长数达到18位。例如，大连理工大学校长申长雨30岁时就晋升为教授，是目前"211工程"大学校长群体中晋升教授年龄最低的校长。

（四）办学治校经验丰富，四成多大学校长有他校工作经历

校长的任职年限，指一位校长曾任职高校和现在所任职高校担任校长职务的时间总和，应该说，这是衡量某位校长工作经验的一个重要指标。对调查信息和数据的统计分析发现，"211工程"大学校长群体中共有93位公布了其各个时期担任校长职务的起始时间。其中，担任校长职务（包括曾任及现任）的时间为1—5年的有46位，5年以上至10年有37位，10年以上至15年的有10位，15年以上的有1位，分别占总人数的48.94%、39.36%、10.64%、1.06%。统计结果表明，这93位"211工程"大学校长的平均任职时间约为5.64年。分析认为，一位校长在别的学校任职，特别是在国外大学担任管理职务，对校长拓宽办学视野、丰富管理经验和增强治校能力，无疑具有重要的保障和促进作用。统计数据显示，"211工程"大学校长中曾在现就职高校之外的国内外其他高校中担任过行政管理或教学工作的共有46人（41.44%）。其中，在他校担任过副校长及以上职务的有36人，担任过校长的有18人，所占比例分别为

32.43%、16.22%。

二、讨论与思考

显而易见，经过长期建设，我国"211工程"重点高校校长群体的素质结构和内涵质量得到了进一步的优化发展，特别是国际化水平得到了进一步提升。然而，从面向未来、站在服务国家发展战略的高度看，我们认为在重点大学校长队伍建设中的精神品质塑造方面还需要进一步改进和完善，这不仅是时代发展和人民利益的要求，也是国家发展和社会进步的要求。

（一）要始终把重点大学校长群体的素质建设，同中华民族伟大复兴中国梦的历史进程密切联系起来

实现中华民族伟大复兴是中华民族近代以来最伟大的梦想，其基本内涵就是实现国家富强、民族振兴、人民解放。正如习近平总书记指出的："现在，我们比历史上任何时期都更接近中华民族伟大复兴的目标，比历史上任何时期都更有信心、有能力实现这个目标。"[2]面对这样的形势和要求，肩负着培养拔尖创新人才、发展科学事业、引领人类文明进步的重大任务的重点大学毫无疑问将发挥越来越重要的作用。大学校长是大学的掌舵人和引路人，在大学事业发展过程中扮演着十分关键的角色。因此，无论从哪个角度看，我们都需要选拔出能够深刻理解中华民族发展使命并肩负起推动人类文明进步责任的优秀大学校长，也需要不断提升重点大学校长的综合素质，以便引领一流大学的发展事业。值得期待的是，当一批批重点大学校长站在中华民族伟大复兴的战略高度和长远角度来考虑和引领发展大学时，不仅他们作为教育家的人生境界得到了极大的提升，而且中国大学群体也将拥有更加光明的发展前景。

（二）要把重点大学校长群体的素质建设，同中国特色世界水平现代高等教育体系建设密切联系起来

建设中国特色世界水平现代高等教育体系，是我国顺应世界高等教育发展潮流、立足中国高等教育发展需要、解决中国拔尖创新人才培养问题的重要战略选择。构建中国特色世界水平现代高等教育体系，是一项复杂的系统性战略工程，它不仅需要中国所有大学的积极参与和做出重要贡献，而且需要国家重点大学的战略引领和创新发展。进一步说，不仅需要众多重点大学每个教职员工的积极行动和优秀表现，而且需要众多重点大学校长的前沿领导和开拓性发展。某种意义上，重点大学校长是集成处于多元化发展的大学各个群体智慧和力量及社会各方面资源优势的重要纽带，发挥着类似大学神经中枢功能的核心作用。因此，重点大学校长群体的素质建设，不仅仅是一个人的素质建设问题，而是一个现代大学形象、现代大学品牌、现代大学未来的建设性问题，也是中国特色世界水平现代高等教育水平的代言人和领路人队伍的建设问题。可以预见，当重点大学校长个个都敢于、善于、乐于承担起中国特色世界水平现代高等教育任务时，我国一流大学群体在世界高等教育体系中所处的地位将会更加突出，进而中国高等教育发展的未来也将更加辉煌。

（三）要把重点大学校长群体的素质建设，同建立中国特色世界一流大学的重大任务密切联系起来

到 21 世纪中叶，我国不仅要在整体上建成若干所世界一流大学，而且要通过建设若干个世界一流学科使一批大学达到或接近国内外知名高水平研究型大学发展水平，形成高水平大学集群，进而为构建中国特色世界水平现代高等教育体系做出重要贡献。毋庸讳言，在这个历史进程中，我国"211 工程"重点建设高校担负着光荣而艰巨的历史使命，而大学校长则是带领这个国家级学术团队完成建设任务的核心角色。站在校长与大学层次和水平的匹配性角度看，我们可以这样说，一流校长就是一流大学，一流校长的地位就是一流大学的地位，一流校长的影响力就是一流大学的影响力。因此，一流大学的校长素质建设十分重要。试想，如果重点大学校长个个均是富有远见卓识、富有全球视野、富有开拓创新精神和卓越领导力的教育家，那么其所领导的大学必将扮演更加重要的全球性角色。这正如一个伟大的航海舰队拥有一个伟大英明的舰长一样，大学校长在大学发展中占据着重要的战略指挥员角色。因此，要把重点大学校长群体的素质建设始终同中国特色世界一流大学应该履行的历史使命密切结合起来，从而赋予大学校长更有品质的建设性内涵。

（四）要把重点大学校长群体的素质建设，同引导建立中国特色世界一流智库领导人群体密切联系起来

国际著名大学领导人团队建设与国家级重要智库领导人建设始终存在着历史渊源关系和密切的互动关系。这种历史的内在的互动关系，既是大学历史发展的自然结果，也是大学面对现实的重要选择。强化这种互动联系，既对大学校长始终紧跟国家战略发展步伐有重要意义，又对贯彻国家意志推动大学发展以引领世界和平发展有重大意义。在这个方面，美国一流大学校长建设的经验富有重要的启发意义。例如，哈佛大学前校长萨默斯曾担任美国财政部长；美国前国土安全部部长珍妮特·纳波利塔诺就任加州大学总校长，是该大学 145 年历史上第一位女性校长。毫无疑问，这种大学与政府部门的交叉任命和交叉任职有重要的战略智库意义。再如，蔡元培留学德国回国履职后，不仅担任过国家教育部部长的重要角色，而且担任了北京大学校长职务，在率先推动北京大学乃至中国大学改革方面发挥了革命性作用。从这个角度看，面向未来，我国遴选重点大学校长的视野应该更加开阔，塑造校长素质的思路应该更加开放，同时要注意进一步强化大学校长的国家智库能力建设，提升大学校长的国家战略思想水平。应该说，这不仅是重点大学校长素质建设和大学治理能力建设的重要内涵，而且是国家一流战略智库建设的现实需要。

参考文献

[1] 国家中长期教育改革和发展规划纲要（2010—2020年）[EB/OL].（2010-07-29）[2018-10-11]. http：//news.xinhuanet.com/edu/2010-07/29/c_12389320_2.htm.

[2] 中共中央宣传部. 习近平总书记系列重要讲话读本[M]. 北京：学习出版社，人民出版社，2014：27.

清华大学学术型拔尖创新人才培养研究[①]
——基于1999—2013年全国优博论文数据分析

摘　要　清华大学在学术型拔尖创新人才培养方面走在全国前列。1999年以来,清华大学在全国优秀博士学位论文评选中取得了优异的成绩,呈现出规模性发展状态,成为其他高校人才培养的表率。清华大学学术型拔尖创新人才培养成绩,与其学科和学位点的高质量建设密切相关,对其他高校有重要的启示。

关键词　清华大学；学术型拔尖创新人才；评估

　　清华大学是"985工程"重点高校的杰出代表,是我国世界一流大学建设的重要基地。培养拔尖创新人才始终是清华大学的中心任务。长期以来,清华大学众多学科在拔尖创新人才培养方面成就斐然,举世瞩目。依据中国学位与研究生教育信息网公布的历年评选结果,梳理1999—2013年这15年间清华大学获全国优秀博士学位论文（以下简称全国优博论文）的数据信息,不仅可以看到清华大学在学术型拔尖创新人才培养方面取得的优秀成果,而且可以看到"985高校"在创建中国特色世界一流大学过程中的艰苦努力和特色建树。从规模效应评估的角度分析清华大学在拔尖创新人才培养方面的基本状况、现实规律和建设特色,无疑

---

① 此文为首次发表。本文作者：耿有权，吕哲。

对其他高校拔尖创新人才培养有重要的参考价值。

一、清华大学全国优博论文获奖成就状况分析

（一）重要获奖指标持续保持较大规模

全国优博论文评比，不仅是全国优秀人才培养状态的重要检验，也是全国学科建设水平的重要测试。事实上，我国重点大学均将参与此全国性学术评价活动作为人才培养和学科建设的一项重要任务。统计数据显示，1999—2013 年这 15 年间，清华大学合计有 94 位全国优博论文指导教师共指导 123 篇优博论文，其中 5 位教师所指导的 6 篇论文来自后来加入清华大学的中国协和医科大学。如图 1 所示，自 1999 年全国优博论文评选以来，清华大学每年获得全国优博论文的数量整体呈跌宕起伏之势，平均每年 8.2 篇。其中，1999 年获得 14 篇全国优博论文，数量最多，此后呈下降趋势；2000 年、2002 年、2003 年、2010 年、2013 年分别获得 8 篇；2001 年和 2011 年分别获得 5 篇，跌至最低点；但在 2006—2008 年平均每年获得 10 篇，在面对中国科学院及众多高校激烈竞争的压力下仍取得如此成绩，值得各校学习借鉴。表 1 统计信息显示，在 2012 年教育

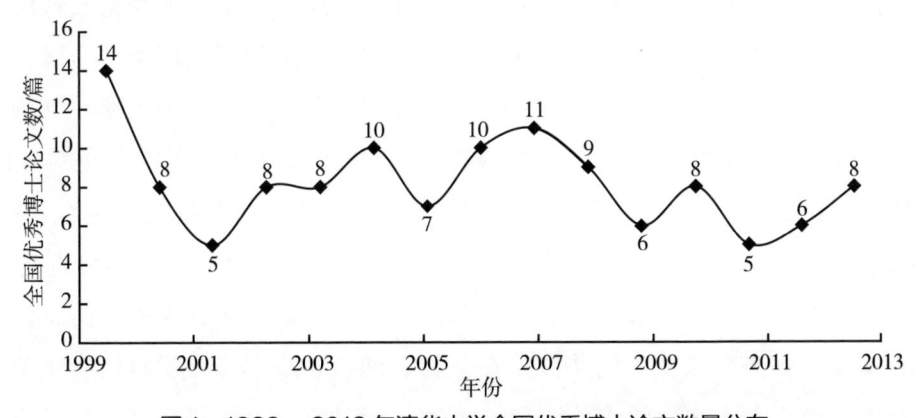

图1 1999—2013 年清华大学全国优秀博士论文数量分布

部学科评估中，清华大学全国排名第一的一级学科达到14个，全国排名第二的一级学科达到10个，全国排名第三的一级学科有2个。可以说，正是这些一级学科的高水平建设和创新能力发展，使清华大学的全国优博论文取得了优异的成绩。

表1 2012年教育部学科评估中清华大学一级学科排名信息

全国排名第1的一级学科（14个）	生物学；力学；材料科学与工程；动力工程及工程热物理；电气工程；控制科学与工程；计算机科学与技术；建筑学；核科学与技术；环境科学与工程；城乡规划学；软件工程；管理科学与工程；设计学
全国排名第2的一级学科（10个）	物理学；机械工程；仪器科学与技术；水利工程；生物医学工程；风景园林学；工商管理；公共管理；艺术学理论；马克思主义理论
全国排名第3的一级学科（2个）	信息与通信工程；土木工程

（二）工科、理科、医科获奖数强势明显

全国优博论文的取得，与学校的学科平台和学位点建设的质量和水平密切相关。经验表明，只有高质量高水平的学科和学位点，才有可能培育出高水平的博士学位论文获得者。如图2所示，对123篇论文按所属学科门类进行统计分析后发现，工学、理学、医学三大门类中全国优博论文数量占绝对优势，共有118篇，占清华大学所有全国优博论文数量的95.9%。其中，工学门类79篇，占总量的64.2%，排名遥遥领先；理科门类25篇，占总数的20.3%；医学门类14篇，占总数的11.4%。数据还显示，清华大学15年里在哲学人文社科类获全国优博论文数分别是：管理学2篇，法学1篇，历史学1篇，艺术学1篇，合计5篇，占总数的4.1%。这充分表明，清华大学在工科、理科、医学三大学科门类上培养拔尖创新人才的优势十分明显。不过，若对照综合性研究型大学建设

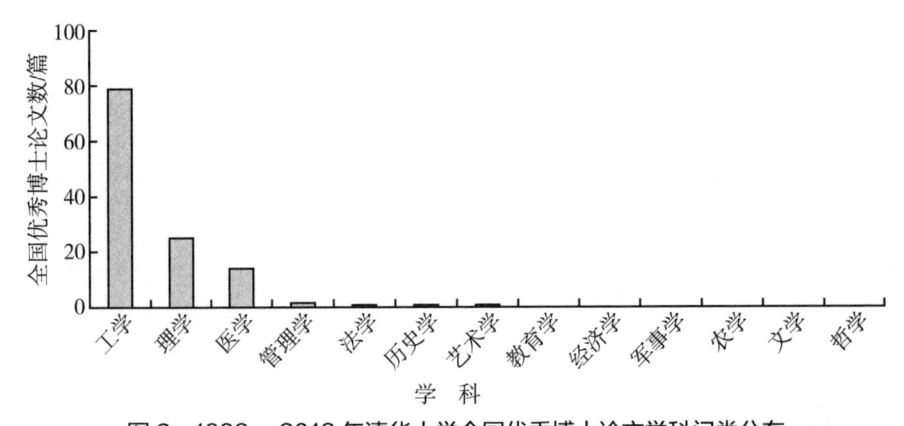

图 2 1999—2013 年清华大学全国优秀博士论文学科门类分布

目标来看，清华大学在哲学人文社会科学拔尖创新人才的培养力度上仍需进一步加大。

（三）工学一级优势学科获奖特色鲜明

强势学科是支撑全国优博论文的基础平台，特别是高水平的一级学科，是产生优秀学术成果的重要基地。根据图2分析可知，清华大学全国优博论文集中在工学、理学和医学领域或学科门类中，其中工学门类数量最多。截至2013年，总计54个一级学科博士学位、硕士学位授权点中，清华大学的全国优博论文共涉及27个学科。如表2所示，排名靠前的力学、材料科学与工程、物理学以及化学工程与技术这四个学科的全国优博论文累计达43篇，占清华大学所有全国优博论文总数的35.0%。其中，仅力学一个学科就获得了13篇全国优博论文，占总数的10.6%；材料科学与工程学科获得11篇，占总数的8.9%；物理学获得10篇，占总数的8.1%；化学工程与技术获得9篇，占总数的7.3%。由此可见，清华大学在工学一级学科平台和学位点建设方面拥有巨大的潜在优势和显著的办学特色。

表2 1999—2013年清华大学全国优秀博士论文所属一级学科

一级学科	数量	一级学科	数量	一级学科	数量	一级学科	数量
力学	13	药学	6	土木工程	4	核科学与技术	2
材料科学与工程	11	临床医学	5	光学工程	3	管理科学与工程	2
物理学	10	控制科学与工程	5	电子科学与技术	3	美术学	1
化学工程与技术	9	电气工程	5	动力工程及工程热物理	3	历史学	1
化学	6	计算机科学与技术	5	水利工程	3	法学	1
机械工程	6	环境科学与工程	4	建筑学	2	公共卫生与预防医学	1
生物学	6	信息与通信工程	4	基础医学	2		

（四）工学学科全国优秀博士论文导师的数量最多

工学学科是清华大学的优势学科，是学位点布局最集中的学科，因此也是获得全国优博论文最多的学科门类和学位点汇集营地，其数量规模直接影响甚至决定清华大学获得全国优博论文的整体走势。图3统计数据显示，1999—2007年，清华大学工学获得全国优博论文的整体数量在曲折中整体呈下降态势；2007年以后逐渐趋于平缓，数量维持在4篇左右。比较看图4，1999—2013年这15年间清华大学全国优博论文理学学科分布呈现出"波浪式"的发展态势。从导师角度看图5，1999—2013年这15年间，清华大学涌现出94位全国优博论文指导教师，按照博士生导师所在的学科总数排名依次是工学（61人），理学（18人），医学（11人），管理学（2人），艺术学、历史学、法学分别为1人。其中有一人兼属理学和医学两个学科门类。显而易见，这些全国优博导师主要来自工学、

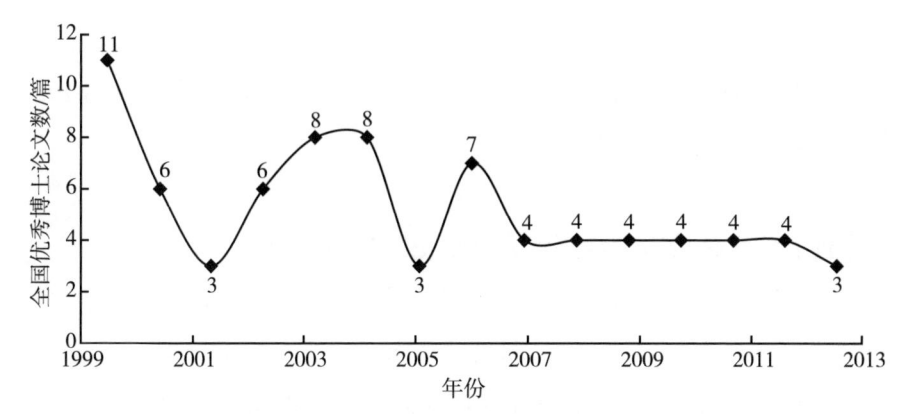

图3　1999—2013年清华大学全国优秀博士论文工学分布

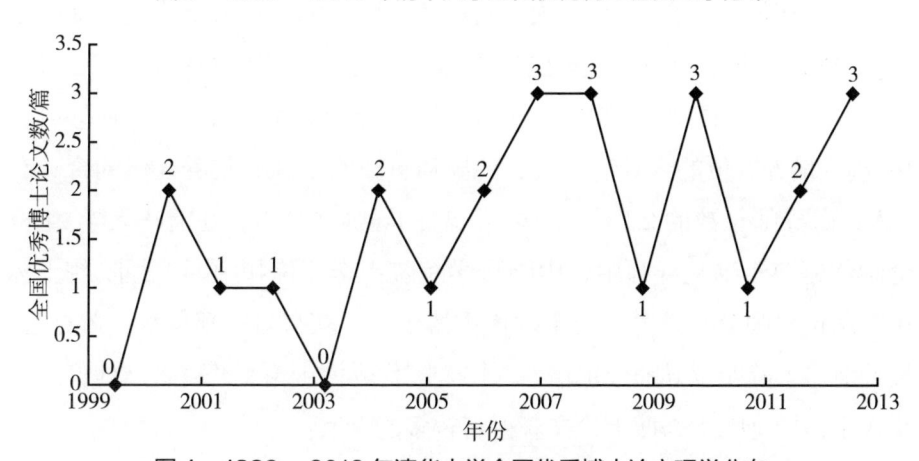

图4　1999—2013年清华大学全国优秀博士论文理学分布

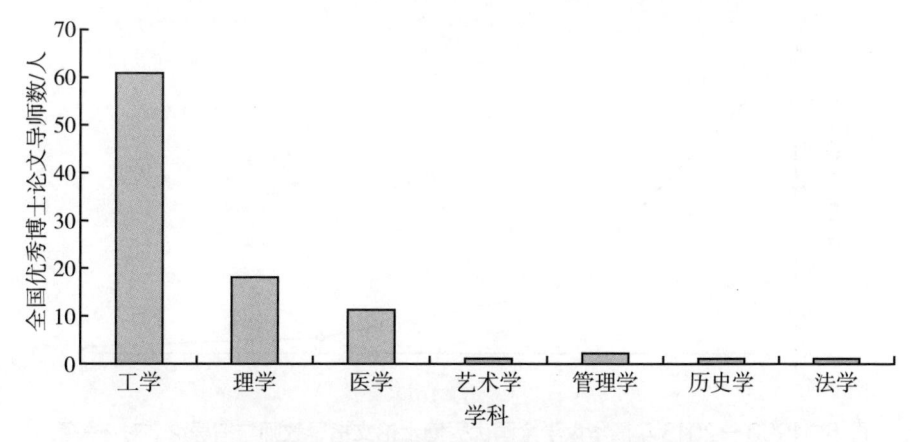

图5　清华大学全国优秀博士论文导师所在学科分布

理学、医学这三大学科门类。其中，工学导师最多，规模占清华全部全国优博导师数的 64.9%；理学导师占清华全部全国优博导师数的 19.1%；医学导师占清华全部全国优博导师数的 11.7%。

（五）培养 2 位以上全国优秀博士论文的导师较多

实践证明，学术使命感、社会责任感强的优秀导师群体始终是清华大学培养大批全国优秀博士论文获得者的核心力量。如图 6 所示，1999—2013 年在清华大学 94 位全国优秀博士论文导师中，培养 1 位全国优秀博士论文获得者的合计有 73 人，占清华大学全国优秀博士论文导师总数的 77.7%；培养 2 位及以上全国优秀博士论文获得者的导师合计有 21 位，占导师总数的 22.3%。其中，培养 2 位的合计有 15 人，占导师总数的 16.0%；培养 3 位的合计有 4 人，占导师总数的 4.2%；培养 4 位的合计有 2 人，占导师总数的 2.1%。从表 3 汇总的导师名录看，在清华大学 21 位全国优秀博士论文导师中，中国科学院院士李亚栋和中国工程院院士林东昕两位导师分别培养 4 位全国优秀博士论文获得者；郑泉水、黄克智、吴德海、朱静四位导师分别培养 3 位全国优秀博士论文获得者。他们是清华大学指导全国优秀博士论文获得者较多的专家。

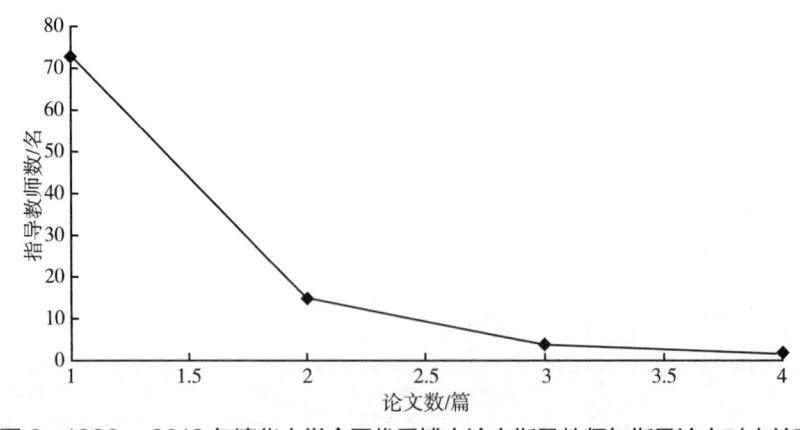

图 6　1999—2013 年清华大学全国优秀博士论文指导教师与指导论文对应关系

表3 1999—2013年清华大学指导2篇及以上全国优秀博士论文的导师名录

序号	姓名	指导全国优秀博士论文数	序号	姓名	指导全国优秀博士论文数
1	李亚栋	4	12	金 涌	2
2	林东昕	4	13	温诗铸	2
3	郑泉水	3	14	过增元	2
4	黄克智	3	15	郝吉明	2
5	吴德海	3	16	李衍达	2
6	朱 静	3	17	魏 飞	2
7	杨 卫	2	18	范守善	2
8	金国藩	2	19	南策文	2
9	李志坚	2	20	骆广生	2
10	顾秉林	2	21	沈 岩	2
11	吴良镛	2			

二、启示及思考

（一）贯彻以人为本理念是培养拔尖创新人才的关键

理念决定行动的性质和方向，决定行动的道路和前景。清华大学老校长梅贻琦有句名言："大学者，非谓有大楼之谓也，有大师之谓也。"此语道出了一个真理，即名师出高徒，有大师才有俊才。可以说，这不仅是大学"以人为本"理念的最重要体现，也是一流大学立校、兴校和强校的根本原理。早在1985年，清华大学第七次党代会就提出"要逐步把清华建设成为世界一流的具有中国特色的社会主义大学"。1993年清华大学提出"有限期的创建世界一流大学的奋斗目标"，并结合学校情况，提出建设综合性、研究型、开放式的世界一流大学的总体办学思路。"清华大学在规划建设世界一流大学时，提出了'以人为本'的办学理念和'综合性、研究型、开放式'的办学模式。""以人为本的办学理念的核心是充分发挥广大教师在办学治校过程中的主导作用。"[1]近年来，清华大学确立了更为明晰的人才培养定位和教育教学改革思路，这就是"坚持社会主义办学方向，全面贯彻党的教育方针，深化教育教学改革，大力培养具有健全人格、创新思维、宽厚基础、全球视野和社会责任感的高素质、多样化、创造性的拔尖创新人才。"[2]可以说，正是这种"以人为本"的核心理念和奋斗目标，不断引领清华大学的学科发展和科学研究，不断引导着清华大学人才培养和社会服务的高效开展。作为学校人才战略发展的重要组成部分，清华大学全国优秀博士论文获得者的群体性成长和规模性发展事实，雄辩地说明了学校培养世界一流人才的雄心壮志和美好愿景。

（二）建设一流学科平台是培养拔尖创新人才的支撑

学科和学位授权点是培养拔尖创新人才的基地平台。"建设一流大学，学科建设是核心。"[3]"学科建设是清华大学发展的核心。"[4]2000年前，清华大学经过长期积累和多年努力就基本完成了综合性学科布局，建成了若干个一流学科平台，形成了以工科为主的综合优势。如在2012年教育部学位与研究生教育发展中心开展的全国学科评估中，清华大学进入全国前三名的一级学科合计有26个，其中力学、材料科学与工程、生物学、控制科学与工程、电气工程、计算机科学与技术、环境科学与工程、动力工程及工程热物理、核科学与技术、建筑学、城乡规划学、软件工程、管理科学与工程等14个一级学科获得全国学科排名第一的荣誉；物理学等10个学科获得全国排名第二的成就。这些学科中，绝大多数学科都培养了全国优秀博士论文获得者，有的学科还不只培养一个获得者。这些好成绩的取得，不仅与清华大学早前确立的学校发展战略目标高度一致，而且与清华大学的一流学科发展定位高度吻合，可以说是清华大学教职员工在正确的政策措施指导支持下艰苦奋斗的结果。显而易见，全国优秀博士论文获得者汇聚清华大学众多一流学科平台，不仅是清华大学学科建设成就的集中展示，也是清华大学提升人才培养质量的重要成果。这些经验告诉人们，培养拔尖创新人才的核心基础是一流学科和学位点平台的科学合理布局和质量建设。

（三）构建完善的研究生培养体制机制是重要前提条件

拔尖创新人才培养是学科和学位点建设的重要内涵和基本任务。充实学科建设和学位点建设的内涵、完成学科和学位点建设的基本任务，要求高校必须建立健全完善的人才培养特别是研究生培养体制机制，务必在拔尖创新人才成长成才的基础条件和环境建设上舍得下功夫、舍得投入资源、舍得承担风险。学校还要完善有利于拔尖创新人才成长成才的激励政策和保障措施，要创造让优秀人才成长成才的优良氛围和文化条件。长期以来，清华大学在拔尖创新人才培养体制机制建设上出台了许多政策措施，取得了显著成绩，为全国研究生教育提供了鲜明的榜样。如清华大学为提高博士学位论文质量，建立科学公正的学术评价体系和采用合理有效的论文评审方式，努力排除各种非学术因素对学术评价活动的干扰，自从1995年以来对博士学位论文评审方式进行了系列改革。具体措施包括匿名评审博士学位论文、加强过程管理和控制、评选优秀论文、建设研究生精品课程等。[5]这些政策措施的贯彻落实和持续改进，对高效地保障研究生培养质量起到了重要促进作用。全国优博论文的评选成绩，充分证明了清华大学人才培养模式改革发展的实践成效，对其他高校也能够起到榜样示范作用。

（四）建设一流学风教风校风有利于拔尖人才群体出现

培养拔尖创新人才，需要一流的学术创新氛围和一流的学术文化环境。或者说，只有一流的学术创新氛围和一流的学术文化环境，才能培育出一流的拔尖创新人才。在这里，大学的学风、教风和校风，是其中的重要指标和检测依据。"一所学校学风的好坏，直接影响着人才培养的质量。"[6]"学风的问题不仅是学生的学习态度问题,更主要的是教师的教风和教师的工作态度、治学态度问题。"[7]清华大学历来高度重视学风教风校风建设和学术环境建设,致力于为学校拔尖创新人才培养提供了良好的"生态土壤"和校园环境。长期以来,清华大学坚持放眼世界,结合学校实际,通过方向性引导和政策性落实,不断强化以"自强不息、厚德载物"校训为核心的大学精神,继承和发扬"严谨、勤奋、求实、创新"的学风和"行胜于言"的校风。可以说,这种大学精神和校风建设,对拔尖创新人才群体的涌现产生了广泛而深远的影响。

参考文献

[1][4] 王大中. 关于在中国建设世界一流大学的若干问题[J]. 清华大学教育研究,2000(1):10-13.

[2] 陈旭. 明确定位 加强评估 深化改革 提高质量[J]. 学位与研究生教育,2015(1):18-19.

[3] 王大中. 王大中教育文集 1994—2003[M]. 北京:清华大学出版社,2011:95.

[5] 编写组. 行胜于言——清华大学改革与发展纪实[M]. 北京:清华大学出版社,2011:132-138.

[6] 编写组. 行胜于言——清华大学改革与发展纪实[M]. 北京:清华大学出版社,2011:194.

[7] 编写组. 行胜于言——清华大学改革与发展纪实[M]. 北京:清华大学出版社,2011:178-179.